"十二五"普通高等教育本科国家级规划教材

U0736804

复变函数与积分变换 第五版

华中科技大学数学与统计学院

李红 谢松法

高等教育出版社·北京

内容提要

　　本书介绍复变函数与积分变换的基本概念、理论和方法。全书共分 9 章,主要内容包括:复数与复变函数,解析函数,复变函数的积分,解析函数的级数表示,留数及其应用,共形映射,解析函数在平面场的应用,傅里叶变换,拉普拉斯变换等。

　　本书每章的后面给出本章小结及若干思考题,便于读者复习和总结;同时每章还配备了一定数量的习题并在书后给出习题的答案或提示。附录中附有傅里叶变换简表和拉普拉斯变换简表,可供学习时查用。

　　本书可作为高等院校工科类各专业学生的教材,也可供相关专业科技工作者和工程技术人员参考。

图书在版编目（CIP）数据

　　复变函数与积分变换/ 李红,谢松法编.-- 5 版. --北京:高等教育出版社,2018.10（2025.6 重印）
　　ISBN 978-7-04-050481-1

　　I. ①复… Ⅱ. ①李… ②谢… Ⅲ. ①复变函数-高等学校-教材②积分变换-高等学校-教材 Ⅳ.①O174.5②O177.6

　　中国版本图书馆 CIP 数据核字（2018）第 203388 号

策划编辑	于丽娜	责任编辑	于丽娜	封面设计	李小璐	版式设计	马 云	
插图绘制	于 博	责任校对	刘娟娟	责任印制	刁 毅			

出版发行	高等教育出版社		网　　址	http://www.hep.edu.cn
社　　址	北京市西城区德外大街 4 号			http://www.hep.com.cn
邮政编码	100120		网上订购	http://www.hepmall.com.cn
印　　刷	北京市鑫霸印务有限公司			http://www.hepmall.com
开　　本	787mm×960mm　1/16			http://www.hepmall.cn
印　　张	14.75		版　　次	1999 年 8 月第 1 版
字　　数	240 千字			2018 年 10 月第 5 版
购书热线	010-58581118		印　　次	2025 年 6 月第 15 次印刷
咨询电话	400-810-0598		定　　价	31.80 元

本书如有缺页、倒页、脱页等质量问题,请到所购图书销售部门联系调换

物 料 号　50481-00

第五版前言

华中科技大学复变函数与积分变换课程 2009 年入选国家精品课程，2013 年开始"国家级精品资源共享课"立项建设，并在"爱课程"网上线，2016 年该课程被评为第一批"国家级精品资源共享课"，2017 年复变函数与积分变换 MOOC 在"中国大学 MOOC"上线，该课程由华中科技大学数学与统计学院复变函数与积分变换课程组教师以本教材为蓝本讲授。

在"互联网+"的发展背景下，为适应当前教材出版的新形势，本次修订结合已上线的 MOOC，将教学视频资源的应用作为修订的重点。我们精选 48 个 MOOC 视频，在每一章添加若干讲解视频，包括重要知识点、疑难解析、典型例题等，将其与纸质教材内容有机配合，进行一体化设计，从而丰富并拓展了知识的呈现形式，在每一章增加单元自测题，便于读者更好地理解和掌握所学知识。读者可以通过扫描书中二维码观看视频或者进行自测，也可登录"中国大学 MOOC"学习完整课程。

本教材在读者的呵护下已走过了 20 年的历程，其间得到了许许多多的鼓励和建议，在此表示衷心感谢。限于编者水平，新版中仍难免存在不足，欢迎广大专家、同行与读者批评指正。在使用过程中，如果发现问题和错误，欢迎与编者联系。

编 者

hongli@ hust.edu.cn

xiesongfa@ 126.com

2018 年 4 月于华中科技大学

第一版前言

　　复变函数课程的主要内容是讨论复数之间的相互依赖关系,其主要研究对象是解析函数。

　　复变函数论是一门古老而富有生命力的学科。早在 19 世纪,柯西、魏尔斯特拉斯及黎曼等人就已给这门学科奠定了坚实的理论基础。作为一种有力的工具,复变函数论广泛地应用于自然科学的众多领域,如理论物理、空气动力学、流体力学、弹性力学、地质学及自动控制学,等等。

第二版序

　　一般而言,积分变换是通过积分运算,把一个函数变成另一个函数的变换。这里所说的积分变换是指傅里叶变换与拉普拉斯变换,它与复变函数有着密切的联系。它的理论与方法不仅在数学的许多分支中,而且在其他自然科学和各种工程技术领域中均有着广泛的应用,它已成为不可缺少的运算工具。

　　复变函数又称复分析,是实变函数和微积分的推广与发展。因此它不仅在内容上与实变函数和微积分有许多类似之处,而且在研究问题的方法与逻辑结构方面也很类似。当然,复变函数也有自身的特点,有自己的研究工具和方法,在学习过程中,应注意与微积分理论的比较,从而加深理解,同时须注意复变函数本身的特点,并掌握它自身所固有的理论和方法。

第二版前言

　　积分变换与复变函数一样,也是在实变函数和微积分的基础上发展起来的,因此在学习中也应特别注意分清异同点,这样才能抓住要点、融会贯通。

　　编写本书的主要目的是为理工科本科生提供一本比较系统完整的"复变函数与积分变换"教材。编者一方面汇总了国内同类教材的主要优点;另一方面融合了我校众多教师长期讲授该门课程的经验体会,力求思路清晰、推证简洁且可读性强,从而满足广大师生的教、学需求。

第三版前言

　　本书在每章后精心设计了"小结",可帮助读者更清楚明了地把握学习要点,更深刻地理解该章的主要学习内容。大部分章节还给出了思考题,帮助读者对所学内容进行检验,启发并训练读者的独立思考能力与分析能力。全书习题经过教学实践不断积累和更新,其内容涵盖了全书主要讲授内容的基本概念、基本理论和基本方法。既有一般的基础习题,也有难度较大的

第四版前言

提高题。书末除对计算题给出答案外,还对有些必要的难题给出了提示,其目的在于帮助读者尽快掌握本书所讲授的内容。

本书适当地介绍了本学科与其他学科之间的联系,给出了一些实际应用问题以帮助读者加深对课程的理解,培养解决实际问题的能力,从而达到学为所用的最终目的。

目录中打"＊"号的章节,可根据各专业的不同需要选用。在本书的完成过程中,自始至终得到了本校数学系领导和同仁们的大力支持,没有他们的热情鼓励和帮助,本书不可能如期顺利出版,在此向他们表示衷心的感谢!

本书共分九章,外加两个附录,其中第一、二、三、四、五及第七章由李红副教授执笔;第六、八、九章及附录由谢松法副教授执笔。胡适耕教授审阅、修改,并作了详尽的具体指导。

编 者

1999 年 4 月于武汉

目 录

第一章　复数与复变函数

复变函数论中所研究的函数的自变量与因变量均取复数. 因此, 读者首先对复数域以及复变量的函数要有清晰的认识. 本章论述复数的基本概念、复数的四则运算、复数的三角表示、平面点集的一般概念及其复数表示, 以及复变量连续函数. 复数的概念、四则运算以及三角表示在现行中学数学课本中已经涉及, 但可能有的读者未曾学到, 因此这里仍从头开始. 由于复数全体可以同平面上的点的全体作成一一对应, 所以平面点集以后经常要用到, 这里仅介绍平面点集的一般概念, 学习将某些简单的平面点集用含复变量的等式或不等式来表示的方法. 关于复变函数, 本章主要讨论连续函数的性质, 许多定义与结果从形式上看与微积分中所学的颇为相似, 但意义已不尽相同. 希望读者在开始学习时就特别留意.

§1.1　复数

§1.1.1　复数的基本概念

我们将形如 $z=x+\mathrm{i}y$ 的数称为**复数**, 其中 i 称为**虚数单位**, 并规定 $\mathrm{i}^2=\mathrm{i}\cdot\mathrm{i}=-1$, 或 $\mathrm{i}=\sqrt{-1}$; x 与 y 是任意实数, 依次称为 z 的**实部**(real part) 与**虚部**(imaginary part), 分别表示为

$$\mathrm{Re}\,z=x, \quad \mathrm{Im}\,z=y.$$

例如, 对复数 $z=\sqrt{2}+\mathrm{i}$, 有

$$\mathrm{Re}\,z=\sqrt{2}, \quad \mathrm{Im}\,z=1.$$

当 $y=0$ 时, $z=x+\mathrm{i}y=x+\mathrm{i}0$, 我们就认为它是实数 x; 当 $x=0$ 时, $z=x+\mathrm{i}y=0+\mathrm{i}y$, 我们称它为**纯虚数**, 并且就写作 $\mathrm{i}y$. 例如, $2+0\mathrm{i}$ 就是实数 2; $0+3\mathrm{i}$ 是纯虚数, 可以写成 $3\mathrm{i}$; 而 $0+0\mathrm{i}$ 既可看作实数 0, 也可以看作纯虚数 $0\mathrm{i}$.

设 $z_1=x_1+\mathrm{i}y_1$ 与 $z_2=x_2+\mathrm{i}y_2$ 是两个复数. 如果 $x_1=x_2, y_1=y_2$, 则称 z_1 与 z_2 **相等**. 由此得出, 对于复数 $z=x+\mathrm{i}y, z=0$ 当且仅当 $x=y=0$.

设 $z=x+\mathrm{i}y$ 是一个复数, 称 $x-\mathrm{i}y$ 为 z 的**共轭复数**, 记作 $\bar{z}$. 易知 $\bar{\bar{z}}=z$. 共轭复数有很多用处, 后文将逐步介绍.

§1.1.2　复数的四则运算

设 $z_1 = x_1 + \mathrm{i}y_1, z_2 = x_2 + \mathrm{i}y_2$ 是两个复数. 定义复数的**加法**为

$$z_1 + z_2 = (x_1 + x_2) + \mathrm{i}(y_1 + y_2). \tag{1.1}$$

复数的**减法**是加法的逆运算. 若存在复数 z 使 $z_1 = z_2 + z$,则 $z = z_1 - z_2$. 因此得到

$$z_1 - z_2 = (x_1 - x_2) + \mathrm{i}(y_1 - y_2). \tag{1.2}$$

定义复数的**乘法**为

$$z_1 \cdot z_2 = (x_1 x_2 - y_1 y_2) + \mathrm{i}(x_1 y_2 + x_2 y_1). \tag{1.3}$$

例如,

$$(2 - 3\mathrm{i})(4 + 5\mathrm{i})$$
$$= [2 \cdot 4 - (-3) \cdot 5] + \mathrm{i}[2 \cdot 5 + (-3) \cdot 4] = 23 - 2\mathrm{i}.$$

由乘法定义可验证

$$\mathrm{i} \cdot \mathrm{i} = (0 + 1 \cdot \mathrm{i})(0 + 1 \cdot \mathrm{i}) = -1.$$

复数的**除法**是乘法的逆运算. 当 $z_2 \neq 0$ 时,我们说:"z_1 除以 z_2 得到商 z",意思就是

$$z_1 = z_2 \cdot z.$$

从这个式子我们来求 z. 记 $z = x + \mathrm{i}y$. 由于

$$x_1 + \mathrm{i}y_1 = (x_2 + \mathrm{i}y_2)(x + \mathrm{i}y) = (x_2 x - y_2 y) + \mathrm{i}(x_2 y + x y_2),$$

根据两个复数相等的定义,得到

$$x_1 = x_2 x - y_2 y, \quad y_1 = x_2 y + x y_2,$$

由此解出

$$x = \frac{x_1 x_2 + y_1 y_2}{x_2^2 + y_2^2}, \quad y = \frac{x_2 y_1 - x_1 y_2}{x_2^2 + y_2^2}.$$

这就是说,当 $x_2 + \mathrm{i}y_2 \neq 0$(这相当于 $x_2^2 + y_2^2 \neq 0$)时,

$$\frac{z_1}{z_2} = \frac{x_1 + \mathrm{i}y_1}{x_2 + \mathrm{i}y_2} = \frac{x_1 x_2 + y_1 y_2}{x_2^2 + y_2^2} + \mathrm{i}\frac{x_2 y_1 - x_1 y_2}{x_2^2 + y_2^2}. \tag{1.4}$$

因可直接验证

$$z_2 \bar{z}_2 = x_2^2 + y_2^2, \quad z_1 \bar{z}_2 = (x_1 x_2 + y_1 y_2) + \mathrm{i}(x_2 y_1 - x_1 y_2),$$

从而(1.4)式可缩写成 $\dfrac{z_1}{z_2} = \dfrac{z_1 \bar{z}_2}{z_2 \bar{z}_2}$. 形式上看,这个等式是很自然的,它不过是指明分式 z_1 / z_2 的分子分母同乘 $\bar{z}_2 (z_2 \neq 0)$,分式值不变. 这一结论可用于复数

除法的实际演算,即

$$\frac{x_1 + iy_1}{x_2 + iy_2} = \frac{(x_1 + iy_1)(x_2 - iy_2)}{(x_2 + iy_2)(x_2 - iy_2)} = \frac{x_1 x_2 + y_1 y_2}{x_2^2 + y_2^2} + i\frac{x_2 y_1 - x_1 y_2}{x_2^2 + y_2^2}.$$

例如,

$$\frac{3 - 2i}{2 + 3i} = \frac{(3 - 2i)(2 - 3i)}{(2 + 3i)(2 - 3i)} = \frac{(6 - 6) + i(-4 - 9)}{2^2 + 3^2} = -i.$$

同实数的四则运算一样,复数加法满足结合律与交换律,复数乘法也满足结合律与交换律,加法与乘法满足分配律. 这些读者都可自行验证(作为练习).

最后,我们顺便介绍有关共轭复数的几个运算性质,读者很容易自己去验证(作为练习).

$$\overline{z_1 \pm z_2} = \bar{z}_1 \pm \bar{z}_2, \overline{z_1 \cdot z_2} = \bar{z}_1 \cdot \bar{z}_2, \overline{\left(\frac{z_1}{z_2}\right)} = \frac{\bar{z}_1}{\bar{z}_2} \quad (z_2 \neq 0),$$

$$z\bar{z} = x^2 + y^2 = (\text{Re } z)^2 + (\text{Im } z)^2,$$

$$\text{Re } z = \frac{1}{2}(z + \bar{z}), \quad \text{Im } z = \frac{1}{2i}(z - \bar{z}).$$

例 1.1 设 z_1, z_2 是任意两个复数,求证:

$$2\text{Re}(z_1 \bar{z}_2) = z_1 \bar{z}_2 + \bar{z}_1 z_2.$$

证 利用公式 $\text{Re } z = \frac{1}{2}(z + \bar{z})$ 可算得

$$2\text{Re}(z_1 \bar{z}_2) = z_1 \bar{z}_2 + \overline{z_1 \bar{z}_2} = z_1 \bar{z}_2 + \bar{z}_1 \bar{\bar{z}}_2 = z_1 \bar{z}_2 + \bar{z}_1 z_2.$$

学习了以上两段以后,读者可仔细体会,以加深对复数的认识. 最初当给出复数概念时,我们所知道的复数是什么? 复数无非是一个实数 x 同另一个实数 y 用"i"及"+"连接而写成"$x+iy$"这样一个形式的东西,"i"是什么,"+"是什么意思,都未加说明. 后来,介绍了复数与实数的关系,复数与纯虚数的关系,又介绍了复数加法的定义. 这样,我们也就可以把 $x+iy$ 看成实数 x 同纯虚数 iy 相加. 其后,又定义了复数乘法. 利用复数的加法与乘法,现在已可将复数 $z=x+iy$ 真正理解为虚数 i 乘 y,然后再加上 x 的结果(注意 $x=x+0i, y=y+0i, i=0+1i$):

$$z = (x + 0i) + (0 + 1i)(y + 0i) = x + iy.$$

历史上,当人们第一次引进-1的平方根并把它当作"数"的时候,是把它作为想像中的数,所以称为"虚数". 后来就把形如 $x+iy$ 的数叫做复数,意思是"复合"起来的数.

§1.1.3   复平面

一个复数 $x+\mathrm{i}y$ 可唯一地对应一个有序实数对 (x,y),而有序实数对与坐标平面上的点是一一对应的. 所以,复数 z 全体与坐标平面上点的全体形成一一对应. 现在我们直截了当地把坐标平面上的点写成 $x+\mathrm{i}y$ (图 1.1),那么,横轴上的点就表示实数,纵轴上的点就表示纯虚数. 整个坐标平面可称为**复(数)平面**. 今后我们索性将复数与复平面上的点不加区分. 这种点、数等同将给我们带来许多方便. 在点、数等同的观点下,一个复数集合就是一个平面点集. 因此,很自然地,某些特殊的平面点集就可以用复数所满足的某种关系式来表示.

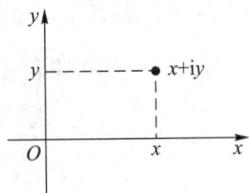

例如,
$$\{z:\operatorname{Im}z\geqslant 0\}$$
与
$$\{z:0\leqslant\operatorname{Re}z\leqslant 1,0\leqslant\operatorname{Im}z\leqslant 1\}$$
分别表示上半平面与以 0,1,$1+\mathrm{i}$,i 为顶点的正方形.

图 1.1

§1.2   复数的三角表示

§1.2.1   复数的模与辐角

上面说过,复数与平面上的点成一一对应,这是将复数实部与虚部分别看作直角坐标系下点的横坐标与纵坐标. 除此以外,复数还可以同平面向量成对应, 只要将复数的实部与虚部分别看作向量的水平分量与铅垂分量就行了. 所以我们也可以把复数与平面向量等同起来. 不过要注意,向量具有平移不变性,即其起点可安放在任意一点. 若把向量的起点放在(复平面的)坐标原点,则此向量及向量的终点在上述两种对应下恰好对应同一复数(图 1.2).

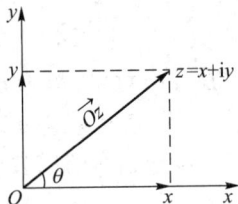

如果 z 是一个不为 0 的复数,我们将它所对应向量 $\overrightarrow{Oz}$ 的长度叫做 z 的**模**,记作 $|z|$;将实轴正向与向量 $\overrightarrow{Oz}$ 之间的夹角叫做 z 的**辐角**. 辐角有无穷多个值,其中任意两个值相差 2π 的整数倍. 今后,我们用记号 $\operatorname{Arg}z$ 作为 z 的辐角的一般表示,意思是它可

图 1.2

复数的几何表示

以不受限制地取 z 的辐角的任意值. 再用记号 arg z 表示 z 的所有辐角中介于 $-\pi$ 与 π 之间(包括 π)的那一个角,并把它称为 z 的**主辐角**,即 $-\pi < \arg z \leqslant \pi$(顺便指出,有的书上把 z 的所有辐角中的非负最小值作为主辐角,也用记号 arg z 表示,这样便有 $0 \leqslant \arg z < 2\pi$). 所以

$$\text{Arg } z = \arg z + 2k\pi,$$

k 是任意的整数(图 1.3). 当 $z = 0$ 时, $|z| = 0$, 这时辐角没有意义. 对于共轭复数,我们有 $|z| = |\bar{z}|$ 以及 arg $\bar{z} = -\arg z\,(z \neq 0$ 且不为负实数,对负实数有 arg $\bar{z} = \arg z = \pi$). 对 $z = x + \mathrm{i}y$ 易验证

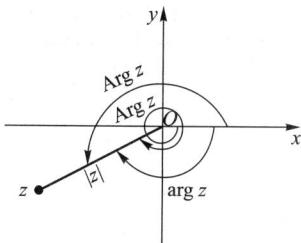

图 1.3

$$|z| = \sqrt{x^2 + y^2},$$

因此

$$|z|^2 = x^2 + y^2 = z\bar{z}.$$

由此推出

$$\frac{1}{z} = \frac{\bar{z}}{z\bar{z}} = \frac{\bar{z}}{|z|^2}.$$

对于一个不为 0 的复数 $z = x + \mathrm{i}y$,它的实部与虚部同它的模与辐角之间有如下的关系. 一方面有

$$x = |z| \cos \text{Arg } z, \quad y = |z| \sin \text{Arg } z;$$

另一方面,反过来有

$$|z| = \sqrt{x^2 + y^2}.$$

从而有明显的不等式

$$|x| \leqslant |z|, \quad |y| \leqslant |z|, \quad |z| \leqslant |x| + |y|.$$

辐角的表示式稍微复杂些,要看 z 在哪个象限而定. 对任意实数 α,用 arctan α 表示 $\left(-\dfrac{\pi}{2}, \dfrac{\pi}{2}\right)$ 内其正切为 α 的一个角,我们有(图 1.4)

$$\arg z = \begin{cases} \arctan \dfrac{y}{x}, & x > 0, y \text{ 为任意实数}, \\[2mm] \dfrac{\pi}{2}, & x = 0, y > 0, \\[2mm] \arctan \dfrac{y}{x} + \pi, & x < 0, y \geqslant 0, \\[2mm] \arctan \dfrac{y}{x} - \pi, & x < 0, y < 0, \\[2mm] -\dfrac{\pi}{2}, & x = 0, y < 0. \end{cases}$$

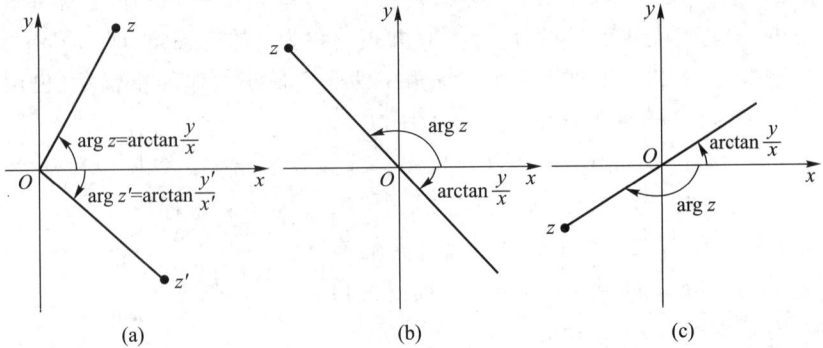

图 1.4

最后,我们向读者做简短提示:由于复数可以表示平面向量.所以,有关平面向量的问题就有可能利用复变函数来研究.这样,复变函数论就逐渐被广泛地应用于理论物理、弹性力学、流体力学等学科,成为重要的数学工具.与此同时,人们也逐渐改变了对复数的看法,不再指责它是"虚无缥缈"的东西了.

§1.2.2　复数模的三角不等式

设 $z_1 = x_1 + iy_1$,$z_2 = x_2 + iy_2$,根据复数的加、减法则,有

$$z_1 \pm z_2 = (x_1 \pm x_2) + i(y_1 \pm y_2),$$

这恰好同向量的加、减法一致.因为,复平面上从点 $z = 0$ 到点 $z = z_1$ 的向量对应于复数 z_1,从点 $z = 0$ 到点 $z = z_2$ 的向量对应于复数 z_2.两个向量相加相当于它们的水平分量与铅垂分量相加,所以复数加法可以用向量相加的三角形法则在图上作出(图 1.5(a)),复数减法也可以类似地在图上作出(图 1.5(b)).这里,向量 $\overrightarrow{Oz_1}$ 减去向量 $\overrightarrow{Oz_2}$ 所得的差就是从点 z_2 到点 z_1 的向量.这个向量所对应的复数是 $z_1 - z_2$,注意到这个向量的长度就是复数 $z_1 - z_2$ 的模,我们就得出一个结论:对任意两个复数 z_1 与 z_2,$|z_1 - z_2|$ 就是复平面上点 $z = z_1$ 与点 $z = z_2$ 之间的距离.这是一个很有用的结果.例如,复平面上以 z_0 为中心,以 r 为半径的圆盘,就是满足不等式 $|z - z_0| < r$ 的点 z 的全体.简单地,就用不等式 $|z - z_0| < r$ 表示.从上面这个结论出发,再根据三角形两边长之和大于第三边长,两边长之差小于第三边长的法则,可以得到关于复数模的三角不等式

$$||z_1| - |z_2|| \leqslant |z_1 - z_2| \leqslant |z_1| + |z_2|. \tag{1.5}$$

而从图 1.5(a)得到类似的不等式

$$||z_1| - |z_2|| \leqslant |z_1 + z_2| \leqslant |z_1| + |z_2|. \tag{1.6}$$

以上两个不等式串中有一处等号成立的充分必要条件是 z_1 与 z_2 位于通过原点的同一直线上.

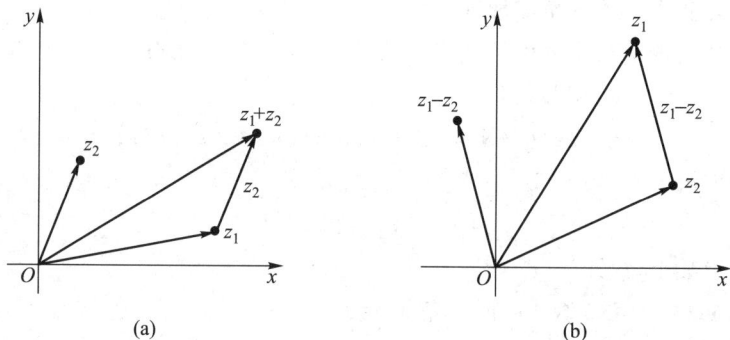

(a)　　　　　　　(b)

图 1.5

(1.5)式与(1.6)式可以用共轭复数的性质来证明. 我们以(1.6)式为例.

$$\begin{aligned}|z_1 + z_2|^2 &= (z_1 + z_2)(\bar{z}_1 + \bar{z}_2)\\ &= z_1\bar{z}_1 + z_2\bar{z}_2 + z_1\bar{z}_2 + z_2\bar{z}_1\\ &= |z_1|^2 + |z_2|^2 + 2\mathrm{Re}(z_1\bar{z}_2),\end{aligned}$$

又因为

$$|\mathrm{Re}(z_1\bar{z}_2)| \leqslant |z_1\bar{z}_2| = |z_1||\bar{z}_2| = |z_1||z_2|,$$

所以有

$$|z_1 + z_2|^2 \leqslant |z_1|^2 + |z_2|^2 + 2|z_1||z_2| = (|z_1| + |z_2|)^2,$$

以及

$$|z_1 + z_2|^2 \geqslant |z_1|^2 + |z_2|^2 - 2|z_1||z_2| = (|z_1| - |z_2|)^2.$$

因此(1.6)式成立. 将(1.6)式中的 z_2 用 $-z_2$ 替代,就得到(1.5)式.

请读者留意:不等式(1.5)及(1.6)都是对复数的模而言的. 复数本身不能比较大小,故不存在形如 $z_1 \leqslant z_2$ 的不等式.

§1.2.3　复数的三角表示

设 z 是一个不为 0 的复数,r 是 z 的模,θ 是 z 的任意一个辐角,则

$$z = r(\cos\theta + \mathrm{i}\sin\theta).$$

上式右端称为**复数的三角表示**. 反过来,对于任意的正数 r 与实数 θ,$r(\cos\theta + \mathrm{i}\sin\theta)$ 一定是某个复数 z 的三角表示. 事实上,该复数 $z = r(\cos\theta + \mathrm{i}\sin\theta)$.

特别,当 $r = 1$ 时,有 $z = \cos\theta + \mathrm{i}\sin\theta$. 我们引出欧拉公式:

$$e^{i\theta} = \cos\theta + i\sin\theta,$$

利用上式,就可以将 $z = r(\cos\theta + i\sin\theta)$ 改写成

$$z = re^{i\theta},$$

称上式为非零复数的**指数形式**.

一个复数的三角表示不是唯一的,因为其中的辐角有无穷多种选择. 如果有两个三角表示相等,即:

$$r_1(\cos\theta_1 + i\sin\theta_1) = r_2(\cos\theta_2 + i\sin\theta_2),$$

那么可推出

$$r_1 = r_2, \quad \theta_1 = \theta_2 + 2k\pi,$$

其中 k 为某个整数.

例 1.2 写出复数 $1+i$ 的三角表示式.

解 因为 $|1+i| = \sqrt{2}$, $\arg(1+i) = \dfrac{\pi}{4}$,所以 $1+i$ 的三角表示式可以写成

$$1 + i = \sqrt{2}\left(\cos\frac{\pi}{4} + i\sin\frac{\pi}{4}\right).$$

如果取 $1+i$ 的另一辐角,例如,取 $2\pi + \dfrac{\pi}{4} = \dfrac{9}{4}\pi$,那么 $1+i$ 的三角表示式也可写成

$$1 + i = \sqrt{2}\left(\cos\frac{9}{4}\pi + i\sin\frac{9}{4}\pi\right).$$

例 1.3 写出复数 $-1-3i$ 的三角表示式.

解 先算出 $|-1-3i| = \sqrt{10}$,以及

$$\arg(-1-3i) = \arctan 3 - \pi,$$

故所求的三角表示式可写为

$$-1 - 3i = \sqrt{10}\left[\cos(\arctan 3 - \pi) + i\sin(\arctan 3 - \pi)\right].$$

例 1.4 设 $z = r(\cos\theta + i\sin\theta)$. 求 $\dfrac{1}{z}$ 的三角表示.

解 因为 $\dfrac{1}{z} = \dfrac{\bar{z}}{|z|^2}$, $|z| = r$, $\bar{z} = r(\cos\theta - i\sin\theta)$,故

$$\frac{1}{z} = \frac{1}{r}(\cos\theta - i\sin\theta) = \frac{1}{r}\left[\cos(-\theta) + i\sin(-\theta)\right].$$

最后的式子即是 $\dfrac{1}{z}$ 的三角表示.

§1.2.4　用复数的三角表示作乘除法

　　§1.2.2 段已指出复数的加、减法则与向量的加、减法则相一致,但复数的乘法与向量的标量积或向量积都不相同. 不过,利用复数的三角表示可给复数的乘法和除法以新的解释.

　　设 $z_1 = r_1(\cos\theta_1 + i\sin\theta_1)$,$z_2 = r_2(\cos\theta_2 + i\sin\theta_2)$,这里,$r_j = |z_j|$,$\theta_j$ 是 z_j 的某一个辐角($j=1,2$). 由(1.3)式可知

$$z_1 \cdot z_2 = r_1 r_2 \left[(\cos\theta_1\cos\theta_2 - \sin\theta_1\sin\theta_2) + i(\cos\theta_1\sin\theta_2 + \sin\theta_1\cos\theta_2) \right]$$

$$= r_1 r_2 \left[\cos(\theta_1 + \theta_2) + i\sin(\theta_1 + \theta_2) \right]. \tag{1.7}$$

分别写出模与辐角的运算法则,就是

$$|z_1 \cdot z_2| = r_1 r_2 = |z_1||z_2|, \tag{1.8}$$

$$\mathrm{Arg}(z_1 \cdot z_2) = \theta_1 + \theta_2 + 2k\pi = \mathrm{Arg}\, z_1 + \mathrm{Arg}\, z_2, \tag{1.9}$$

其中 k 可取任意整数.

　　请注意,等式(1.9)是一个表达多值相等的式子. 它的意义是:对于 $\mathrm{Arg}\, z_1$ 的任意一个取定的值与 $\mathrm{Arg}\, z_2$ 的任意一个取定的值之和,必有 $\mathrm{Arg}(z_1 \cdot z_2)$ 的某一个值同它相等;反之,对于 $\mathrm{Arg}(z_1 \cdot z_2)$ 的任意一个取定的值,必有 $\mathrm{Arg}\, z_1$ 与 $\mathrm{Arg}\, z_2$ 的各一值使它们的和同该取定的值相等. 今后我们还会遇到这种多值相等的式子,对它们都可以作类似上面的解释.

　　根据(1.8)式及(1.9)式可知复数乘法有其几何意义. 这就是:乘积 $z_1 \cdot z_2$ 所表示的向量可以从 z_1 所表示的向量旋转角度 $\mathrm{Arg}\, z_2$ 并伸长 $|z_2|$ 倍获得(图 1.6(a)). 对特殊情形 iz,其中 z 为任一复数,由于复数 i(或 $-i$)的模等于 1,主辐角等于 $\dfrac{\pi}{2}$$\left(或 -\dfrac{\pi}{2}\right)$,因此乘积 iz(或 $-iz$)所表示的向量就是复数 z 所表示的向量逆时针(或顺时针)方向旋转一个角度 $\dfrac{\pi}{2}$.

　　复数除法是乘法的逆运算,故当 $z_2 \neq 0$ 时有

$$\frac{z_1}{z_2} = \frac{r_1}{r_2} \left[\cos(\theta_1 - \theta_2) + i\sin(\theta_1 - \theta_2) \right], \tag{1.10}$$

或者写成

$$\left| \frac{z_1}{z_2} \right| = \frac{|z_1|}{|z_2|}, \quad \mathrm{Arg}\, \frac{z_1}{z_2} = \mathrm{Arg}\, z_1 - \mathrm{Arg}\, z_2. \tag{1.11}$$

由此,除法也有其几何意义(图 1.6(b)).

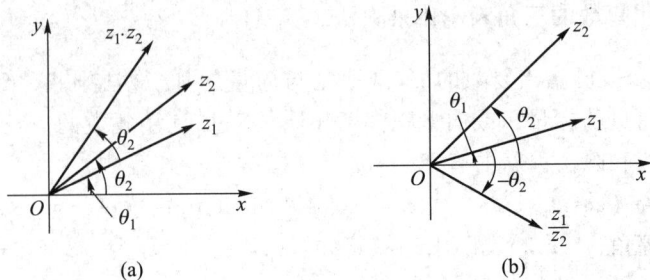

图 1.6

例 1.5　用三角表示计算 $(1+\sqrt{3}\,\mathrm{i})(-\sqrt{3}-\mathrm{i})$.

解　因为

$$1 + \sqrt{3}\,\mathrm{i} = 2\left(\cos\frac{\pi}{3} + \mathrm{i}\sin\frac{\pi}{3}\right),$$

$$-\sqrt{3} - \mathrm{i} = 2\left[\cos\left(-\frac{5}{6}\pi\right) + \mathrm{i}\sin\left(-\frac{5}{6}\pi\right)\right],$$

所以

$$(1 + \sqrt{3}\,\mathrm{i})(-\sqrt{3} - \mathrm{i}) = 4\left[\cos\left(-\frac{\pi}{2}\right) + \mathrm{i}\sin\left(-\frac{\pi}{2}\right)\right] = -4\mathrm{i}.$$

例 1.6　用三角表示计算 $(2+\mathrm{i})/(1-2\mathrm{i})$.

解　因为

$$2 + \mathrm{i} = \sqrt{5}\left(\cos\arctan\frac{1}{2} + \mathrm{i}\sin\arctan\frac{1}{2}\right),$$

$$1 - 2\mathrm{i} = \sqrt{5}\left[\cos\arctan(-2) + \mathrm{i}\sin\arctan(-2)\right],$$

所以

$$\frac{2 + \mathrm{i}}{1 - 2\mathrm{i}} = \cos\left[\arctan\frac{1}{2} - \arctan(-2)\right] + \mathrm{i}\sin\left[\arctan\frac{1}{2} - \arctan(-2)\right]$$

$$= \cos\frac{\pi}{2} + \mathrm{i}\sin\frac{\pi}{2} = \mathrm{i}.$$

§ 1.2.5　复数的乘方与开方

设 $z \neq 0$ 是一复数，n 是一正整数，z^n 即是 n 个 z 相乘的积，故从乘法法则

立即可以推出乘方法则. 记 $z = r(\cos\theta + i\sin\theta)$,则

$$z^n = \left[r(\cos\theta + i\sin\theta)\right]^n = r^n(\cos n\theta + i\sin n\theta). \qquad (1.12)$$

公式 (1.12) 的一个特殊情形是 $r = 1$,即

$$(\cos\theta + i\sin\theta)^n = \cos n\theta + i\sin n\theta. \qquad (1.13)$$

(1.13) 式称为**棣莫弗 (De Moivre) 公式**. 把此式的左端展开,再分开实部与虚部,就可以得到 n 倍角的正弦和余弦用单倍角的正弦和余弦来表达的公式. 我们以 $n = 3$,即以 3 倍角为例. 由

$$(\cos\theta + i\sin\theta)^3 = \cos 3\theta + i\sin 3\theta,$$

将左端展开得到

$$\cos^3\theta + 3i\cos^2\theta\sin\theta - 3\cos\theta\sin^2\theta - i\sin^3\theta$$
$$= \cos 3\theta + i\sin 3\theta.$$

分别比较等式两边的实部与虚部得到

$$\cos 3\theta = \cos^3\theta - 3\cos\theta\sin^2\theta, \quad \sin 3\theta = 3\cos^2\theta\sin\theta - \sin^3\theta.$$

此两式就是在中学数学中学过的 3 倍角公式. 显然,这种方法比三角方法简便.

再考虑开方,开方是乘方的逆运算,对于任意一个复数 z 以及任意一个正整数 n,所谓 z 的 n 次方根,记作 $z^{\frac{1}{n}}$,是指这样的复数 w,它满足

$$w^n = z.$$

如果 $z = 0$,显然有 $w = 0$. 因此,我们假定 $z \neq 0$. 为了从上式解出 w,我们用三角表示. 记

$$z = r(\cos\theta + i\sin\theta), \quad w = \rho(\cos\varphi + i\sin\varphi).$$

于是有

$$\left[\rho(\cos\varphi + i\sin\varphi)\right]^n = r(\cos\theta + i\sin\theta),$$

得到

$$\rho^n = r, \quad n\varphi = \theta + 2k\pi \quad (k \text{ 为任意整数}).$$

由此解出

$$\rho = r^{\frac{1}{n}}, \quad \varphi = \frac{1}{n}(\theta + 2k\pi) \quad (k \text{ 为任意整数}).$$

此处 $r^{\frac{1}{n}}$ 是 r 在通常意义下 (即实数意义下) 的 n 次根,即算术根. 故得

$$w = r^{\frac{1}{n}}\left[\cos\left(\frac{1}{n}(\theta + 2k\pi)\right) + i\sin\left(\frac{1}{n}(\theta + 2k\pi)\right)\right], \qquad (1.14)$$

其中 k 可取任意整数. 我们注意到,当 k 取连续的 n 个整数,例如取 $k = 0, 1, \cdots,$ $n-1$ 时,得到 φ 的 n 个值,其中 φ 的任意两个值相差不是 2π 的整数倍. 因此,由 (1.14) 式 w 实际上有 n 个不同的值. 为确定起见,我们可写成

$$w = |z|^{\frac{1}{n}} \left\{ \cos\left[\frac{1}{n}(\arg z + 2k\pi)\right] + \mathrm{i}\sin\left[\frac{1}{n}(\arg z + 2k\pi)\right] \right\},$$

$$k = 0, 1, \cdots, n-1. \qquad (1.15)$$

这样,任意一个不为 0 的复数开 n 次方有 n 个值(根). 在复平面上这 n 个点形成一个以原点为中心的正 n 边形的顶点,它们同原点的距离是 $|z|^{\frac{1}{n}}$,其中一个点的辐角是 $\frac{1}{n}\arg z$(图 1.7).

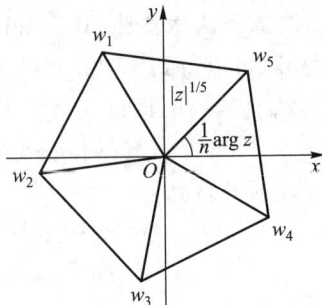

例 1.7　用复数的三角表示计算 $(1+\sqrt{3}\,\mathrm{i})^3$.

解　由(1.12)式得

$$(1 + \sqrt{3}\,\mathrm{i})^3 = \left[2\left(\cos\frac{\pi}{3} + \mathrm{i}\sin\frac{\pi}{3}\right)\right]^3 = 8(\cos\pi + \mathrm{i}\sin\pi) = -8.$$

例 1.8　求解方程 $z^3 - 2 = 0$.

解　方程 $z^3 - 2 = 0$ 即 $z^3 = 2$,用公式(1.15)计算得

$$z = \left[2(\cos 0 + \mathrm{i}\sin 0)\right]^{\frac{1}{3}} = \sqrt[3]{2}\left(\cos\frac{2k\pi}{3} + \mathrm{i}\sin\frac{2k\pi}{3}\right), \quad k = 0, 1, 2.$$

所以方程 $z^3 = 2$ 有 3 个解,它们是

$$\sqrt[3]{2}, \quad \sqrt[3]{2}\left(-\frac{1}{2} + \frac{\sqrt{3}}{2}\mathrm{i}\right), \quad \sqrt[3]{2}\left(-\frac{1}{2} - \frac{\sqrt{3}}{2}\mathrm{i}\right).$$

注　在复数中,2 开 3 次方根有 3 个值,它们的模都是 2 的 3 次方根中取正实数的那一个,即算术根.

§1.3　平面点集的一般概念

§1.3.1　开集与闭集

在§1.1中已经说过,对于一个复数与它所对应的平面上的点我们将不加区分,因此点可以用复数表示,而复数可看作点. 对于一些特殊的平面点集,我们将采用复数所满足的等式或不等式来表示.

平面上以 z_0 为中心，δ（任意的正数）为半径的开圆表示为

$$|z - z_0| < \delta,$$

称它为 z_0 的**邻域**，而称由不等式 $0 < |z - z_0| < \delta$ 所确定的点集为 z_0 的**去心邻域**.

设 G 为一平面点集：

（1）z_0 为 G 中任意一点. 如果存在 z_0 的一个邻域，该邻域内的所有点都属于 G，那么称 z_0 为 G 的**内点**. 如果 G 内的每个点都是它的内点，那么称 G 为**开集**.

（2）平面上不属于 G 的点的全体称为 G 的**余集**，记作 $\complement G$，开集的余集称为**闭集**.

（3）z_0 是一点，若在 z_0 的任一邻域内既有 G 的点又有 $\complement G$ 的点，则称 z_0 是 G 的一个**边界点**；G 的边界点全体称为 G 的**边界**.

（4）$z_0 \in G$，若在 z_0 的某一邻域内除 z_0 外不含 G 的点，则称 z_0 是 G 的一个**孤立点**. G 的孤立点一定是 G 的边界点.

（5）如果存在一个以点 $z = 0$ 为中心的圆盘包含 G，称 G 为**有界集**，否则称 G 为**无界集**.

例 1.9 $G = \{z : |z| < R\}$ 是一开集. 因为对于任意的 $z_0 \in G$，z_0 的邻域 $\{z : |z - z_0| < R - |z_0|\}$ 在 G 中.

例 1.10 $G = \{z : |z| \geqslant R\}$ 是闭集. 因为它的余集 $\complement G = \{z : |z| < R\}$ 是开集.

例 1.11 $G = \{z : |z| < R\}$，圆周 $|z| = R$ 的每一点均为 G 的边界点，且 G 没有别的边界点. 因此 $|z| = R$ 是 G 的边界.

§1.3.2 区域

复变函数的严密理论是建立在平面点集的理论基础上的. 正像单变量实函数理论建立在直线点集理论基础上一样. 同实变量一样，每一个复变量都有自己的变化范围. 在今后的讨论中，变化范围主要是指区域.

平面点集 D 称为一个**区域**，如果它满足下列两个条件：

（1）D 是一个开集；

（2）D 是连通的，就是说 D 中任何两点都可以用完全属于 D 的一条折线连接起来（图 1.8）.

换言之，区域就是连通开集.

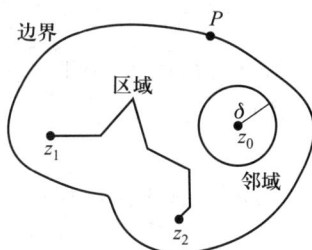

图 1.8

区域 D 与它的边界一起构成闭区域或闭域,记作 $\overline{D}$.

注　区域是开集,闭区域是闭集,除了全平面既是区域又是闭区域这一特例外,区域与闭区域是两种不同的点集,闭区域并非区域.

例 1.12　试说出下列各式所表示的点集是怎样的图形,并指出哪些是区域:

(1) $z+\bar{z}>0$; (2) $|z+2-i| \geqslant 1$; (3) $0<\arg z<\dfrac{\pi}{3}$.

解　(1) 记 $z=x+iy$,则 $z+\bar{z}=2x$. $z+\bar{z}>0$ 即是 $x>0$,它表示右半平面(图 1.9). 这是一个区域.

(2) 写 $z+2-i=z-(-2+i)$,则 $|z+2-i| \geqslant 1$ 即 $|z-(-2+i)| \geqslant 1$,它表示以 $-2+i$ 为中心,以 1 为半径的圆周连同其外部区域(图1.10). 它是一个闭区域.

(3) 这是介于两射线 $\arg z=0$ 及 $\arg z=\dfrac{\pi}{3}$ 之间的一个角形区域(图 1.11).

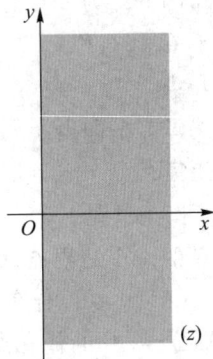

图 1.9

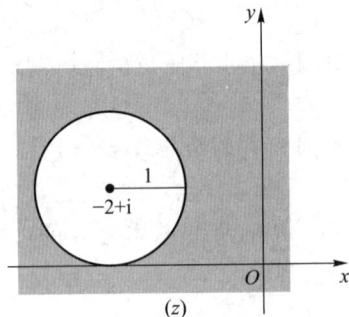

图 1.10

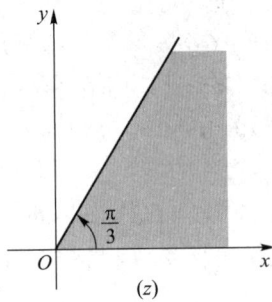

图 1.11

§1.3.3　平面曲线

在微积分课程中已经知道,平面曲线可以用一对连续函数

$$x = x(t), \ y = y(t) \quad (a \leqslant t \leqslant b)$$

来表示(称为曲线的参数方程表示). 我们现在用实变量的复值函数 $z(t)$ 来表示,即

$$z(t) = x(t) + iy(t) \quad (a \leqslant t \leqslant b).$$

例如,以坐标原点为中心,以 a 为半径的圆周,其参数方程可表示为

$$x = a\cos t, y = a\sin t \quad (0 \leqslant t \leqslant 2\pi),$$

写成复数的形式即为

$$z = a(\cos t + i \sin t) \quad (0 \leqslant t \leqslant 2\pi).$$

又如,平面上连接点(x_1, y_1)与(x_2, y_2)的直线段,其参数方程可表示为

$$x = x_1 + (x_2 - x_1)t, \quad y = y_1 + (y_2 - y_1)t \quad (0 \leqslant t \leqslant 1).$$

从复平面上看,这就是连接点$z_1 = x_1 + iy_1$与点$z_2 = x_2 + iy_2$的直线段. 故其复数形式的参数方程可表示为

$$z = z_1 + (z_2 - z_1)t \quad (0 \leqslant t \leqslant 1).$$

除了参数表示以外,通常我们还用动点z所满足的关系式来表示曲线. 例如,把以$z=0$为中心,以a为半径的圆周,表示成为$|z|=a$;平行于虚轴且通过点$z=1$的直线,从$1-i$到$1+i$的一段可表示成$\text{Re}\, z = 1(-1 \leqslant \text{Im}\, z \leqslant 1)$等.

如果在区间$a \leqslant t \leqslant b$上,$x'(t)$和$y'(t)$都是连续的,且对于$t$的每一个值,有

$$[x'(t)]^2 + [y'(t)]^2 \neq 0,$$

那么这曲线称为**光滑**的,由几段依次相接的光滑曲线所组成的曲线称为**分段光滑曲线**.

设$C: z = z(t)(a \leqslant t \leqslant b)$为一条连续曲线,$z(a)$与$z(b)$分别称为$C$的起点与终点,对于满足$a < t_1 < b$, $a \leqslant t_2 \leqslant b$的$t_1$与$t_2$,当$t_1 \neq t_2$而有$z(t_1) = z(t_2)$时,点$z(t_1)$称为曲线$C$的**重点**. 没有重点的连续曲线$C$称为**简单曲线**或**若尔当(Jordan)曲线**. 如果简单曲线C的起点与终点重合,即$z(a) = z(b)$,那么曲线C称为**简单闭曲线**(图1.12(a)). 由此可知,简单曲线自身不会相交. 图1.12(c)与1.12(d)都不是简单曲线.

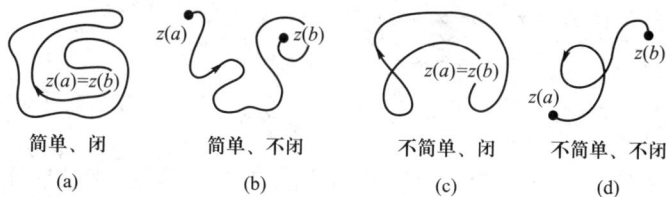

图 1.12

若尔当曲线定理　任一简单闭曲线将平面分成两个区域. 它们都以该曲线为边界,其中一个为有界区域,称为该简单闭曲线的**内部**;另一个为无界区域,称为**外部**.

根据简单闭曲线的这个性质,我们可以区别区域的连通状况.

设D是一区域. 如果对D内的任一简单闭曲线,曲线的内部总属于D,则称D是**单连通区域**,不是单连通区域的区域称为**多(复)连通区域**.

一条简单闭曲线的内部是单连通区域(图1.13(a)). 单连通区域D具

有这样的特征:属于 D 的任何一条简单闭曲线,在 D 内可以经过连续的变形而缩成一点,而多连通区域就不具有这个特征(图 1.13(b)).

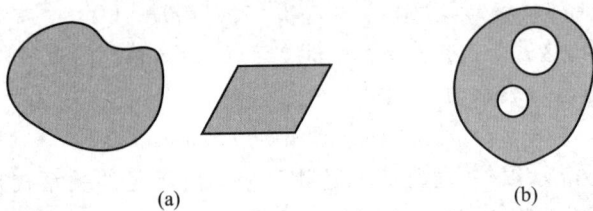

图 1.13

§1.4　无穷大与复球面

§1.4.1　无穷远点

为了使复数系统在许多场合是方便的,我们不但要讨论有限复数,还要讨论一个特殊的"复数"——**无穷大**,记为 ∞,它是由下式

$$\infty = \frac{1}{0}$$

来定义的. 它和有限数的四则运算定义如下:

（加法）　$a+\infty = \infty + a = \infty$　　　　$(a \neq \infty)$,

（减法）　$\infty - a = \infty$, $a - \infty = \infty$　　$(a \neq \infty)$,

（乘法）　$a \cdot \infty = \infty \cdot a = \infty$　　　　$(a \neq 0)$,

（除法）　$\dfrac{a}{\infty} = 0$, $\dfrac{\infty}{a} = \infty$　　　　$(a \neq \infty)$.

在这种定义下,一向不能以 0 为除数的除法,现在可能了. 但要注意,

$$\infty \pm \infty, \quad 0 \cdot \infty, \quad \infty \cdot 0, \quad \frac{\infty}{\infty}, \quad \frac{0}{0}$$

都无意义.

对于复数 ∞ 而言,其模规定为 $+\infty$,而实部、虚部和辐角均没有意义. 对于其他的每一个复数 z,都有 $|z| < +\infty$,相比较而言称 z 为有限复数.

在复平面上没有一点与 ∞ 相对应,但我们可设想复平面上有一理想点与它对应,此点称为**无穷远点**. 复平面加上无穷远点称为**扩充复平面**. 扩充复平面上的每一条直线都通过无穷远点.

注　包括无穷远点自身在内且满足 $|z| > M$ 的所有点的集合,其中实数

$M>0$,称为无穷远点的邻域. 换言之,无穷远点的邻域是包括无穷远点自身在内的圆周 $|z|=M$ 的外部. 不包括无穷远点自身在内,仅满足 $|z|>M$ 的所有点的集合,称为无穷远点的去心邻域,它可表示为 $M<|z|<+\infty$.

§1.4.2 复球面

我们知道,把复数表示成复平面上的点或向量,都是由于实际需要而采取的表示方法(正如数学是从实践中产生). 由于实际需要还可以用其他方法表示复数,例如,在地图制图学中考虑到球面与平面上点的对应关系,即把地球投影到平面上进行研究. 这种方法叫做测地投影法. 我们利用这种方法,建立全体复数与球面上的点之间的一一对应关系,于是用球面上的点来表示复数,进而确立了 ∞ 的几何意义.

取一个在原点 O 与平面相切的球面(图 1.14),并通过点 O(南极 S)作一垂直于平面的直线与球面交于 N 点(北极),我们称 N 点为极点,分别用直线段将点 N 与球面上的点 Z 相连,其延长线交平面于一点 z,这就建立起球面上的点(不包括 N 点)与平面上的点(有限点)之间的一一对应关系,点 z 是点 Z 在平面上的投影,点 Z 可以看作是复数 z 的球面图形,这球面就叫作复数球面. 现在研究平面上与极点 N 相对应的点. 对于平面上一个以原点 O 为中心的圆周 C,在球面上相应的图形也是一个圆周 Γ(所谓纬线). 当圆周 C 的半径越来越大时,圆周 Γ 便越来越趋近于极点 N. 因此,点 N 可看作是平面上无穷远点在球面上的图形. 这样,球面上的点与扩充复平面上的点之间就完全一一对应了.

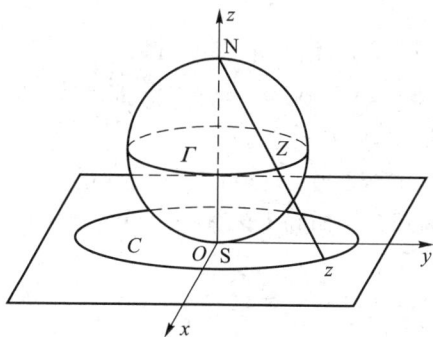

图 1.14

以前,我们曾设想复平面上有一个"理想点"与 ∞ 相对应,现在可以形象地把这个点表示出来. 因此"理想点"的设想是合理的,是有其客观依据的.

应该注意:在实变量的情况下,$+\infty$ 与 $-\infty$ 是有区别的,它们分别是表示

"点列"无穷增大与无穷减小的记号. 而在复变量的情形下, ∞ 是没有符号的!

§1.5　复变函数

§1.5.1　复变函数的概念

设 D 是复平面上一点集. 如果对于 D 中任意的一点 z, 有确定的(一个或多个)复数 w 同它对应, 则称在 D 上定义了一个**复变函数**, 记作 $w=f(z)$ (定义域与值域等名称都可从微积分中移植过来, 不再一一叙述). 如果对每个 $z\in D$, 有唯一的 w 同它对应, 则称 $w=f(z)$ 为**单值函数**, 不是单值函数的函数称为**多值函数**. 在一般情形, 我们提到的"函数"都是指单值函数, 若 D 是实轴上的一个闭区间, 则 $w=f(z)$ 就是实变量的复值函数. 曲线的参数方程 $z=z(t)$ $(a\leqslant t\leqslant b)$ 就是这种函数的一个例子.

设 $z=x+\mathrm{i}y$, 则 $w=f(z)$ 可以写成下列形式:
$$w = f(z) = u + \mathrm{i}v = u(x,y) + \mathrm{i}v(x,y),$$
其中 $u(x,y)$ 与 $v(x,y)$ 为实值函数. 分开上式的实部与虚部, 得到
$$u = u(x,y), \quad v = v(x,y).$$
这样, 一个复变函数 $w=f(z)$ 就相当于一对二元实变函数. $w=f(z)$ 的性质就取决于 $u=u(x,y)$ 与 $v=v(x,y)$ 的性质.

例 1.13　将定义在全平面上的复变函数 $w=z^2+1$ 化为一对二元实变函数.

解　记 $z=x+\mathrm{i}y, w=u+\mathrm{i}v$, 代入 $w=z^2+1$ 得
$$u + \mathrm{i}v = (x + \mathrm{i}y)^2 + 1 = x^2 - y^2 + 1 + 2\mathrm{i}xy.$$
分开实部与虚部即得
$$u = x^2 - y^2 + 1, \quad v = 2xy.$$

例 1.14　将定义在全平面除去坐标原点的区域上的一对二元实变函数
$$u = \frac{2x}{x^2 + y^2}, \quad v = \frac{y}{x^2 + y^2} \quad (x^2 + y^2 \neq 0)$$
化为一个复变函数.

解　记 $x+\mathrm{i}y=z, u+\mathrm{i}v=w$, 则
$$w = u + \mathrm{i}v = \frac{2x + \mathrm{i}y}{x^2 + y^2},$$

将 $x = \dfrac{1}{2}(z+\bar{z})$，$y = \dfrac{1}{2\mathrm{i}}(z-\bar{z})$ 以及 $x^2+y^2 = z\bar{z}$ 代入上式，经整理后得

$$w = \frac{3}{2\bar{z}} + \frac{1}{2z} \quad (z \neq 0).$$

一个复变函数也可看作一个映射（或变换）. 设 $f(z)$ 的定义域为 D，$f(z)$ 的值的集合（即值域）为 G，则 $f(z)$ 将点集 D 的点映射为点集 G 的点. 设 $f(z)$ 将 D 中的点 z 映射为 G 中的点 w，点集 D 映射为点集 G，则称点 w 为点 z 的**像**，点 z 为点 w 的**原像**. 同样称 G 为 D 的像，D 为 G 的原像. 因 x,y,u 和 v 均为变量，为避免采用四维空间的困难，我们用两个平面，一个是 z 平面，将 D 的点描在 z 平面上；另一个是 w 平面，将其像描在 w 平面上（图 1.15(a)）. 例如，函数 $w = z^2$，将点 $z = \dfrac{1}{2} + \dfrac{1}{2}\mathrm{i}$ 映射为点 $w = \dfrac{1}{2}\mathrm{i}$；将区域 D：$\operatorname{Im} z > 0$，$\operatorname{Re} z > 0$，$|z| < 1$ 映射为 w 平面上的区域 G：$\operatorname{Im} w > 0$，$|w| < 1$（图 1.15(b)）.

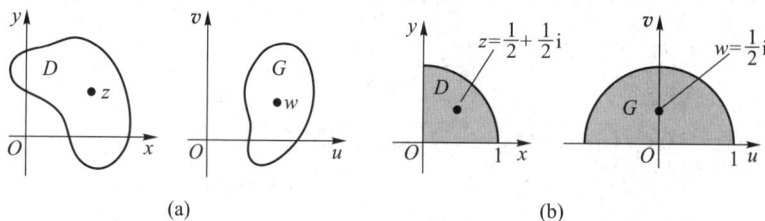

(a)   (b)

图 1.15

§1.5.2　复变函数的极限与连续性

定义 1.1　设函数 $w = f(z)$ 在 z_0 的去心邻域 $0 < |z-z_0| < \rho$ 内有定义. 若有确定的复数 $A(A \neq \infty)$ 存在，对于任意给定的 $\varepsilon > 0$，总存在一个正数 δ，使得对满足 $0 < |z-z_0| < \delta (0 < \delta \leq \rho)$ 的一切 z，都有 $|f(z) - A| < \varepsilon$，则称 A 为函数 $f(z)$ 当 z 趋于 z_0 时的**极限**. 记作 $\lim\limits_{z \to z_0} f(z) = A$ 或 $f(z) \to A$（当 $z \to z_0$）.

这个定义的几何意义是：当变点 z 在 z_0 的一个充分小的 δ 邻域时，它们的像点就在 A 的一个给定的 ε 邻域.

由于 z_0 是复平面上的点，因此 z 可以任意方式趋于 z_0，但不论怎样趋近，$f(z)$ 的值总是趋于 A.

这个定义形式上与微积分中的一元实函数的情况相同，因此，复变函数极限有类似于实函数极限的性质. 例如，当

$$\lim_{z \to z_0} f(z) = A, \qquad \lim_{z \to z_0} g(z) = B$$

时有

$$\lim_{z \to z_0}[f(z) \pm g(z)] = A \pm B, \quad \lim_{z \to z_0} f(z)g(z) = AB,$$

$$\lim_{z \to z_0} \frac{f(z)}{g(z)} = \frac{A}{B} \quad (B \neq 0).$$

复变函数极限的计算,可归结为实数对极限的计算,具体来说,有下面的定理:

定理 1.1　设函数 $f(z) = u(x,y) + iv(x,y)$, $A = u_0 + iv_0$, $z_0 = x_0 + iy_0$,则 $\lim_{z \to z_0} f(z) = A$ 的充要条件是

$$\lim_{\substack{x \to x_0 \\ y \to y_0}} u(x,y) = u_0, \quad \lim_{\substack{x \to x_0 \\ y \to y_0}} v(x,y) = v_0.$$

证　必要性. 若 $\lim_{z \to z_0} f(z) = A$,根据极限定义,当

$$0 < |z - z_0| = \sqrt{(x - x_0)^2 + (y - y_0)^2} < \delta$$

时,则有

$$|f(z) - A| = |(u + iv) - (u_0 + iv_0)| = \sqrt{(u - u_0)^2 + (v - v_0)^2} < \varepsilon.$$

于是显见,当 $0 < \sqrt{(x-x_0)^2 + (y-y_0)^2} < \delta$ 时,则有

$$|u - u_0| < \varepsilon, \quad |v - v_0| < \varepsilon,$$

即

$$\lim_{\substack{x \to x_0 \\ y \to y_0}} u(x,y) = u_0, \quad \lim_{\substack{x \to x_0 \\ y \to y_0}} v(x,y) = v_0.$$

充分性. 当上面两式成立,即当 $0 < \sqrt{(x-x_0)^2 + (y-y_0)^2} < \delta$ 时,就有 $|u - u_0| < \dfrac{\varepsilon}{2}$, $|v - v_0| < \dfrac{\varepsilon}{2}$. 于是便有当 $0 < |z - z_0| < \delta$ 时,

$$|f(z) - A| = |(u - u_0) + i(v - v_0)| \leqslant |u - u_0| + |v - v_0| < \varepsilon,$$

即 $\lim_{z \to z_0} f(z) = A$.

关于含 ∞ 的极限可作如下定义:

$$\lim_{t \to 0} f\left(\frac{1}{t}\right) = a \Leftrightarrow \lim_{z \to \infty} f(z) = a \quad (a \text{ 为有限复数});$$

$$\lim_{z \to z_0} \frac{1}{f(z)} = 0 \Leftrightarrow \lim_{z \to z_0} f(z) = \infty;$$

$$\lim_{t \to 0} \frac{1}{f\left(\frac{1}{t}\right)} = 0 \Leftrightarrow \lim_{z \to \infty} f(z) = \infty.$$

定义 1.2　如果 $\lim\limits_{z\to z_0} f(z)=f(z_0)$ 成立,则称 $f(z)$ 在 z_0 处**连续**. 如果 $f(z)$ 在区域 D 中每一点连续,则称 $f(z)$ 在 D 内连续.

例 1.15　问函数 $f(z)=\dfrac{\bar z}{z}$ 在 $z=0$ 有无极限?

解　$f(z)$ 的定义域是全平面除去 $z=0$ 的区域. 当 $z\neq 0$ 时,设 $z=r(\cos\theta+\mathrm{i}\sin\theta)$,则
$$f(z)=\cos(-2\theta)+\mathrm{i}\sin(-2\theta).$$
考虑从 $z=0$ 出发方向角为 θ_0 的射线 l_{θ_0},我们有
$$\lim_{\substack{z\to 0\\ z\in l_{\theta_0}}} f(z)=\cos(-2\theta_0)+\mathrm{i}\sin(-2\theta_0).$$
显然,对于不同的 θ_0,上述极限不相同. 所以在 $z=0,f(z)$ 不存在极限.

例 1.16　求证: $f(z)=\arg z(z\neq 0)$ 在全平面除去原点和负实轴的区域上连续,在负实轴上不连续.

证　设 z_0 为全平面除去原点和负实轴的区域上任意一点. 考虑充分小的正数 ε,使角形区域 $\arg z_0-\varepsilon<\theta<\arg z_0+\varepsilon$ 与负实轴不相交 (图 1.16),从图上立即可以看出,以 z_0 为中心, z_0 到射线 $\theta=\arg z_0\pm\varepsilon$ 的距离为半径所作的圆盘,一定落在上述角形区域内,这就是说,只要取 δ 满足 $0<\delta\leqslant |z_0|\sin\varepsilon$,那么当 $|z-z_0|<\delta$ 时,就有 $|\arg z-\arg z_0|<\varepsilon$. 因此 $\arg z$ 在 z_0 为连

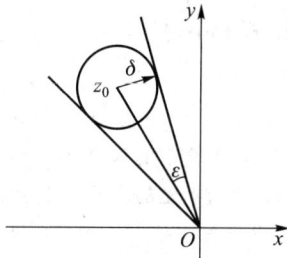

图 1.16

续. 再由 z_0 的任意性,知 $f(z)=\arg z$ 在所述区域内为连续.

设 x_1 是负实轴上任意一点,则
$$\lim_{\substack{z\to x_1\\ \mathrm{Im}\,z\geqslant 0}}\arg z=\pi\quad\text{及}\quad\lim_{\substack{z\to x_1\\ \mathrm{Im}\,z<0}}\arg z=-\pi.$$
故 $\arg z$ 在负实轴上为不连续.

由定义 1.2 与定理 1.1 知

定理 1.2　函数 $f(z)=u(x,y)+\mathrm{i}v(x,y)$ 在 $z_0=x_0+\mathrm{i}y_0$ 处连续的充要条件是 $u(x,y)$ 与 $v(x,y)$ 在 (x_0,y_0) 处连续.

上面引进的复变函数极限与连续性的定义与实函数的极限与连续性的定义形式上完全相同,因此微积分中证明的关于连续函数的和、差、积、商(分母不为 0)及复合函数仍连续的定理依然成立. 由此可知幂函数 $w=z^n$(n 为正整数)与更一般的多项式
$$P(z)=a_0z^n+a_1z^{n-1}+\cdots+a_n$$

是复平面上的连续函数,而有理函数

$$R(z) = \frac{a_0 z^n + a_1 z^{n-1} + \cdots + a_n}{b_0 z^m + b_1 z^{m-1} + \cdots + b_m}$$

除分母为 0 的点外在复平面上也处处连续.

同二元实函数一样,在有界闭区域上的复连续函数,具有下列几个性质:

1. 有界闭区域 $\overline{D}$ 上的连续函数 $f(z)$ 是有界的.

2. 有界闭区域 $\overline{D}$ 上的连续函数 $f(z)$,在 $\overline{D}$ 上其模 $|f(z)|$ 至少取得最大值与最小值各一次.

3. 有界闭区域 $\overline{D}$ 上的连续函数 $f(z)$ 在 $\overline{D}$ 上是一致连续的,即对任意给定的 $\varepsilon>0$,存在 $\delta>0$,对任何满足 $|z-z'|<\delta$ 的 $z,z'\in\overline{D}$ 有 $|f(z)-f(z')|<\varepsilon$.

本章小结

本章学习了复数概念、复数运算及其表示,复变函数概念及其极限、连续等内容,这些内容是学习全书的基础. 因为今后研究的问题均在复数范围内讨论,所以我们对复数的性质必须要有清楚的认识,并需牢固掌握复数运算的方法. 由于复数全体与平面上点的全体可作成一一对应,故一个复数集可视为一个平面点集,而用复数表示复平面上的点,较之解析几何中用直角坐标表示点,有时要方便得多. 当我们研究复变函数的性质即研究两个复数集之间的一种对应关系时,清晰地了解平面点集是很重要的前提.

学习本章的要点如下:

1. 必须熟练地掌握用复数的三角表示式进行运算的技能. 要正确理解辐角的多值性,掌握根据由给定非零复数 z 在复平面上的位置确定辐角主值的方法.

2. 因复数可用平面上的点和向量来表示,故应注意掌握用复数形式的方程(或不等式)表示平面图形来解决有关几何问题的方法. 例如,向量的旋转即可用该向量所表示的复数乘上一个模为 1 的复数来实现.

3. 注意复数与实数的不同点.

(1)复数与实数运算不一样的一个新问题是复数的开方,任一异于零的复数总可以开方,而所得结果是多值的. 开 n 次方就有 n 个值. 这一点用复数的三角表示式一目了然.

(2)实数能比较大小,但在本课程讲述的范围内,复数却不能比较大小.

(3)复数模的概念与实数中绝对值的概念在几何上都是描述点与点之间的距离,两者可统称为绝对值. 但由于复数有辐角的概念,故作为复数域中的实数也都有一个辐角(0 或 π),这显然与实数域中的实数是不同的.

4. 正确理解复变函数及与之有关的概念;正确理解区域、单连通区域、多连通区域、简单曲线等概念.

第一章单元自测题

　思考题

1.1 一个复数的实部和虚部是否唯一确定？又其模和辐角是否唯一确定？复数 0 的辐角是否确定？为什么？

1.2 如何运用复数的代数表示式进行四则运算？要注意什么？

1.3 下面的表示式或说法是否成立：

(1) $0<\mathrm{i}$；

(2) $2\mathrm{i}<3\mathrm{i}$；

(3) 因为 $3>2$，所以 $3-\mathrm{i}>2-\mathrm{i}$；

(4) 由 $z=x+\mathrm{i}y$ 得 $\mathrm{Arg}\,z=\arctan\dfrac{y}{x}$.

　习题一

1.1 计算下列各式.

(1) $(1+\mathrm{i})-(3-2\mathrm{i})$；　　　　(2) $(a-\mathrm{i}b)^3$；

(3) $\dfrac{\mathrm{i}}{(\mathrm{i}-1)(\mathrm{i}-2)}$；　　　　(4) $\dfrac{z-1}{z+1}$　$(z=x+\mathrm{i}y\neq-1)$.

1.2 证明下列关于共轭复数的运算性质：

(1) $\overline{z_1\pm z_2}=\bar{z}_1\pm\bar{z}_2$；　　　(2) $\overline{z_1z_2}=\bar{z}_1\bar{z}_2$；　　　(3) $\overline{\left(\dfrac{z_1}{z_2}\right)}=\dfrac{\bar{z}_1}{\bar{z}_2}$　$(z_2\neq0)$.

1.3 解方程组 $\begin{cases}2z_1-z_2=\mathrm{i},\\(1+\mathrm{i})z_1+\mathrm{i}z_2=4-3\mathrm{i}.\end{cases}$

1.4 将直线方程 $ax+by+c=0\,(a^2+b^2\neq0)$ 写成复数形式. [提示：记 $x+\mathrm{i}y=z$.]

1.5 将圆周方程 $a(x^2+y^2)+bx+cy+d=0\,(a\neq0)$ 写成复数形式（即用 z 与 $\bar{z}$ 来表示，其中 $z=x+\mathrm{i}y$）.

1.6 求下列复数的模与辐角主值：

(1) $\sqrt{3}+\mathrm{i}$；　　(2) $-1-\mathrm{i}$；　　(3) $2-\mathrm{i}$；　　(4) $-1+3\mathrm{i}$.

1.7 证明下列各式：

(1) $|z_1-z_2|^2=|z_1|^2+|z_2|^2-2\mathrm{Re}(z_1\bar{z}_2)$；

(2) $|z_1+z_2|^2+|z_1-z_2|^2=2(|z_1|^2+|z_2|^2)$，并说明此式的几何意义；

(3) $\dfrac{1}{\sqrt{2}}(|x|+|y|)\leqslant|z|\leqslant|x|+|y|$（其中 $z=x+\mathrm{i}y$）.

1.8 将下列各复数写成三角表示式：

(1) $-3+2\mathrm{i}$；　　　　(2) $\sin\alpha+\mathrm{i}\cos\alpha$；　　　(3) $-\sin\dfrac{\pi}{6}-\mathrm{i}\cos\dfrac{\pi}{6}$.

1.9　利用复数的三角表示计算下列各式:

(1) $(1+i)(1-i)$;　　　　(2) $(-2+3i)/(3+2i)$;

(3) $\left(\dfrac{1-\sqrt{3}\,i}{2}\right)^3$;　　　　(4) $\sqrt[4]{-2+2i}$.

1.10　解方程: $z^3+1=0$.

1.11　指出下列不等式所确定的区域与闭区域,并指明它是有界的还是无界的? 是单连通区域还是多连通区域?

(1) $2<|z|<3$;　　　　　　　　(2) $\left|\dfrac{1}{z}\right|<3$;

(3) $\dfrac{\pi}{4}<\arg z<\dfrac{\pi}{3}$,且 $1<|z|<3$;　　(4) $\mathrm{Im}\,z>1$, 且 $|z|<2$;

(5) $\mathrm{Re}\,z^2<1$;　　　　　　　(6) $|z-1|+|z+1|\leqslant 4$;

(7) $|\arg z|<\dfrac{\pi}{3}$;　　　　　　(8) $\left|\dfrac{z-1}{z+1}\right|>a$　$(a>0)$.

1.12　指出满足下列各式的点 z 的轨迹是什么曲线?

(1) $|z+i|=1$;

(2) $|z-a|+|z+a|=b$,其中 a,b 为正实常数;

(3) $|z-a|=\mathrm{Re}(z-b)$,其中 a,b 为实常数;

(4) $z\bar{z}+a\bar{z}+\bar{a}z+b=0$,其中 a 为复常数,b 为实常数;

(5) $\bar{a}z+a\bar{z}+b=0$,其中 a 为复常数,b 为实常数.

1.13　用复参数方程表示下列各曲线:

(1) 连接 $1+i$ 与 $-1-4i$ 的直线段;

(2) 以 0 为中心,焦点在实轴上,长半轴为 a,短半轴为 b 的椭圆周.

1.14　试将函数 $x^2-y^2-i(xy-x)$ 写成 z 的函数 $(z=x+iy)$.

1.15　试证: $\lim\limits_{z\to 0}\dfrac{\mathrm{Re}\,z}{z}$ 不存在.

1.16　设

$$f(z)=\begin{cases}\dfrac{xy}{x^2+y^2}, & z\neq 0,\\ 0, & z=0,\end{cases}$$

试证: $f(z)$ 在 $z=0$ 处不连续.

第二章　解析函数

解析函数是本课程讨论的中心，是复变函数研究的主要对象，它在理论和实际问题中有着广泛的应用. 本章先引入复变函数的导数概念，然后讨论解析函数，介绍函数解析的一个充分必要条件，它是用函数的实部和虚部所具有的微分性质来表达的. 接着介绍几个初等函数. 这些初等函数是最常用的函数，因而特别重要.

§2.1　解析函数的概念

§2.1.1　复变函数的导数

定义 2.1　设函数 $w=f(z)$ 在点 z_0 的某邻域内有定义，$z_0+\Delta z$ 是邻域内任一点，$\Delta w=f(z_0+\Delta z)-f(z_0)$，$\Delta z=z-z_0$，若

$$\lim_{\Delta z \to 0} \frac{\Delta w}{\Delta z} = \lim_{\Delta z \to 0} \frac{f(z_0 + \Delta z) - f(z_0)}{\Delta z}$$

存在有限的极限值 A，则称 $f(z)$ 在 z_0 处**可导**，A 记作 $f'(z_0)$ 或 $\dfrac{\mathrm{d}w}{\mathrm{d}z}\Big|_{z=z_0}$，即

$$f'(z_0) = \lim_{\Delta z \to 0} \frac{f(z_0 + \Delta z) - f(z_0)}{\Delta z}, \tag{2.1}$$

或

$$\Delta w = f'(z_0)\Delta z + o(|\Delta z|) \quad (\Delta z \to 0), \tag{2.2}$$

也称 $\mathrm{d}f(z_0)=f'(z_0)\Delta z$ 或 $f'(z_0)\mathrm{d}z$ 为 $f(z)$ 在 z_0 处的**微分**，故也称 $f(z)$ 在 z_0 处**可微**.

由定义易知，若 $f(z)$ 在 z_0 处可导（或可微），则 $f(z)$ 在 z_0 处连续.

例 2.1　证明：函数 $f(z)=|z|^2$ 在 $z=0$ 点可导，且导数等于 0.

证　我们看商式

$$\frac{f(z) - f(0)}{z - 0} = \frac{|z|^2}{z} = \bar{z},$$

当 $z \to 0$ 时，$\bar{z} \to 0$，故 $f(z)$ 在 $z=0$ 可导且导数等于 0.

例 2.2   设 $f(z)=\mathrm{Re}\, z$. 证明: $f(z)$ 在全平面处处没有导数.

证   因为对任意一点 z_0,

$$\frac{f(z)-f(z_0)}{z-z_0}=\frac{\mathrm{Re}\, z-\mathrm{Re}\, z_0}{z-z_0}=\frac{\mathrm{Re}(z-z_0)}{z-z_0}.$$

考虑直线 $\mathrm{Re}\, z=\mathrm{Re}\, z_0$ 及直线 $\mathrm{Im}\, z=\mathrm{Im}\, z_0$. 在前一直线上,上式恒等于 0;在后一直线上,上式恒等于 1. 所以当 $z\to z_0$ 时上式没有极限,即 $f(z)$ 在 z_0 没有导数. 由于 z_0 的任意性, $f(z)$ 在全平面处处没有导数.

§2.1.2   解析函数的概念与求导法则

定义 2.2   若 $f(z)$ 在 z_0 及 z_0 的邻域内处处可导,则称 $f(z)$ 在 z_0 处解析;若 $f(z)$ 在区域 D 内每一点解析,则称 $f(z)$ 在 D 内解析,或说 $f(z)$ 是 D 内的**解析函数**;若 $f(z)$ 在 z_0 处不解析,则称 z_0 为 $f(z)$ 的**奇点**. 有时也说函数在一个闭区域上为解析,这是指函数在一个包含该闭区域的更大的区域上为解析.

总之,凡是说到函数解析,总是指函数在某个区域上处处有导数. 解析性不是函数在一个孤立点上的性质,而是函数在一个区域上的性质.

若函数在一点处解析,则一定在该点可导,但反过来不一定成立. 因此点可导与点解析是不等价的. 但是函数在区域内解析与在区域内处处可导是等价的.

由于复变函数的导数定义在形式上类似于微积分中单元实函数导数的定义,因此用同微积分中类似的方法就可以证明下述各求导法则.

（1）四则运算法则

设 $f(z)$ 和 $g(z)$ 都是区域 D 上的解析函数,则 $f(z)\pm g(z)$, $f(z)g(z)$ 以及 $\dfrac{f(z)}{g(z)}(g(z)\neq 0)$ 在 D 上为解析,且有

$$[f(z)\pm g(z)]'=f'(z)\pm g'(z),$$
$$[f(z)g(z)]'=f'(z)g(z)+f(z)g'(z),$$
$$\left[\frac{f(z)}{g(z)}\right]'=\frac{f'(z)g(z)-f(z)g'(z)}{[g(z)]^2}.$$

此外,很容易知道常数的导数是 0,以及

$(z^n)'=nz^{n-1}$ （n 为正整数）, $[kf(z)]'=kf'(z)$ （k 为常数）.

（2）复合函数的求导法则

设函数 $\xi=f(z)$ 在区域 D 内解析,函数 $w=g(\xi)$ 在区域 G 内解析,又 $f(D)\subset G(f(D)$ 表示函数 $\xi=f(z)$ 的值域,也就是区域 D 的像),则复合函数

$w = g(f(z)) = h(z)$ 在 D 内为解析,且有

$$h'(z) = [g(f(z))]' = g'(f(z))f'(z).$$

(3) 反函数的求导法则

设函数 $w = f(z)$ 在区域 D 内为解析且 $f'(z) \neq 0$,又反函数 $z = f^{-1}(w) = \varphi(w)$ 存在且为连续,则

$$\varphi'(w) = \frac{1}{f'(z)} \bigg|_{z=\varphi(w)} = \frac{1}{f'(\varphi(w))}.$$

例 2.3 求函数 $f(z) = \dfrac{2z^5 - z + 3}{4z^2 + 1}$ 的解析性区域及该区域上的导函数.

解 设 $P(z) = 2z^5 - z + 3$, $Q(z) = 4z^2 + 1$, P 和 Q 都是 z 的多项式. 由函数 z^n (n 为任意自然数) 在全平面解析的事实以及乘积与和、差的求导法则知,P 和 Q 都在全平面解析. 而由商的求导法则知当 $Q(z) \neq 0$ 时,$f(z) = \dfrac{P(z)}{Q(z)}$ 为解析,又方程 $Q(z) = 0$,即 $4z^2 + 1 = 0$ 的解是 $z = \sqrt{-\dfrac{1}{4}} = \pm\dfrac{\mathrm{i}}{2}$. 因此在全平面除去点 $\dfrac{\mathrm{i}}{2}$ 与 $-\dfrac{\mathrm{i}}{2}$ 的区域内 $f(z)$ 为解析. $f(z)$ 的导数可如下计算:

$$\begin{aligned}
f'(z) &= \frac{P'(z)Q(z) - P(z)Q'(z)}{[Q(z)]^2} \\
&= \frac{(4z^2 + 1)(10z^4 - 1) - (2z^5 - z + 3)(8z)}{(4z^2 + 1)^2} \\
&= \frac{24z^6 + 10z^4 + 4z^2 - 24z - 1}{(4z^2 + 1)^2}.
\end{aligned}$$

§2.1.3 函数解析的一个充分必要条件

设函数 $w = f(z)$ 在区域 D 内为解析,根据复变函数与二元实变函数的联系,我们自然要问:作为解析函数的实部与虚部的两个二元函数有什么特性? 下述定理回答了这个问题.

定理 2.1 函数 $f(z) = u(x,y) + \mathrm{i}v(x,y)$ 在 $z = x + \mathrm{i}y$ 处可导的充要条件是 $u(x,y)$,$v(x,y)$ 在点 (x,y) 处可微,而且满足柯西-黎曼 (Cauchy-Riemann) 方程 (简称 C-R 方程):

$$\frac{\partial u}{\partial x} = \frac{\partial v}{\partial y}, \qquad \frac{\partial u}{\partial y} = -\frac{\partial v}{\partial x}. \tag{2.3}$$

证　先证必要性. 设 $f(z)$ 在 $z = x + \mathrm{i}y$ 处可导，记作 $f'(z) = a + \mathrm{i}b$，则由 (2.2) 式有

$$f(z + \Delta z) - f(z) = (a + \mathrm{i}b)\Delta z + o(|\Delta z|)$$
$$= (a + \mathrm{i}b)(\Delta x + \mathrm{i}\Delta y) + o(|\Delta z|),$$

其中 $f(z+\Delta z) - f(z) = \Delta u + \mathrm{i}\Delta v, \Delta z = \Delta x + \mathrm{i}\Delta y$. 分开实部和虚部，得

$$\Delta u = u(x + \Delta x, y + \Delta y) - u(x,y) = a\Delta x - b\Delta y + o(|\Delta z|),$$
$$\Delta v = v(x + \Delta x, y + \Delta y) - v(x,y) = b\Delta x + a\Delta y + o(|\Delta z|),$$

可见 $u(x,y)$ 及 $v(x,y)$ 在点 (x,y) 处可微，并有

$$a = \frac{\partial u}{\partial x} = \frac{\partial v}{\partial y}, \quad -b = \frac{\partial u}{\partial y} = -\frac{\partial v}{\partial x}.$$

再证充分性. 设 u, v 在 (x,y) 处可微，且 (2.3) 式成立，则有

$$\Delta u = u'_x(x,y)\Delta x + u'_y(x,y)\Delta y + o(|\Delta z|),$$
$$\Delta v = v'_x(x,y)\Delta x + v'_y(x,y)\Delta y + o(|\Delta z|).$$

于是由 (2.3) 式知

$$\Delta w = \Delta u + \mathrm{i}\Delta v = [u'_x(x,y) + \mathrm{i}v'_x(x,y)](\Delta x + \mathrm{i}\Delta y) + o(|\Delta z|),$$

因而

$$\lim_{\Delta z \to 0} \frac{\Delta w}{\Delta z} = u'_x(x,y) + \mathrm{i}v'_x(x,y) = a + \mathrm{i}b.$$

由以上讨论可见，当定理 2.1 的条件满足时，可按下列公式之一计算 $f'(z)$.

$$f'(z) = \frac{\partial u}{\partial x} + \mathrm{i}\frac{\partial v}{\partial x} = \frac{\partial v}{\partial y} + \mathrm{i}\frac{\partial v}{\partial x}$$

$$= \frac{\partial u}{\partial x} - \mathrm{i}\frac{\partial u}{\partial y} = \frac{\partial v}{\partial y} - \mathrm{i}\frac{\partial u}{\partial y}. \tag{2.4}$$

注意，C-R 方程只是函数 $f(z)$ 可导的必要条件而并非充分条件. 这个道理可以很简单地说明. 因为，一个二元函数在某一点有偏导数甚至不能保证函数在该点为连续，更不要说在该点为可微了. 例如，取两个函数 $u(x,y)$ 与 $v(x,y)$ 如下：

$$u(x,y) = v(x,y) = \begin{cases} \dfrac{xy}{x^2 + y^2}, & x^2 + y^2 \neq 0, \\ 0, & x^2 + y^2 = 0, \end{cases}$$

再令 $f(z) = u(x,y) + \mathrm{i}v(x,y)$，则 $f(z)$ 在 $z = 0$ 这点满足

$$\frac{\partial u}{\partial x} = \frac{\partial v}{\partial y} = 0, \quad \frac{\partial v}{\partial x} = -\frac{\partial u}{\partial y} = 0,$$

但 $f(z)$ 在 $z=0$ 处是不连续的,从而是不可导的.

如果考虑区域上的解析函数,由定理 2.1 就可以得到下面的结论.

定理 2.2 函数 $f(z)=u(x,y)+iv(x,y)$ 在区域 D 内解析(即在 D 内可导)的充要条件是 $u(x,y)$ 和 $v(x,y)$ 在 D 内处处可微,而且满足 C-R 方程.

推论 设 $f(z)=u(x,y)+iv(x,y)$ 在区域 D 内有定义,若在 D 内 $u(x,y)$ 和 $v(x,y)$ 的四个偏导数 u_x', u_y', v_x', v_y' 存在且连续,并且满足 C-R 方程,则 $f(z)$ 在 D 内解析.

证 由于 $u(x,y)$ 和 $v(x,y)$ 具有一阶连续偏导数,因而 $u(x,y)$ 和 $v(x,y)$ 在 D 内可微. 由定理 2.2 知 $f(z)$ 在 D 内解析.

上述定理提供了判断函数 $f(z)$ 在区域 D 内是否解析(或在某点是否可导)的方法,即 $f(z)$ 在 D 内不满足 C-R 方程,则 $f(z)$ 在 D 内不解析;若在 D 内 $f(z)$ 满足 C-R 方程,而且 u 和 v 具有一阶连续偏导数,则 $f(z)$ 在 D 内解析.并给出了一个简洁的导数公式(2.4).

例 2.4 讨论下列函数的可导性和解析性:

(1) $f(z)=\operatorname{Re} z$; (2) $f(z)=|z|^2$; (3) $f(z)=e^x(\cos y+i\sin y)$.

解 (1) 因为 $u=x, v=0$,且

$$\frac{\partial u}{\partial x}=1, \quad \frac{\partial u}{\partial y}=0, \quad \frac{\partial v}{\partial x}=0, \quad \frac{\partial v}{\partial y}=0.$$

可知 $f(z)$ 不满足 C-R 方程,所以 $f(z)=\operatorname{Re} z$ 在复平面内处处不可导,从而也处处不解析.

(2) $f(z)=|z|^2=x^2+y^2$,所以 $u=x^2+y^2, v=0$,且

$$\frac{\partial u}{\partial x}=2x, \quad \frac{\partial u}{\partial y}=2y, \quad \frac{\partial v}{\partial x}=0, \quad \frac{\partial v}{\partial y}=0,$$

可见 $f(z)$ 的 C-R 方程只在点 $(0,0)$ 成立. 由定理 2.1 知该函数在 $z=0$ 处可导,且由(2.4)知 $f'(0)=0$. 对于其他 $z\neq0$ 的点,函数 $f(z)$ 不可导,所以函数 $f(z)$ 在 $z=0$ 处不解析,从而在复平面上处处不解析.

(3) 因为 $u=e^x\cos y, v=e^x\sin y$,且

$$\frac{\partial u}{\partial x}=e^x\cos y, \quad \frac{\partial u}{\partial y}=-e^x\sin y, \quad \frac{\partial v}{\partial x}=e^x\sin y, \quad \frac{\partial v}{\partial y}=e^x\cos y,$$

从而满足 C-R 方程,并且由于上面四个一阶偏导数均连续,所以 $f(z)$ 在复平面内处处可导,故也处处解析. 根据(2.4)式,有

$$f'(z)=\frac{\partial u}{\partial x}+i\frac{\partial v}{\partial x}=e^x(\cos y+i\sin y)=f(z).$$

例 2.5   若 $f(z)$ 在区域 D 内解析,而且满足下列条件之一,则 $f(z)$ 在 D 内为常数.

(1) $f'(z)=0$;(2) $\mathrm{Re}f(z)=$ 常数;(3) $|f(z)|$ 为常数.

证   (1) 由 $f'(z)=\dfrac{\partial u}{\partial x}+\mathrm{i}\dfrac{\partial v}{\partial x}=\dfrac{\partial v}{\partial y}-\mathrm{i}\dfrac{\partial u}{\partial y}=0$ 知 $\dfrac{\partial u}{\partial x}=\dfrac{\partial u}{\partial y}=\dfrac{\partial v}{\partial x}=\dfrac{\partial v}{\partial y}=0$,故 u,v 都是常数,从而 $f(z)$ 在 D 内为常数.

(2) 因为 $u=$ 常数,故 $\dfrac{\partial u}{\partial x}=\dfrac{\partial u}{\partial y}=0$. 由 C-R 方程知 $\dfrac{\partial v}{\partial x}=\dfrac{\partial v}{\partial y}=0$,所以 $f(z)$ 为常数.

(3) $|f(z)|^2=u^2+v^2=$ 常数,分别对 x,y 求偏导数得

$$u\frac{\partial u}{\partial x}+v\frac{\partial v}{\partial x}=0,\quad u\frac{\partial u}{\partial y}+v\frac{\partial v}{\partial y}=0,$$

由 C-R 方程得

$$u\frac{\partial u}{\partial x}-v\frac{\partial u}{\partial y}=0,\quad v\frac{\partial u}{\partial x}+u\frac{\partial u}{\partial y}=0.$$

所以,$(u^2+v^2)\dfrac{\partial u}{\partial x}=0,(u^2+v^2)\dfrac{\partial u}{\partial y}=0.$

当 $u^2+v^2=0$ 时,$u=v=0$,故 $f(z)=0$,因而得证.

当 $u^2+v^2\neq0$ 时,$\dfrac{\partial u}{\partial x}=\dfrac{\partial u}{\partial y}=0$,故 $u=$ 常数,再由(2)知 $f(z)$ 在 D 内为常数.

§2.2   解析函数和调和函数的关系

§2.2.1   调和函数的概念

平面静电场中的电位函数、无源无旋的平面流速场中的势函数与流函数都是一种特殊的二元实函数,即所谓调和函数,它们都与某种解析函数有着密切的关系. 下面给出调和函数的定义.

定义 2.3   若二元实函数 $\varphi(x,y)$ 在区域 D 内有二阶连续偏导数,且满足二维拉普拉斯(Laplace)方程

$$\frac{\partial^2\varphi}{\partial x^2}+\frac{\partial^2\varphi}{\partial y^2}=0,$$

则称 $\varphi(x,y)$ 为区域 D 内的**调和函数**,或说函数 $\varphi(x,y)$ 在区域 D 内调和.

定理 2.3 设函数 $f(z)=u(x,y)+iv(x,y)$ 在区域 D 内解析,则 $f(z)$ 的实部 $u(x,y)$ 和虚部 $v(x,y)$ 都是区域 D 内的调和函数.

证 因 $f(z)$ 在区域 D 内解析,所以 u,v 在 D 内满足 C-R 方程

$$\frac{\partial u}{\partial x}=\frac{\partial v}{\partial y}, \qquad \frac{\partial u}{\partial y}=-\frac{\partial v}{\partial x}.$$

当 $f(z)$ 解析时,u,v 有任意阶连续偏导数(这一事实本书后面将要指明).

在上述二式中分别对 y 与 x 求偏导数,得

$$\frac{\partial^2 u}{\partial x\partial y}=\frac{\partial^2 v}{\partial y^2}, \qquad \frac{\partial^2 u}{\partial y\partial x}=-\frac{\partial^2 v}{\partial x^2}.$$

因 $\dfrac{\partial^2 u}{\partial x\partial y}=\dfrac{\partial^2 u}{\partial y\partial x}$,于是

$$\frac{\partial^2 v}{\partial x^2}+\frac{\partial^2 v}{\partial y^2}=\frac{\partial^2 u}{\partial x\partial y}-\frac{\partial^2 u}{\partial y\partial x}=0.$$

这就是说,$v(x,y)$ 是区域 D 内的调和函数. 同理,$u(x,y)$ 也是区域 D 内的调和函数.

§2.2.2 共轭调和函数

定义 2.4 设函数 $\varphi(x,y)$ 及 $\psi(x,y)$ 均为区域 D 内的调和函数,且满足 C-R 方程

$$\frac{\partial \varphi}{\partial x}=\frac{\partial \psi}{\partial y}, \qquad \frac{\partial \psi}{\partial x}=-\frac{\partial \varphi}{\partial y},$$

则称 ψ 是 φ 的**共轭调和函数**.

显然,解析函数的虚部是实部的共轭调和函数. 反过来,由具有共轭性质的两个调和函数构造一个复变函数是不是解析的? 下面的定理(证明从略)回答了这个问题.

解析函数与
调和函数

定理 2.4 复变函数 $f(z)=u(x,y)+iv(x,y)$ 在区域 D 内解析的充分必要条件是在区域 D 内,$f(z)$ 的虚部 $v(x,y)$ 是实部 $u(x,y)$ 的共轭调和函数.

根据这个定理,便可利用一个调和函数和它的共轭调和函数作出一个解析函数.

§2.2.3 解析函数与调和函数的关系

由于共轭调和函数的这种关系,若知道了其中的一个,则可根据 C-R 方

程求出另一个,下面举例说明求法. 这种方法可称为**偏积分法**.

例 2.6　验证 $u(x,y)=x^3-3xy^2$ 是调和函数,并求以 $u(x,y)$ 为实部的解析函数 $f(z)$,使之适合 $f(0)=\mathrm{i}$.

解　因为

$$\frac{\partial u}{\partial x}=3x^2-3y^2,\quad \frac{\partial u}{\partial y}=-6xy,$$

$$\frac{\partial^2 u}{\partial x^2}=6x,\quad \frac{\partial^2 u}{\partial y^2}=-6x,$$

所以

$$\frac{\partial^2 u}{\partial x^2}+\frac{\partial^2 u}{\partial y^2}=0.$$

而 u 的二阶偏导数显然连续,故 $u(x,y)$ 为调和函数.

由于 $\dfrac{\partial v}{\partial y}=\dfrac{\partial u}{\partial x}=3x^2-3y^2$,得

$$v=\int(3x^2-3y^2)\,\mathrm{d}y=3x^2y-y^3+\varphi(x),$$

及 $\dfrac{\partial v}{\partial x}=6xy+\varphi'(x)=-\dfrac{\partial u}{\partial y}=6xy$,所以 $\varphi'(x)=0$,即 $\varphi(x)=C$. 因此

$$v(x,y)=3x^2y-y^3+C.$$

因而得到一个解析函数

$$f(z)=x^3-3xy^2+\mathrm{i}(3x^2y-y^3+C),$$

因为 $f(0)=\mathrm{i}$,故 $C=1$,所以 $f(z)=z^3+\mathrm{i}$.

此例说明,已知解析函数的实部,就可以确定它的虚部,至多相差一个任意常数,下面的例子则说明可以类似地由解析函数的虚部确定它的实部(可能相差一个常数).

例 2.7　已知一调和函数 $v=\mathrm{e}^x(y\cos y+x\sin y)+x+y$,求一解析函数 $f(z)=u+\mathrm{i}v$,使 $f(0)=0$.

解　因为

$$\frac{\partial v}{\partial x}=\mathrm{e}^x(y\cos y+x\sin y+\sin y)+1,$$

$$\frac{\partial v}{\partial y}=\mathrm{e}^x(\cos y-y\sin y+x\cos y)+1,$$

由

$$\frac{\partial u}{\partial x} = \frac{\partial v}{\partial y} = \mathrm{e}^x(\cos y - y\sin y + x\cos y) + 1,$$

得

$$u = \int [\mathrm{e}^x(\cos y - y\sin y + x\cos y) + 1]\,\mathrm{d}x$$

$$= \mathrm{e}^x(x\cos y - y\sin y) + x + g(y).$$

由 $\dfrac{\partial v}{\partial x} = -\dfrac{\partial u}{\partial y}$,得

$$\mathrm{e}^x(y\cos y + x\sin y + \sin y) + 1 = \mathrm{e}^x(x\sin y + y\cos y + \sin y) - g'(y).$$

故 $g(y) = -y + C$,因此

$$u = \mathrm{e}^x(x\cos y - y\sin y) + x - y + C,$$

从而

$$f(z) = \mathrm{e}^x(x\cos y - y\sin y) + x - y + C + \mathrm{i}[\mathrm{e}^x(y\cos y + x\sin y) + x + y]$$

$$= x\mathrm{e}^x\mathrm{e}^{\mathrm{i}y} + \mathrm{i}y\mathrm{e}^x\mathrm{e}^{\mathrm{i}y} + x(1+\mathrm{i}) + \mathrm{i}y(1+\mathrm{i}) + C.$$

它可以写成

$$f(z) = z\mathrm{e}^z + (1+\mathrm{i})z + C.$$

由 $f(0) = 0$,得 $C = 0$,故所求的解析函数为

$$f(z) = z\mathrm{e}^z + (1+\mathrm{i})z.$$

设 $u(x,y)$ 为单连通区域 D 内的一个调和函数,下面介绍利用曲线积分求 $u(x,y)$ **共轭调和函数**的方法.

我们从 C-R 方程知道,函数 u 决定了函数 v 的全微分,即

$$\mathrm{d}v = \frac{\partial v}{\partial x}\mathrm{d}x + \frac{\partial v}{\partial y}\mathrm{d}y = -\frac{\partial u}{\partial y}\mathrm{d}x + \frac{\partial u}{\partial x}\mathrm{d}y.$$

在微积分课程中知道,当 D 为单连通区域时,上式右端的积分(指第二型曲线积分)与路径无关,而 v 即可表示为

$$v(x,y) = \int_{(x_0,y_0)}^{(x,y)} -\frac{\partial u}{\partial y}\mathrm{d}x + \frac{\partial u}{\partial x}\mathrm{d}y + C,$$

其中 (x_0, y_0) 为 D 内一定点,C 为任意实常数.

类似地,可以从 $v(x,y)$ 求出 $u(x,y)$.

例 2.8 求解析函数 $f(z) = u + \mathrm{i}v$,已知 $u = x^2 - y^2 + xy$, $f(\mathrm{i}) = -1 + \mathrm{i}$.

解 容易验证 u 是全平面上的调和函数. 利用 C-R 方程,先求出 v 的两个偏导数

$$\frac{\partial v}{\partial x} = -\frac{\partial u}{\partial y} = 2y - x, \qquad \frac{\partial v}{\partial y} = \frac{\partial u}{\partial x} = 2x + y,$$

则

$$v(x,y) = \int_{(0,0)}^{(x,y)} (2y - x)\,\mathrm{d}x + (2x + y)\,\mathrm{d}y + C$$

$$= \int_0^x (-x)\,\mathrm{d}x + \int_0^y (2x + y)\,\mathrm{d}y + C$$

$$= -\frac{1}{2}x^2 + 2xy + \frac{1}{2}y^2 + C.$$

所以

$$f(z) = (x^2 - y^2 + xy) + \mathrm{i}\left(-\frac{1}{2}x^2 + 2xy + \frac{1}{2}y^2 + C\right)$$

$$= (x + \mathrm{i}y)^2 - \frac{1}{2}\mathrm{i}(x + \mathrm{i}y)^2 + \mathrm{i}C = \left(1 - \frac{\mathrm{i}}{2}\right)z^2 + \mathrm{i}C.$$

又因为 $f(\mathrm{i}) = -1 + \mathrm{i}$，所以 $C = \dfrac{1}{2}$，结果得到

$$f(z) = \left(1 - \frac{\mathrm{i}}{2}\right)z^2 + \frac{\mathrm{i}}{2}.$$

§2.3 初等函数

与初等实变函数一样,初等复变函数也是一种最简单、最基本而常用的函数类,在复变函数论及其应用中有很大的重要性. 在初等数学里曾用初等方法(几何的、代数的)讨论过初等函数,揭示了它们的一些性质,在微积分里我们曾用分析的方法讨论过,并得到许多新的有用的重要性质. 但是,那时受实数范围的限制,看不到它们的"新貌". 现在,我们即将看到,当初等函数推广到复数域时,又揭示出许多重要性质. 如指数函数的周期性,对数函数的无穷多值性,正弦函数、余弦函数的无界性,特别是多值函数的本质,这里才能得到完满阐述和充分揭示.

§2.3.1 指数函数

指数函数及
其重要性质

定义 2.5   对于复数 $z = x + \mathrm{i}y$，称

$$w = e^z = \exp z = e^x(\cos y + i \sin y)$$

为指数函数.

由此,对于任意的实数 y 有

$$e^{iy} = \cos y + i \sin y,$$

这个式子即为**欧拉(Euler)公式**.

指数函数 $w = e^z$ 显然在全平面上有定义. 又在例 2.4(3) 中已证明了它在全平面上为解析,且

$$(e^z)' = e^z,$$

再注意:当 $y = 0$ 时,有 $e^z = e^x$. 可见,复变量的指数函数 e^z 其实是实变量的指数函数 e^x 在复平面上的解析拓广.

指数函数的性质

我们自然要问:从实的指数函数拓广到复的指数函数以后,函数的性质发生了什么变化? 这里指出四点.

(1) 从指数函数的定义及欧拉公式可知

$$e^z = e^{x+iy} = e^x e^{iy},$$

所以

$$|e^z| = e^x, \ \mathrm{Arg}\ e^z = y + 2k\pi, \quad k = 0, \pm 1, \pm 2, \cdots.$$

由于 $e^x \neq 0$,故总有 $e^z \neq 0$.

(2) 考察指数的运算法则,设

$$z_1 = x_1 + iy_1, \quad z_2 = x_2 + iy_2.$$

由定义有

$$\begin{aligned}
e^{z_1} \cdot e^{z_2} &= e^{x_1}(\cos y_1 + i \sin y_1) \cdot e^{x_2}(\cos y_2 + i \sin y_2) \\
&= e^{x_1+x_2}[\cos(y_1 + y_2) + i \sin(y_1 + y_2)] \\
&= e^{z_1+z_2},
\end{aligned}$$

这就得到

$$e^{z_1} e^{z_2} = e^{z_1+z_2}. \tag{2.5}$$

(3) 从欧拉公式可知,对于任意整数 k 有

$$e^{2k\pi i} = \cos(2k\pi) + i \sin(2k\pi) = 1,$$

再由指数运算法则得到

$$e^{z+2k\pi i} = e^z e^{2k\pi i} = e^z.$$

因此 e^z 是以 $2k\pi i(k = \pm 1, \pm 2, \cdots)$ 为周期的函数,这个性质是实变量指数函数所没有的.

(4) 复变量指数函数 e^z 当 z 趋向于 ∞ 时没有极限. 这是因为:当 z 沿实轴正向趋于 ∞ 时,有

$$\lim_{\substack{z \to \infty \\ z = x > 0}} e^z = \lim_{x \to +\infty} e^x = +\infty\ ;$$

而当 z 沿实轴负向趋于 ∞ 时,有

$$\lim_{\substack{z \to \infty \\ z = x < 0}} e^z = \lim_{x \to -\infty} e^x = 0.$$

这个性质值得我们注意.

例 2.9   计算 $e^{-3+\frac{\pi}{4}i}$ 的值.

解   根据指数定义算出

$$e^{-3+\frac{\pi}{4}i} = e^{-3}\left(\cos\frac{\pi}{4} + i\sin\frac{\pi}{4}\right) = e^{-3}\left(\frac{\sqrt{2}}{2} + \frac{\sqrt{2}}{2}i\right)$$

$$= \frac{1}{2}e^{-3}\sqrt{2} + \frac{1}{2}e^{-3}\sqrt{2}\,i.$$

例 2.10   利用复数的指数表示计算 $\left(\dfrac{-2+i}{1+2i}\right)^{\frac{1}{3}}$.

解   因为

$$\left(\frac{-2+i}{1+2i}\right)^{\frac{1}{3}} = \left[\frac{\sqrt{5}\,e^{i(\pi-\arctan\frac{1}{2})}}{\sqrt{5}\,e^{i\arctan 2}}\right]^{\frac{1}{3}} = \left[e^{i(\pi-\arctan\frac{1}{2}-\arctan 2)}\right]^{\frac{1}{3}} = e^{\frac{1}{3}i(\frac{\pi}{2}+2k\pi)},\quad k=0,1,2.$$

故所求之值有 3 个,即 $e^{\frac{\pi}{6}i}$,$e^{\frac{5}{6}\pi i}$ 及 $e^{-\frac{\pi}{2}i}$. 也就是

$$\frac{\sqrt{3}}{2} + \frac{i}{2},\quad -\frac{\sqrt{3}}{2} + \frac{i}{2},\ -i.$$

§2.3.2   对数函数

复变量的对数函数也是定义为指数函数的反函数.

定义 2.6   满足方程 $e^w = z\,(z \neq 0)$ 的函数 $w = f(z)$ 称为**对数函数**,记作 $w = \text{Ln}\ z$.

令 $z = re^{i\theta}$,$w = u+iv$,则方程 $e^w = z$ 变为 $e^{u+iv} = re^{i\theta}$,由此推出

$$e^u = r, v = \theta + 2k\pi \quad (k = 0, \pm 1, \pm 2, \cdots).$$

从而解得

$$u = \ln r, v = \theta + 2k\pi \quad (k = 0, \pm 1, \pm 2, \cdots).$$

这里 u 是单值的,而 v 可取无穷多个值. 由于 $r = |z|$,θ 是 z 的辐角,故恰有 $v = \text{Arg}\ z$. 由此

$$w = \text{Ln}\ z = \ln|z| + i\,\text{Arg}\ z,\quad z \neq 0,$$

其中 $\ln|z|$ 是通常正数 $|z|$ 的自然对数. 但 $\text{Arg}\ z$ 为多值函数,所以对数函数

对数函数的
性质

$w = \text{Ln } z$ 为多值函数,并且每两个值相差 $2\pi i$ 的整数倍. 如果规定 Arg z 取主值 arg z, 就得 Ln z 的一个单值 "分支", 记作 ln z, 把它称为 Ln z 的主值. 这样, 我们就有

$$\ln z = \ln |z| + i \arg z.$$

而其余各个值可由

$$\text{Ln } z = \ln z + 2k\pi i \quad (k = \pm 1, \pm 2, \cdots)$$

表达, 对于每一个固定的 k, 上式为一单值函数, 称为 Ln z 的一个分支.

特别地, 当 $z = x > 0$ 时, Ln z 的主值 ln $z = \ln x$, 就是实变量对数函数.

例 2.11 求 $\text{Ln}(-1)$.

解 因为 $|-1| = 1, \arg(-1) = \pi$, 故

$$\text{Ln}(-1) = \ln 1 + i(\pi + 2k\pi) = (2k+1)\pi i \quad (k = 0, \pm 1, \cdots).$$

例 2.12 求 $\text{Ln}(2-3i)$.

解 因为

$$|2 - 3i| = \sqrt{13}, \quad \arg(2 - 3i) = -\arctan \frac{3}{2},$$

所以

$$\text{Ln}(2 - 3i) = \frac{1}{2}\ln 13 - i\left(\arctan \frac{3}{2} + 2k\pi\right) \quad (k = 0, \pm 1, \pm 2, \cdots).$$

例 2.13 计算 ln i 及 $\ln(-2+3i)$.

解 根据定义

$$\ln i = \ln |i| + i \arg i = \frac{\pi}{2}i,$$

$$\ln(-2 + 3i) = \ln |-2 + 3i| + i \arg(-2 + 3i)$$

$$= \frac{1}{2}\ln 13 + i\left(\pi - \arctan \frac{3}{2}\right).$$

至此, 我们遇见了三种对数函数: 第一种是实变量的对数函数 ln x, 它对一切正数 x 有定义, 且是单值的; 第二种是复变量的对数函数 Ln z, 它对一切不为 0 的复数 z 有定义, 且每个 z 对应无穷多个值; 第三种是复变量对数函数的主支 ln z, 它对一切不为 0 的复数 z 有定义, 且为单值, 即取 Ln z 的无穷多值中的一个, 这个复数的虚部等于 z 的主辐角. 特别地, 当 z 为正实数时, 主值 ln z 恰与实数的对数相一致. 因此这里采用的各种记号不会发生混乱. 不过读者在初学时需要留意正确的书写.

对数函数的性质

利用辐角相应性质, 容易验证, 对数函数具有下列性质:

（1）运算性质

$$\mathrm{Ln}(z_1 z_2) = \mathrm{Ln}\, z_1 + \mathrm{Ln}\, z_2;$$

$$\mathrm{Ln}\frac{z_1}{z_2} = \mathrm{Ln}\, z_1 - \mathrm{Ln}\, z_2.$$

这两个等式与实变量对数性质相同. 但必须这样理解:对于左端的多值函数的任意取定的一值,一定有右端的两多值函数的各一值,其和与该值对应,使等式成立;反过来也是这样. 还应当注意的是:等式 $\mathrm{Ln}\, z^n = n\mathrm{Ln}\, z$ 不再成立,其中 n 为大于 1 的正整数.

（2）解析性

我们再来讨论对数函数的解析性. 就主值 $w = \ln z$ 而言,在除去原点及负实轴的复平面上是解析的,且$\dfrac{\mathrm{d}}{\mathrm{d}z}(\ln z)=\dfrac{1}{z}$.

因为 $w=\ln z=\ln|z|+\mathrm{i}\arg z\ (-\pi<\arg z\leqslant\pi)$. 当 $z=0$ 时,$\ln|z|$ 与 $\arg z$ 均没有定义,而且当 $x<0$ 时,$\lim\limits_{y\to0^-}\arg z=-\pi$,$\lim\limits_{y\to0^+}\arg z=\pi$,可见 $w=\ln z$ 在原点及负实轴上是不连续的,因而不可导,另外 $z=\mathrm{e}^w$ 在区域 $-\pi<v=\arg z<\pi$ 内的反函数 $w=\ln z$ 是单值的. 由反函数的求导法则(见 §2.1)知

$$\frac{\mathrm{d}(\ln z)}{\mathrm{d}z}=\frac{1}{\dfrac{\mathrm{d}\mathrm{e}^w}{\mathrm{d}w}}=\frac{1}{z}.$$

所以,$\ln z$ 在除去原点及负实轴的平面内解析. 又由于 $\mathrm{Ln}\, z=\ln z+2k\pi\mathrm{i}$($k$ 为整数),因此 $\mathrm{Ln}\, z$ 的各分支在除去原点及负实轴的平面内也解析,并且有相同的导数值.

§2.3.3 幂函数

定义 2.7 函数 $w=z^\alpha$ 规定为

$$z^\alpha=\mathrm{e}^{\alpha\mathrm{Ln}\, z}\quad(\alpha\ \text{为复常数},z\neq0),$$

称为复变量 z 的**幂函数**. 规定:当 α 为正实数且 $z=0$ 时,$z^\alpha=0$.

由于 $\mathrm{Ln}\, z$ 是多值函数,所以 $\mathrm{e}^{\alpha\mathrm{Ln}\, z}$ 一般也是多值函数.

当 α 为正整数 n 时,

$$w=z^n=\mathrm{e}^{n\mathrm{Ln}\, z}=\mathrm{e}^{n[\ln|z|+\mathrm{i}(\arg z+2k\pi)]}=|z|^n\mathrm{e}^{\mathrm{i}n\arg z}$$

是一个单值函数.

当 $\alpha=\dfrac{1}{n}$(n 为正整数)时,

$$z^{\frac{1}{n}} = e^{\frac{1}{n}\mathrm{Ln}\,z} = |z|^{\frac{1}{n}} e^{i\frac{\arg z + 2k\pi}{n}} \quad (k = 0, 1, \cdots, n-1)$$

是一个 n 值函数.

当 α 为零时,

$$z^0 = e^{0\cdot \mathrm{Ln}\,z} = e^0 = 1.$$

当 α 为有理数 $\dfrac{p}{q}$(p 与 q 为互素的整数,$q>0$)时,

$$z^{\frac{p}{q}} = e^{\frac{p}{q}\mathrm{Ln}\,z} = e^{\frac{p}{q}\ln z + \frac{p}{q}i2k\pi}, \quad k \text{ 为整数.}$$

由于 p 与 q 互素,当 k 取 $0, 1, \cdots, q-1$ 时,

$$e^{i2k\pi\frac{p}{q}} = (e^{i2k\pi p})^{\frac{1}{q}}$$

是 q 个不同的值. 但若 k 再取其他整数值时,将重复出现上述 q 个值之一,所以 $w = z^{\frac{p}{q}}$ 是 q 值函数,有 q 个不同的分支.

当 α 是无理数或复数($\mathrm{Im}\,\alpha \neq 0$)时,易知 z^α 是无穷多值函数. 例如,

$$i^i = e^{i\,\mathrm{Ln}\,i} = e^{i[\ln 1 + i(\arg i + 2k\pi)]} = e^{-(\frac{\pi}{2} + 2k\pi)} \quad (k = 0, \pm 1, \pm 2, \cdots).$$

$$2^{1+i} = e^{(1+i)\mathrm{Ln}\,2} = e^{(1+i)[\ln 2 + i(\arg 2 + 2k\pi)]}$$

$$= e^{\ln 2 + 2k\pi i + i\ln 2 - 2k\pi} = e^{\ln 2 - 2k\pi + i(\ln 2 + 2k\pi)}$$

$$= 2e^{-2k\pi}(\cos \ln 2 + i \sin \ln 2) \quad (k = 0, \pm 1, \pm 2, \cdots).$$

由于 $\mathrm{Ln}\,z$ 的各个分支在除去原点和负实轴的复平面内是解析的,因而不难知道 $w = z^\alpha$ 的相应分支在除去原点和负实轴的复平面内也是解析的.

§2.3.4　三角函数

怎样定义复变量的三角函数呢? 我们的目的是寻求一个复变量的解析函数,当自变量取实数值时同原来的三角函数相一致.

回忆欧拉公式,它把三角函数与指数函数联系起来,即有

$$e^{iy} = \cos y + i \sin y.$$

将上式中 y 改为 $-y$,又可得

$$e^{-iy} = \cos y - i \sin y.$$

从这二式可以解出

$$\cos y = \frac{1}{2}(e^{iy} + e^{-iy}),$$

$$\sin y = \frac{1}{2i}(e^{iy} - e^{-iy}).$$

这两个式子表明:正弦和余弦可以用指数函数来表示. 若将这两个等式右端

的实数 y 改为复数 z，它们仍有意义. 因此就可以用它们来作为复变量正弦函数和余弦函数的定义.

定义 2.8　函数 $\dfrac{e^{iz}+e^{-iz}}{2}$ 与 $\dfrac{e^{iz}-e^{-iz}}{2i}$ 分别称为复变量 z 的**余弦函数与正弦函数**，记做 $\cos z$ 与 $\sin z$，即

$$\cos z = \frac{1}{2}(e^{iz} + e^{-iz}),$$

$$\sin z = \frac{1}{2i}(e^{iz} - e^{-iz}).$$

余弦函数和正弦函数的性质

（1） $\cos z$ 及 $\sin z$ 均为单值函数；

（2） $\cos z$ 及 $\sin z$ 均为以 2π 为周期的周期函数；

（3） $\cos z$ 为偶函数，$\sin z$ 为奇函数；

（4） $\cos(z_1 \pm z_2) = \cos z_1 \cos z_2 \mp \sin z_1 \sin z_2$,

　　　$\sin(z_1 \pm z_2) = \sin z_1 \cos z_2 \pm \cos z_1 \sin z_2$;

（5） $\sin^2 z + \cos^2 z = 1$.

上述性质，利用余弦函数、正弦函数的定义容易证得. 例如，

$$\cos(z + 2\pi) = \frac{e^{i(z+2\pi)} + e^{-i(z+2\pi)}}{2} = \frac{e^{iz+i2\pi} + e^{-iz-i2\pi}}{2}$$

$$= \frac{e^{iz} + e^{-iz}}{2} = \cos z,$$

这就验明了 $\cos z$ 的周期性.

就上述性质而言，复变量三角函数与实变量三角函数并无区别. 但要注意，在实数域内成立的不等式 $|\sin x| \leqslant 1$ 及 $|\cos x| \leqslant 1$ 在复数域内不再成立，而且 $\sin z$ 和 $\cos z$ 都是无界的. 例如，当 $z = iy$ 时，

$$\cos z = \cos iy = \frac{1}{2}(e^{-y} + e^{y})$$

随 $y \to \infty$ 而模 $|\cos iy|$ 也无限增大. 另外，$\cos^2 z$ 及 $\sin^2 z$ 不总是非负的，可能取任何复数值. 例如

$$\sin^2(-3i) = \left[\frac{e^{i(-3i)} - e^{-i(-3i)}}{2i}\right]^2 = \left(\frac{e^3 - e^{-3}}{2i}\right)^2 = -\frac{(e^3 - e^{-3})^2}{4}$$

就是一个负数. 读者还可验证 $\cos^2(1-i)$ 是一个复数.

（6）解析性

$\cos z, \sin z$ 在复平面上均为解析函数，且 $(\cos z)' = -\sin z, (\sin z)' = \cos z$，以 $\sin z$ 为例证明如下：

设 z 为复平面内的任一点，则

$$(\sin z)' = \left(\frac{e^{iz} - e^{-iz}}{2i}\right)' = \frac{1}{2i}[e^{iz}i - e^{-iz}(-i)]$$

$$= \frac{1}{2i}i(e^{iz} + e^{-iz}) = \frac{1}{2}(e^{iz} + e^{-iz}) = \cos z.$$

这说明 $\sin z$ 在复平面内任一点均可导，因而 $\sin z$ 在复平面内处处解析.

其他复变量三角函数的定义如下：

$$\tan z = \frac{\sin z}{\cos z}, \quad \cot z = \frac{\cos z}{\sin z}, \quad \sec z = \frac{1}{\cos z}, \quad \csc z = \frac{1}{\sin z}.$$

§ 2.3.5 反三角函数

反三角函数作为三角函数的反函数定义如下：

定义 2.9　若 $\cos w = z$，则 w 叫做复变量 z 的**反余弦函数**，记为 $\mathrm{Arccos}\, z$，即

$$w = \mathrm{Arccos}\, z.$$

将 $z = \cos w = \frac{1}{2}(e^{iw} + e^{-iw})$ 两端同乘 $2e^{iw}$，得

$$2ze^{iw} = e^{2iw} + 1,$$

或

$$(e^{iw})^2 - 2ze^{iw} + 1 = 0.$$

于是有 $e^{iw} = z + \sqrt{z^2 - 1}$，再由对数函数的定义即得

$$iw = \mathrm{Ln}(z + \sqrt{z^2 - 1}),$$

所以

$$w = -i\mathrm{Ln}(z + \sqrt{z^2 - 1}),$$

由此可见，反余弦函数是多值函数.

用同样方法可定义反正弦函数 $\mathrm{Arcsin}\, z$ 及反正切函数 $\mathrm{Arctan}\, z$，并且它们与对数函数有如下关系：

$$\mathrm{Arcsin}\, z = -i\mathrm{Ln}(iz + \sqrt{1 - z^2}), \quad \mathrm{Arctan}\, z = \frac{i}{2}\mathrm{Ln}\frac{i + z}{i - z},$$

它们均为多值的.

§2.3.6   双曲函数与反双曲函数

定义 2.10 $\sinh z = \dfrac{e^z - e^{-z}}{2}$, $\cosh z = \dfrac{e^z + e^{-z}}{2}$,

$\tanh z = \dfrac{e^z - e^{-z}}{e^z + e^{-z}}$, $\coth z = \dfrac{e^z + e^{-z}}{e^z - e^{-z}}$

分别称作复变量 z 的双曲正弦函数、双曲余弦函数、双曲正切函数及双曲余切函数.

双曲函数与三角函数之间有如下关系:

$$\sinh z = -\,\mathrm{i}\sin \mathrm{i}z, \quad \cosh z = \cos \mathrm{i}z,$$

$$\tanh z = -\,\mathrm{i}\tan \mathrm{i}z, \quad \coth z = \mathrm{i}\cot \mathrm{i}z,$$

由这些关系式也可看出双曲函数是单值的且以虚数 $2\pi\mathrm{i}$ 为周期的周期函数. $\sinh z$ 为奇函数, $\cosh z$ 为偶函数, 而且均在复平面内解析, 且

$$(\sinh z)' = \cosh z, \quad (\cosh z)' = \sinh z.$$

由于双曲函数的周期性决定了它们的反函数的多值性, 现把相应的反双曲函数分列如下:

反双曲正弦函数 $\operatorname{Arsinh} z = \operatorname{Ln}(z + \sqrt{z^2 + 1})$,

反双曲余弦函数 $\operatorname{Arcosh} z = \operatorname{Ln}(z + \sqrt{z^2 - 1})$,

反双曲正切函数 $\operatorname{Artanh} z = \dfrac{1}{2}\operatorname{Ln}\dfrac{1+z}{1-z}$,

反双曲余切函数 $\operatorname{Arcoth} z = \dfrac{1}{2}\operatorname{Ln}\dfrac{z+1}{z-1}$.

▦ 本章小结

解析函数是复变函数的主要研究对象. 本章的重点是正确理解复变函数的导数与解析函数等基本概念, 掌握判断复变函数可导与解析的方法, 熟悉复变量初等函数的定义和主要性质, 特别要注意在复数范围内, 实变量初等函数的哪些性质不再成立, 以及显现出哪些在实数范围内所没有的性质.

本章学习重点如下:

1. 解析函数具有很好的性质. C-R 方程是判断函数可导和解析的主要条件, 函数 $f(z)$ 在区域 D 内可导, 等价于函数 $f(z)$ 在 D 内解析; 但 $f(z)$ 在一点 z_0 可导, 却不等价于 $f(z)$ 在 z_0 解析.

2. 要求掌握从已知的调和函数 $u(x,y)$ 求共轭调和函数 $v(x,y)$ 以组成解析函数的方法. 已知两个共轭调和函数 u 与 v, 便可构成解析函数 $u+\mathrm{i}v$; 反之已知解析函数, 则它的实

部与虚部均为调和函数,且虚部是实部的共轭调和函数;随便给两个调和函数并不一定组成解析函数. 对这些关系要有清晰的了解和深刻的认识.

3. 要清楚地认识复变量初等函数其实是相应的实变量初等函数在复平面上的推广,其关键所在是推广后的函数所必须具备的解析性. 如幂函数 z^n(n 为正整数)、指数函数、正余弦函数在复平面上解析;幂函数 z^α(α 非正整数)及对数函数在单值分支 $-\pi < \arg z < \pi$ 内连续且解析等.

4. 要注意每一个函数的基本特性,如周期性及一些运算法则. 对函数 $\sqrt[n]{z}$ 及 Ln z 的多值性、单值分支的取法,特别是主值如何作为普通单值函数来运用等问题,要有清楚的认识.

第二章单元
自测题

思考题

2.1 复变函数 $f(z)$ "在 z_0 处可导" 与 "在 z_0 处解析" 有什么不同?

2.2 能否说 "实部与虚部满足 C-R 方程的复变函数是解析函数"?

2.3 若 ψ 是 φ 的共轭调和函数, φ 是不是 ψ 的共轭调和函数?

2.4 在 $\mathrm{Ln}(z_1 z_2) = \mathrm{Ln}\, z_1 + \mathrm{Ln}\, z_2$ 中,当 $z_1 = z_2 = z$ 时, $\mathrm{Ln}(z_1 z_2)$ 能否写成 Ln z^2? Ln z + Ln z 能否写成 2Ln z?

习题二

2.1 用导数定义求下列函数的导数:

(1) $f(z) = \dfrac{1}{z}$;   (2) $f(z) = z\mathrm{Re}\, z$.

2.2 下列函数在何处可导?何处不可导?何处解析?何处不解析?

(1) $f(z) = \bar{z}z^2$;

(2) $f(z) = x^2 + \mathrm{i}y^2$;

(3) $f(z) = x^3 - 3xy^2 + \mathrm{i}(3x^2 y - y^3)$;

(4) $f(z) = \sin x \cosh y + \mathrm{i}\cos x \sinh y$.

2.3 确定下列函数的解析区域和奇点,并求出导数:

(1) $\dfrac{1}{z^2 - 1}$;   (2) $\dfrac{az+b}{cz+d}$ (c, d 至少有一个不为零).

2.4 若函数 $f(z)$ 在区域 D 内解析,并满足下列条件之一,试证:$f(z)$ 必为常数.

(1) $\overline{f(z)}$ 在 D 内解析;   (2) $v = u^2$;

(3) $\arg f(z)$ 在 D 内为常数;   (4) $au + bv = c$ (a, b, c 为不全为零的实常数).

2.5 设 $f(z)$ 在区域 D 内解析. 试证:

$$\left(\frac{\partial^2}{\partial x^2} + \frac{\partial^2}{\partial y^2} \right) \left| f(z) \right|^2 = 4 \left| f'(z) \right|^2.$$

2.6　试证 C-R 方程的极坐标形式为

$$\frac{\partial u}{\partial r} = \frac{1}{r}\frac{\partial v}{\partial \theta}, \qquad \frac{\partial v}{\partial r} = -\frac{1}{r}\frac{\partial u}{\partial \theta}.$$

并且有

$$f'(z) = \frac{r}{z}\left(\frac{\partial u}{\partial r} + \mathrm{i}\frac{\partial v}{\partial r}\right) = \frac{1}{z}\left(\frac{\partial v}{\partial \theta} - \mathrm{i}\frac{\partial u}{\partial \theta}\right).$$

2.7　试证：$u = x^2 - y^2$，$v = \dfrac{y}{x^2 + y^2}$ 都是调和函数，但 $u + \mathrm{i}v$ 不是解析函数.

2.8　如果 $f(z) = u + \mathrm{i}v$ 为解析函数，试证：$-u$ 是 v 的共轭调和函数.

2.9　由下列条件求解析函数 $f(z) = u + \mathrm{i}v$.

（1）$u = (x - y)(x^2 + 4xy + y^2)$；　　　　（2）$v = 2xy + 3x$；

（3）$u = 2(x - 1)y$，$f(0) = -\mathrm{i}$；　　　　（4）$u = \mathrm{e}^x(x\cos y - y\sin y)$，$f(0) = 0$.

2.10　设 $v = \mathrm{e}^{px}\sin y$，求 p 的值使 v 为调和函数，并求出解析函数 $f(z) = u + \mathrm{i}v$.

2.11　证明：一对共轭调和函数的乘积仍为调和函数.

2.12　如果 $f(z) = u + \mathrm{i}v$ 是一解析函数，试证：$\overline{\mathrm{i}\,\overline{f(z)}}$ 也是解析函数.

2.13　试解方程：

（1）$\mathrm{e}^z = 1 + \sqrt{3}\,\mathrm{i}$；　　　　（2）$\ln z = \dfrac{\pi\mathrm{i}}{2}$；

（3）$\sin z = \mathrm{i}\sinh 1$；　　　　（4）$\sin z + \cos z = 0$.

2.14　求下列各式的值：

（1）$\cos \mathrm{i}$；　　　　（2）$\mathrm{Ln}(-3 + 4\mathrm{i})$；

（3）$(1 - \mathrm{i})^{1+\mathrm{i}}$；　　　　（4）$3^{3-\mathrm{i}}$.

2.15　证明：

（1）$\sin z = \sin x \cosh y + \mathrm{i}\cos x \sinh y$；

（2）$\cos(z_1 + z_2) = \cos z_1 \cos z_2 - \sin z_1 \sin z_2$；

（3）$\sin^2 z + \cos^2 z = 1$；

（4）$\sin 2z = 2\sin z \cos z$；

（5）$|\sin z|^2 = \sin^2 x + \sinh^2 y$；

（6）$\sin\left(\dfrac{\pi}{2} - z\right) = \cos z$.

2.16　证明：

（1）$\cosh^2 z - \sinh^2 z = 1$；　　　　（2）$\cosh 2z = \sinh^2 z + \cosh^2 z$；

（3）$\tanh(z + \pi\mathrm{i}) = \tanh z$；　　　　（4）$\sinh(z_1 + z_2) = \sinh z_1 \cosh z_2 + \cosh z_1 \sinh z_2$.

2.17　证明：$\cosh z$ 的反函数 $\mathrm{Arcosh}\, z = \mathrm{Ln}(z + \sqrt{z^2 - 1})$.

2.18　由于 $\mathrm{Ln}\, z$ 为多值函数，指出下列错误：

（1）$\mathrm{Ln}\, z^2 = 2\mathrm{Ln}\, z$；　　　　（2）$\mathrm{Ln}\, 1 = \mathrm{Ln}\,\dfrac{z}{z} = \mathrm{Ln}\, z - \mathrm{Ln}\, z = 0$.

2.19 试问:在复数域中$(a^b)^c$ 与 a^{bc}一定相等吗?

2.20 下列各命题是否成立?

(1) $\overline{e^z} = e^{\bar{z}}$;

(2) $\overline{p(z)} = p(\bar{z})$ $(p(z)$ 为多项式$)$;

(3) $\overline{\sin z} = \sin \bar{z}$;

(4) $\overline{\mathrm{Ln}\, z} = \mathrm{Ln}\, \bar{z}.$

第三章 复变函数的积分

复变函数的积分(简称复积分)是研究解析函数的一个重要工具, 解析函数的许多重要性质都是通过复积分证明的. 本章主要介绍柯西(Cauchy)定理和柯西积分公式, 它是解析函数的重要理论基础之一. 通过本章学习, 读者可以认识并掌握解析函数用积分形式表现出来的种种特征, 以及与之有关的一系列重要的定理和推论. 这些内容是经典复变函数论的主要组成部分.

本章内容与实变量二元函数有紧密联系. 特别是二元函数的第二型曲线积分的概念、性质和计算方法, 全微分及积分与路径无关的问题, 格林公式、等等. 希望读者能结合本章的学习适当复习微积分的有关知识.

§ 3.1 复积分的概念

§ 3.1.1 复积分的定义与计算

定义 3.1 设 C 是平面上一条光滑的简单曲线, 其起点为 A, 终点为 B (图3.1). 函数 $f(z)=u(x,y)+iv(x,y)$ 在 C 上有定义. 把曲线 C 任意分成 n 个小弧段. 设分点为 $A=z_0,z_1,\cdots,z_{n-1},z_n=B$, 其中 $z_k=x_k+iy_k$ ($k=0,1,2,\cdots,n$), 在每个弧段 $\widehat{z_{k-1}z_k}$ 上任取一点 $\zeta_k=\xi_k+i\eta_k$, 作和式

$$\sum_{k=1}^{n} f(\zeta_k)\Delta z_k, \qquad (3.1)$$

其中 $\Delta z_k=z_k-z_{k-1}=\Delta x_k+i\Delta y_k$.

设 $\lambda=\max_{1\leqslant k\leqslant n}|\Delta z_k|$, 当 $\lambda\to 0$ 时, 如果和式的极限存在, 且此极限值不依赖于 ζ_k 的选择, 也不依赖对 C 的分法, 那么就称此极限值为 $f(z)$ 沿曲线 C 自 A 到 B 的**复积分**, 记作

$$\int_C f(z)\,dz=\lim_{\lambda\to 0}\sum_{k=1}^{n} f(\zeta_k)\Delta z_k. \qquad (3.2)$$

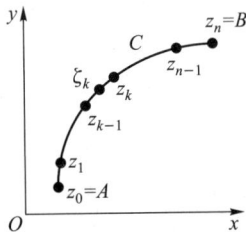

图 3.1

沿 C 负方向(即由 B 到 A)的积分记作 $\int_{C^-} f(z)\,\mathrm{d}z$; 当 C 为闭曲线,那么此闭曲线的积分就记作 $\oint_C f(z)\,\mathrm{d}z$ (C 的正向为逆时针方向).

定理 3.1　设 $f(z) = u(x,y) + iv(x,y)$ 在光滑曲线 C 上连续,则复积分 $\int_C f(z)\,\mathrm{d}z$ 存在,而且可以表示为

$$\int_C f(z)\,\mathrm{d}z = \int_C u(x,y)\,\mathrm{d}x - v(x,y)\,\mathrm{d}y + i\int_C v(x,y)\,\mathrm{d}x + u(x,y)\,\mathrm{d}y. \quad (3.3)$$

证　将(3.1)式的实、虚部分开,得

$$\sum_{k=1}^{n} f(\zeta_k)\Delta z_k$$

$$= \sum_{k=1}^{n} \left[u(\xi_k, \eta_k) + iv(\xi_k, \eta_k) \right](\Delta x_k + i\Delta y_k)$$

$$= \sum_{k=1}^{n} \left[u(\xi_k, \eta_k)\Delta x_k - v(\xi_k, \eta_k)\Delta y_k \right] + i\sum_{k=1}^{n} \left[v(\xi_k, \eta_k)\Delta x_k + u(\xi_k, \eta_k)\Delta y_k \right].$$

由于 $f(z)$ 在 C 上连续,从而 u, v 在 C 上连续,当 $\lambda \to 0$ 时,有 $\max\limits_{1 \leqslant k \leqslant n} |\Delta x_k| \to 0$ 及 $\max\limits_{1 \leqslant k \leqslant n} |\Delta y_k| \to 0$. 于是上式右端极限存在,且有

$$\int_C f(z)\,\mathrm{d}z = \int_C u\,\mathrm{d}x - v\,\mathrm{d}y + i\int_C v\,\mathrm{d}x + u\,\mathrm{d}y.$$

即(3.3)式成立.

(3.3)式说明了两个问题:

(1) 当 $f(z)$ 是连续函数而 C 是光滑曲线时,积分 $\int_C f(z)\,\mathrm{d}z$ 一定存在.

(2) $\int_C f(z)\,\mathrm{d}z$ 可以通过两个二元实变函数的线积分来计算.

利用(3.3)式还可把复积分化为普通的定积分,设曲线 C 的参数方程为

$$z(t) = x(t) + iy(t) \quad (a \leqslant t \leqslant b),$$

将它代入(3.3)式右端得

$$\int_C f(z)\,\mathrm{d}z$$

$$= \int_a^b \left[u(x(t),y(t))x'(t) - v(x(t),y(t))y'(t) \right]\mathrm{d}t +$$

$$i\int_a^b \left[v(x(t),y(t))x'(t) + u(x(t),y(t))y'(t) \right]\mathrm{d}t$$

$$= \int_a^b \left[u(x(t),y(t)) + iv(x(t),y(t)) \right] \left[x'(t) + iy'(t) \right] \mathrm{d}t$$

$$= \int_a^b f(z(t))z'(t)\mathrm{d}t. \tag{3.4}$$

例 3.1   计算 $\int_C \bar{z}\mathrm{d}z$，其中 C（图 3.2）是

(1) 从点 1 到 i 的直线段 C_1；

(2) 从点 1 到 0 的直线段 C_2，再从点 0 到点 i 的直线段 C_3 所连接成的折线段 C_2+C_3.

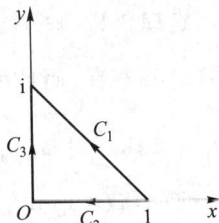

复积分的计算

解   (1) $C = C_1 : z(t) = 1-t+\mathrm{i}t$ $(0 \leqslant t \leqslant 1)$，依照 (3.4) 式有

$$\int_C \bar{z}\mathrm{d}z = \int_0^1 (1 - t - \mathrm{i}t)(-1 + \mathrm{i})\mathrm{d}t = \int_0^1 (2t - 1)\mathrm{d}t + \mathrm{i}\int_0^1 \mathrm{d}t = \mathrm{i}.$$

(2) $C_2 : z_1(t) = 1-t(0 \leqslant t \leqslant 1)$，$C_3 : z_2(t) = \mathrm{i}t$ $(0 \leqslant t \leqslant 1)$，依照 (3.4) 式有

$$\int_C \bar{z}\mathrm{d}z = \int_{C_2} \bar{z}\mathrm{d}z + \int_{C_3} \bar{z}\mathrm{d}z = -\int_0^1 (1 - t)\mathrm{d}t + \int_0^1 t\mathrm{d}t = 0.$$

注   参看 §3.1.2 中复积分的基本性质 (4).

例 3.2   计算 $\oint_C \dfrac{\mathrm{d}z}{(z - z_0)^n}$，其中 n 为任意整数，C 为以 z_0 为中心，r 为半径的圆周.

解 C 的参数方程为

$$z = z_0 + re^{\mathrm{i}\theta}, \quad 0 \leqslant \theta \leqslant 2\pi,$$

由 (3.4) 式得

$$\oint_C \frac{\mathrm{d}z}{(z - z_0)^n} = \int_0^{2\pi} \frac{\mathrm{i}re^{\mathrm{i}\theta}}{r^n e^{\mathrm{i}n\theta}}\mathrm{d}\theta = \frac{\mathrm{i}}{r^{n-1}}\int_0^{2\pi} e^{-\mathrm{i}(n-1)\theta}\mathrm{d}\theta$$

$$= \frac{\mathrm{i}}{r^{n-1}}\int_0^{2\pi} \cos(n - 1)\theta\mathrm{d}\theta + \frac{1}{r^{n-1}}\int_0^{2\pi} \sin(n - 1)\theta\mathrm{d}\theta$$

$$= \begin{cases} 2\pi\mathrm{i}, & n = 1, \\ 0, & n \neq 1. \end{cases}$$

此例的结果很重要，以后经常要用到. 以上结果与积分路径圆周的中心和半径无关，应记住这一特点.

例 3.3　计算 $\int_C z\mathrm{d}z$，其中 C 为从原点到点 $3+4\mathrm{i}$ 的直线段.

解　此直线方程可写作

$$x = 3t,\ y = 4t,\ 0 \leqslant t \leqslant 1 \quad 或 \quad z = 3t + \mathrm{i}4t,\ 0 \leqslant t \leqslant 1.$$

在 C 上，$z = (3+4\mathrm{i})t$，$\mathrm{d}z = (3+4\mathrm{i})\mathrm{d}t$，于是

$$\int_C z\mathrm{d}z = \int_0^1 (3 + 4\mathrm{i})^2 t\mathrm{d}t = (3 + 4\mathrm{i})^2 \int_0^1 t\mathrm{d}t = \frac{1}{2}(3 + 4\mathrm{i})^2.$$

因

$$\int_C z\mathrm{d}z = \int_C (x + \mathrm{i}y)(\mathrm{d}x + \mathrm{i}\mathrm{d}y) = \int_C x\mathrm{d}x - y\mathrm{d}y + \mathrm{i}\int_C y\mathrm{d}x + x\mathrm{d}y,$$

易验证，右边两个线积分都与路线 C 无关，所以 $\int_C z\mathrm{d}z$ 的值，不论是对怎样的连接原点到 $3+4\mathrm{i}$ 的曲线，都等于 $\frac{1}{2}(3+4\mathrm{i})^2$.

§3.1.2　复积分的基本性质

由 (3.3) 式知道，复积分的实部和虚部都是曲线积分，因此，曲线积分的一些基本性质对复积分也成立.

（1）$\int_C kf(z)\mathrm{d}z = k\int_C f(z)\mathrm{d}z$，其中 k 为复常数；

（2）$\int_C f(z)\mathrm{d}z = -\int_{C^-} f(z)\mathrm{d}z$；

（3）$\int_C [f(z) \pm g(z)]\mathrm{d}z = \int_C f(z)\mathrm{d}z \pm \int_C g(z)\mathrm{d}z$；

（4）$\int_C f(z)\mathrm{d}z = \int_{C_1} f(z)\mathrm{d}z + \int_{C_2} f(z)\mathrm{d}z$，其中 $C = C_1 + C_2$；

（5）$\left| \int_C f(z)\mathrm{d}z \right| \leqslant \int_C |f(z)|\mathrm{d}s$. 　　　　　　　　　　　　(3.5)

(3.5) 式右端是实连续函数 $|f(z)|$ 沿曲线 C 的第一型曲线积分.

性质 (1)~(4) 的证明很容易，只要利用复积分定义，或者把曲线积分的有关性质移过来就可以了. 下面证明性质 (5)，事实上，由于

$$\left| \sum_{k=1}^n f(\zeta_k)\Delta z_k \right| \leqslant \sum_{k=1}^n |f(\zeta_k)||\Delta z_k| \leqslant \sum_{k=1}^n |f(\zeta_k)|\Delta s_k,$$

其中，Δs_k 是小弧段 $\widehat{z_{k-1}z_k}$ 的长，$|\Delta z_k| = \sqrt{(\Delta x_k)^2 + (\Delta y_k)^2} \leqslant \Delta s_k$，将此不等式两边取极限得 (3.5) 式. 注意到 $|\mathrm{d}z| = |\mathrm{d}x + \mathrm{i}\mathrm{d}y| = \sqrt{(\mathrm{d}x)^2 + (\mathrm{d}y)^2} = \mathrm{d}s$. 因此

(3.5)式也可写成

$$\left| \int_C f(z)\,\mathrm{d}z \right| \leqslant \int_C |f(z)|\,|\,\mathrm{d}z|.$$

特别地,若在 C 上有 $|f(z)| \leqslant M, C$ 的长记为 L,则(3.5)式成为

$$\left| \int_C f(z)\,\mathrm{d}z \right| \leqslant M\,L. \tag{3.6}$$

(3.5)式与(3.6)式以后常用作积分估计.

例 3.4　设 C 为从原点到点 3+4i 的直线段,试求积分 $\displaystyle\int_C \frac{1}{z-\mathrm{i}}\mathrm{d}z$ 绝对值的一个上界.

解　C 的方程为 $z=(3+4\mathrm{i})t, 0 \leqslant t \leqslant 1$. 由估值不等式(3.6)和

$$\left| \int_C \frac{1}{z-\mathrm{i}}\mathrm{d}z \right| \leqslant \int_C \left| \frac{1}{z-\mathrm{i}} \right| \mathrm{d}s$$

知,在 C 上

$$\left| \frac{1}{z-\mathrm{i}} \right| = \frac{1}{|3t+(4t-1)\mathrm{i}|} = \frac{1}{\sqrt{25\left(t-\dfrac{4}{25}\right)^2 + \dfrac{9}{25}}} \leqslant \frac{5}{3},$$

及

$$\left| \int_C \frac{1}{z-\mathrm{i}}\mathrm{d}z \right| \leqslant \frac{5}{3}\int_C \mathrm{d}s,$$

而 $\displaystyle\int_C \mathrm{d}s = 5$,所以

$$\left| \int_C \frac{1}{z-\mathrm{i}}\mathrm{d}z \right| \leqslant \frac{25}{3}.$$

例 3.5　试证:$\displaystyle\lim_{r\to 0}\int_{|z|=r} \frac{z^3}{1+z^2}\mathrm{d}z = 0$.

证　不妨设 $r<1$,我们用估值不等式(3.6)式估计积分的模,因为在 $|z|=r$ 上,

$$\left| \int_{|z|=r} \frac{z^3}{1+z^2}\mathrm{d}z \right| \leqslant \int_{|z|=r} \left| \frac{z^3}{1+z^2} \right| |\,\mathrm{d}z| \leqslant \frac{2\pi r^4}{1-r^2},$$

上式右端当 $r\to 0$ 时极限为 0,故左端极限也为 0,所以

$$\lim_{r \to 0} \int_{|z|=r} \frac{z^3}{1+z^2} dz = 0.$$

§3.2 柯西积分定理

从上一节所举的例子看来,复积分之值有时与积分路线有关(如例 3.1),而有时又与积分路线无关(如例 3.3). 因此产生一个重要问题:函数在什么条件下积分值与路线无关呢?

既然复变函数积分可以转化为实函数线积分,因此解决复变函数积分与路线无关的问题,自然要归结为线积分与路线无关的问题. 而线积分与路线无关的条件与线积分沿任一简单闭曲线的值都为 0 的条件相同. 于是研究复积分与路线无关的条件可以归结为研究沿任一简单闭曲线积分为 0 的条件. 法国数学家柯西于 1825 年解决了这个问题,人们称之为柯西积分定理,它是复变函数解析理论的基石.

定理 3.2(柯西积分定理) 设函数 $f(z)$ 在单连通区域 D 内解析,则 $f(z)$ 在 D 内沿任意一条简单闭曲线 C 的积分

$$\int_C f(z)\,dz = 0.$$

证 因 $f(z)$ 在 D 内解析,故 $f'(z)$ 存在. 下面在 $f'(z)$ 连续的假设下证明定理结论(完全的证明较难,从略). 因 u 与 v 的一阶偏导数存在且连续,故应用格林(Green)公式得

$$\int_C f(z)\,dz = \int_C u\,dx - v\,dy + i\int_C v\,dx + u\,dy$$

$$= -\iint_G \left(\frac{\partial v}{\partial x} + \frac{\partial u}{\partial y}\right) dx\,dy + i\iint_G \left(\frac{\partial u}{\partial x} - \frac{\partial v}{\partial y}\right) dx\,dy,$$

其中 G 为简单闭曲线 C 所围区域. 由于 $f(z)$ 解析,C-R 方程成立,因此

$$\int_C f(z)\,dz = 0.$$

证毕.

显然用格林公式来证明是很简便的,但必须加上"$f'(z)$ 连续"这条件. 不过对于证明定理的真实性来说,这条件是不必要的. 因为以后将证明,只要 f 解析,f' 必连续,即 f' 的连续性已包含在解析的假设中. 法国数学家古尔

萨(Goursat)对柯西积分定理的证明中,不需要设 f' 连续,但比较复杂,人们这时称柯西积分定理为柯西-古尔萨定理.

注   可以证明,如果 C 是区域 D 的边界,$f(z)$ 在 D 内解析,在闭区域 $\overline{D}$ 上连续,那么定理依然成立.

有了柯西积分定理,本节开始所提出的问题便可以回答了. 即

定理 3.3   设函数 $f(z)$ 在单连通区域 D 内解析,z_0 与 z_1 为 D 内任意两点,C_1 与 C_2 为连接 z_0 与 z_1 的积分路线,C_1,C_2 都含于 D (图 3.3),则

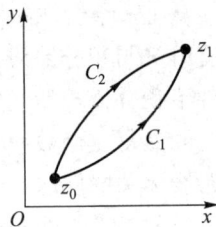

图 3.3

$$\int_{C_1} f(z)\,\mathrm{d}z = \int_{C_2} f(z)\,\mathrm{d}z,$$

即当 f 为 D 的解析函数时积分与路线无关,而仅由积分路线的起点 z_0 与终点 z_1 来确定.

证   依柯西积分定理

$$\int_{C_1} f(z)\,\mathrm{d}z - \int_{C_2} f(z)\,\mathrm{d}z = \oint_{C_1 + C_2^-} f(z)\,\mathrm{d}z = 0,$$

所以定理 3.3 成立.

例 3.6   计算积分 $\int_C \sin z\mathrm{d}z$,其中 C 是圆周 $|z-1| = 1$ 的上半周,走向从 0 到 2.

解   因 $\sin z$ 是全平面上的解析函数,由柯西积分定理,它的积分与路线无关,于是可以换一条路线. 例如,取 C_1 为沿实轴从 0 到 2. 这样便有

$$\int_C \sin z\mathrm{d}z = \int_{C_1} \sin z\mathrm{d}z = \int_0^2 \sin x\mathrm{d}x = 1 - \cos 2.$$

下面把柯西积分定理推广到多连通区域.

定理 3.4   设 C_1 与 C_2 是两条简单闭曲线,C_2 在 C_1 的内部. $f(z)$ 在 C_1 与 C_2 所围的多连通域 D 内解析,而在 $\overline{D} = D + C_1 + C_2^-$ 上连续(图 3.4),则

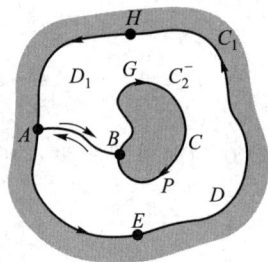

图 3.4

$$\oint_{C_1} f(z)\,\mathrm{d}z = \oint_{C_2} f(z)\,\mathrm{d}z. \qquad (3.7)$$

证   在 D 内作简单光滑弧 $\overset{\frown}{AB}$,连接 C_1 和 C_2(图 3.4). D_1 为以 $AEHABGPBA$ 为边界(记作 C)所围成的区域. 根据定理的条件,$f(z)$ 在 $\overline{D}_1 = D_1 + C$ 上连续,

且在 D_1 内解析,由定理3.2,得

$$\oint_C f(z)\,\mathrm{d}z = 0,$$

又由于

$$\int_{\widehat{AB}} f(z)\,\mathrm{d}z + \int_{\widehat{BA}} f(z)\,\mathrm{d}z = 0,$$

于是有

$$\oint_{C_1} f(z)\,\mathrm{d}z + \oint_{C_2^-} f(z)\,\mathrm{d}z = 0,$$

即(3.7)式成立.

(3.7)式说明,在区域内的一个解析函数沿闭曲线的积分,不因闭曲线在区域内作连续变形而改变它的值. 这一事实称为**闭路变形原理**.

推论(复合闭路定理) 设 C 为多连通域 D 内的一条简单闭曲线,$C_1,C_2,\cdots,C_n$ 是在 C 内部的简单闭曲线,它们互不包含也互不相交,并且以 $C,C_1,C_2,\cdots,C_n$ 为边界的区域全含于 D(图 3.5).如果 $f(z)$ 在 D 内解析,则有

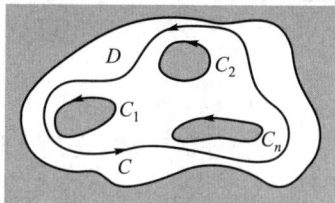

图 3.5

$$\oint_C f(z)\,\mathrm{d}z = \sum_{k=1}^n \oint_{C_k} f(z)\,\mathrm{d}z, \tag{3.8}$$

其中 C 及 C_k 均取正方向;

$$\oint_\Gamma f(z)\,\mathrm{d}z = 0.$$

这里 Γ 为由 C 及 $C_k^-(k=1,2,\cdots,n)$ 所组成的复合闭路(其方向是:C 按逆时针进行,C_k^- 按顺时针进行).

例 3.7 计算 $\oint_C \dfrac{2z-1}{z^2-z}\mathrm{d}z$,其中 C 为包含 0 与 1 的简单闭曲线.

解 设 C_1 与 C_2 是 C 内互不相交也互不包含的圆周. 函数 $\dfrac{2z-1}{z^2-z}$ 有两个奇点:$z=0$ 及 $z=1$.

C_1 只包围 $z=0$,C_2 只包围 $z=1$(图 3.6).则由(3.8)式得

柯西积分定理的应用

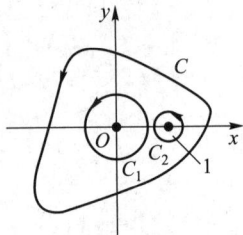

$$\oint_C \frac{2z-1}{z^2-z}dz = \oint_{C_1} \frac{2z-1}{z^2-z}dz + \oint_{C_2} \frac{2z-1}{z^2-z}dz$$

$$= \oint_{C_1} \frac{1}{z}dz + \oint_{C_1} \frac{dz}{z-1} + \oint_{C_2} \frac{dz}{z} + \oint_{C_2} \frac{dz}{z-1}$$

$$= 2\pi i + 0 + 0 + 2\pi i = 4\pi i.$$

图 3.6

柯西积分定理实际已经给出了积分与路线无关的充分条件. 这就是说, 如果 $f(z)$ 在单连通区域 D 内解析, 则沿区域 D 内的简单曲线 C 的积分

$$\int_C f(\zeta)\,d\zeta$$

只与 C 的起点 z_0 和终点 z 有关, 而与 C 的路径无关, 对于这种积分, 我们已约定写成

$$\int_{z_0}^{z} f(\zeta)\,d\zeta,$$

并把 z_0 和 z 分别称为积分的下限和上限.

当下限 z_0 固定而上限 z 在 D 内变动时, 则由积分 $\int_{z_0}^{z} f(\zeta)\,d\zeta$ 定义了上限 z 的一个函数, 且该函数为 D 内的单值函数, 记为 $F(z)$, 即

$$F(z) = \int_{z_0}^{z} f(\zeta)\,d\zeta.$$

由上式给出的函数 $F(z)$ 具有以下重要性质:

定理 3.5　如果 $f(z)$ 是单连通区域 D 内的解析函数, 那么由变上限的积分所确定的函数

$$F(z) = \int_{z_0}^{z} f(\zeta)\,d\zeta$$

也是 D 内的解析函数, 而且 $F'(z) = f(z)$.

证　在 D 内再任取一点 $z + \Delta z$ (图 3.7). 利用 $\int_{z_0}^{z} f(\zeta)\,d\zeta$ 与路线无关, 则有

$$F(z + \Delta z) - F(z)$$

$$= \int_{z_0}^{z+\Delta z} f(\zeta)\,d\zeta - \int_{z_0}^{z} f(\zeta)\,d\zeta$$

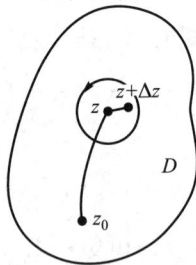

图 3.7

$$= \int_z^{z+\Delta z} f(\zeta)\, d\zeta,$$

其中积分路线假定是从 z 到 $z+\Delta z$ 的直线段,所以

$$\frac{F(z+\Delta z) - F(z)}{\Delta z} - f(z) = \frac{1}{\Delta z}\int_z^{z+\Delta z} [\, f(\zeta) - f(z)\,]\, d\zeta.$$

因为,$f(z)$ 在 D 内连续,所以对于任意给定的 $\varepsilon>0$,存在 $\delta>0$,当 $|\zeta-z|<\delta$ 时,就有 $|f(\zeta)-f(z)|<\varepsilon$,所以,当 $|\Delta z|<\delta$ 时,有

$$\left| \frac{F(z+\Delta z) - F(z)}{\Delta z} - f(z) \right| < \frac{1}{|\Delta z|} \cdot \varepsilon \cdot |\Delta z| = \varepsilon,$$

于是 $F'(z) = f(z)$.

由于点 z 在 D 内的任意性,$F(z)$ 在 D 内处处存在导数 $f(z)$,所以 $F(z)$ 在 D 内解析. 证毕.

基于定理 3.5,我们引入原函数的概念.

定义 3.2 设在单连通区域 D 内,函数 $F(z)$ 恒满足条件 $F'(z) = f(z)$,则称 $F(z)$ 是 $f(z)$ 的**原函数**.

容易证明,若 $G(z)$ 是 $f(z)$ 的一个原函数,则对任意常数 C,$G(z)+C$ 都是 $f(z)$ 的原函数;而 $f(z)$ 的任一原函数必可表示为 $G(z)+C$,其中 C 是某一常数. 利用这个关系,我们可以推得与牛顿-莱布尼茨(Newton-Leibniz)公式类似的解析函数的积分计算公式.

定理 3.6 设 $f(z)$ 在单连通区域 D 内解析,$G(z)$ 为 $f(z)$ 的一个原函数,则

$$\int_{z_0}^{z_1} f(z)\, dz = G(z_1) - G(z_0), \qquad (3.9)$$

其中 z_0, z_1 为 D 内的点.

证 从定理 3.5 知道 $F(z) = \int_{z_0}^{z} f(z)\, dz$ 是 $f(z)$ 的一个原函数. 现在 $G(z)$ 又是 $f(z)$ 的一个原函数,故存在一常数 C 使 $F(z) = G(z)+C$,即

$$\int_{z_0}^{z} f(z)\, dz = G(z) + C.$$

但当 $z=z_0$ 时,左端为 0,故 $G(z_0)+C=0$,即 $C=-G(z_0)$. 从而

$$\int_{z_0}^{z} f(z)\, dz = G(z) - G(z_0).$$

有了(3.9)式,计算复积分就方便了.微积分中求不定积分的一套方法可以移植过来.

例 3.8　计算 $\int_a^b z^n \mathrm{d}z(n = 0,1,2,\cdots)$, a,b 均为有限复数.

解　$z^n(n = 0,1,2,\cdots)$ 在复平面内处处解析.所以

$$\int_a^b z^n \mathrm{d}z = \frac{1}{n+1} z^{n+1} \Big|_a^b = \frac{1}{n+1}(b^{n+1} - a^{n+1}).$$

例 3.9　计算 $\int_C \ln(1+z)\mathrm{d}z$,其中 C 是从 $-\mathrm{i}$ 到 i 的直线段.

解　因为 $\ln(1+z)$ 在全平面除去负实轴上一段 $x \leqslant -1$ 的区域 D 内为(单值)解析,又因为所考虑的区域 D 是单连通的,故定理 3.6 适用,所以在 D 内有

$$\int_C \ln(1+z)\mathrm{d}z$$

$$= z\ln(1+z) \Big|_{-\mathrm{i}}^{\mathrm{i}} - \int_{-\mathrm{i}}^{\mathrm{i}} \frac{z}{1+z}\mathrm{d}z$$

$$= \mathrm{i}\ln(1+\mathrm{i}) + \mathrm{i}\ln(1-\mathrm{i}) - \int_{-\mathrm{i}}^{\mathrm{i}} \left(1 - \frac{1}{1+z}\right)\mathrm{d}z$$

$$= \mathrm{i}\ln(1+\mathrm{i}) + \mathrm{i}\ln(1-\mathrm{i}) - \left[z - \ln(1+z)\right]_{-\mathrm{i}}^{\mathrm{i}}$$

$$= \mathrm{i}\ln(1+\mathrm{i}) + \mathrm{i}\ln(1-\mathrm{i}) - 2\mathrm{i} + \ln(1+\mathrm{i}) - \ln(1-\mathrm{i})$$

$$= \left(-2 + \ln 2 + \frac{\pi}{2}\right)\mathrm{i}.$$

§3.3　柯西积分公式

设 $f(z)$ 在以圆 C: $|z-z_0| = \rho_0 (0 < \rho_0 < +\infty)$ 为边界的闭圆盘上解析.由柯西积分定理,$f(z)$ 沿 C 的积分为零.考虑积分

$$I = \oint_C \frac{f(z)}{z-z_0}\mathrm{d}z,$$

由于被积函数在 C 上连续,积分 I 必然存在;但因 $\dfrac{f(z)}{z-z_0}$ 在上述闭圆盘上不是

解析的, I 的值不一定为零. 例如, 由例 3.2 知, 在 $f(z) \equiv 1$ 时, $I = 2\pi i$.

现考虑 $f(z)$ 为解析函数的情况. 作以 z_0 为中心, 以 $\rho (0 < \rho < \rho_0)$ 为半径的圆 C_ρ. 由定理 3.4 知,

$$\oint_C \frac{f(z)}{z - z_0} dz = \oint_{C_\rho} \frac{f(z)}{z - z_0} dz.$$

上式对满足 $0 < \rho < \rho_0$ 的任何 ρ 成立. 由此可见, I 的值只与 $f(z)$ 在 z_0 点邻近的值有关. 我们有如下定理.

定理 3.7　设 $f(z)$ 在简单闭曲线 C 所围成的区域 D 内解析, 在 $\overline{D} = D \cup C$ 上连续, z_0 是 D 内任一点, 则

$$f(z_0) = \frac{1}{2\pi i} \oint_C \frac{f(z)}{z - z_0} dz. \tag{3.10}$$

证　$F(z) = \dfrac{f(z)}{z - z_0}$ 在 D 内除点 $z = z_0$ 外均解析. 现以点 z_0 为中心, 以充分小的 $\rho > 0$ 为半径作圆 L: $|z - z_0| = \rho$, 使 L 及其内部均含于 D 内 (图 3.8). 在 C 与 L 所围的区域上应用定理 3.4, 得

$$\int_C \frac{f(z)}{z - z_0} dz = \int_L \frac{f(z)}{z - z_0} dz.$$

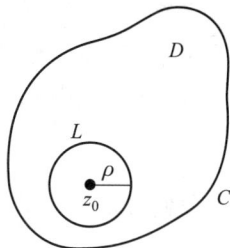

图 3.8

因 $f(z)$ 在 z_0 处连续, 则对任意给定的 $\varepsilon > 0$, 存在 $\delta > 0$, 使当 $|z - z_0| = \rho < \delta$ 时, 就有 $|f(z) - f(z_0)| < \varepsilon$. 由此

$$\int_L \frac{f(z)}{z - z_0} dz = \int_L \frac{f(z) - f(z_0) + f(z_0)}{z - z_0} dz$$

$$= f(z_0) \int_L \frac{1}{z - z_0} dz + \int_L \frac{f(z) - f(z_0)}{z - z_0} dz.$$

而

$$f(z_0) \int_L \frac{1}{z - z_0} dz = 2\pi i f(z_0),$$

$$\left| \int_L \frac{f(z) - f(z_0)}{z - z_0} dz \right| < \frac{\varepsilon}{\rho} 2\pi\rho = 2\pi\varepsilon,$$

故

$$\left| \int_C \frac{f(z)}{z - z_0} dz - 2\pi i f(z_0) \right| < 2\pi \varepsilon,$$

即(3.10)式成立.

公式(3.10)称为柯西积分公式. 这个公式说明:如果一个函数在简单闭曲线 C 的内部解析,在 C 上连续,则函数在 C 内部的值完全可由 C 上的值而定. 它不仅提供了计算某些复变函数沿简单闭曲线积分的一种方法,而且可以帮助我们研究解析函数的许多重要性质.

推论 1(平均值公式)   设 $f(z)$ 在 $|z-z_0| < R$ 内解析,在 $|z-z_0| \leqslant R$ 上连续,则

$$f(z_0) = \frac{1}{2\pi} \int_0^{2\pi} f(z_0 + Re^{i\theta}) d\theta.$$

推论 2   设 $f(z)$ 在由简单闭曲线 C_1, C_2 所围成的多连通域 D 内解析,并在 $\overline{D} = C_1 + C_2 + D$ 上连续,C_2 在 C_1 的内部,z_0 为 D 内一点,则

$$f(z_0) = \frac{1}{2\pi i} \int_{C_1} \frac{f(z)}{z - z_0} dz - \frac{1}{2\pi i} \int_{C_2} \frac{f(z)}{z - z_0} dz.$$

我们可以把 z_0 作变数看待,(3.10)式写成如下形式:

$$f(z) = \frac{1}{2\pi i} \oint_C \frac{f(\zeta)}{\zeta - z} d\zeta,$$

其中 z 在 C 的内部.

例 3.10   求下列积分的值:

$(1)\ \oint_{|z|=2} \frac{\sin z}{z} dz;$ $(2)\ \oint_{|z|=2} \frac{z}{(9 - z^2)(z + i)} dz.$

解   由(3.10)式得

$(1)\ \oint_{|z|=2} \frac{\sin z}{z} dz = 2\pi i \sin z \Big|_{z=0} = 0.$

$(2)\ \oint_{|z|=2} \frac{z}{(9 - z^2)(z + i)} dz = \oint_{|z|=2} \frac{\dfrac{z}{9 - z^2}}{z - (-i)} dz$

$$= 2\pi i \frac{z}{9 - z^2} \Big|_{z=-i} = \frac{\pi}{5}.$$

由平均值公式还可推出解析函数的一个重要性质,即解析函数的最大模原理.

柯西积分公
式应用举例

解析函数的最大模原理,是解析函数的一个非常重要的原理.它说明了一个解析函数的模,在区域内部的任何一点都达不到最大值,除非这个函数恒等于常数.

定理 3.8(最大模原理)　设函数 $f(z)$ 在区域 D 内解析,又 $f(z)$ 不是常数,则 $|f(z)|$ 在 D 内没有最大值.

证　记 $\max\limits_{z \in D} |f(z)| = M$. 若 $M = +\infty$,则定理结论成立. 现设 $M < +\infty$,用反证法. 若 D 内有一点 z_0 使 $|f(z_0)| = M$,则由推论 1(平均值公式),只要圆盘 $|z-z_0| < R$ 含于 D,就有

$$f(z_0) = \frac{1}{2\pi}\int_0^{2\pi} f(z_0 + re^{i\theta})\,\mathrm{d}\theta \quad (0 \leqslant r \leqslant R).$$

成立,于是

$$M = |f(z_0)| \leqslant \frac{1}{2\pi}\int_0^{2\pi} |f(z_0 + re^{i\theta})|\,\mathrm{d}\theta \leqslant M.$$

由此推出

$$\frac{1}{2\pi}\int_0^{2\pi} |f(z_0 + re^{i\theta})|\,\mathrm{d}\theta = M.$$

可以证明,在 $|z-z_0| < R$ 内 $|f(z)| \equiv M$. 因为,若不然,就有一点 $z' = z_0+r'e^{i\theta'}(0<r'<R)$ 使 $|f(z')| < M$,故存在 $\varepsilon > 0$ 使 $|f(z')| = M - \varepsilon$. 由于 $|f(z)|$ 在 $|z-z_0| < R$ 内为连续,故在圆周 $|z-z_0| = r'$ 上连续. 于是存在 $\delta > 0$,使当 $|\theta - \theta'| < \delta$ 时,

$$\big|\,|f(z_0 + r'e^{i\theta})| - |f(z_0 + r'e^{i\theta'})|\,\big| < \frac{\varepsilon}{2},$$

从而有

$$|f(z_0 + r'e^{i\theta})| < M - \frac{\varepsilon}{2}.$$

因此有下面的估计

$$|f(z_0)| \leqslant \frac{1}{2\pi}\int_0^{2\pi} |f(z_0 + r'e^{i\theta})|\,\mathrm{d}\theta$$

$$= \frac{1}{2\pi}\int_{\theta'-\delta}^{\theta'+\delta} |f(z_0 + r'e^{i\theta})|\,\mathrm{d}\theta + \frac{1}{2\pi}\int_{[0,2\pi]-[\theta'-\delta,\theta'+\delta]} |f(z_0 + r'e^{i\theta})|\,\mathrm{d}\theta$$

$$\leqslant \left(M - \frac{\varepsilon}{2}\right)\frac{\delta}{\pi} + M\frac{\pi - \delta}{\pi} < M.$$

但这与 $|f(z_0)| = M$ 相矛盾! 所以 $|f(z)| \equiv M$ 在 $|z-z_0| < R$ 内成立. 再由 $f(z)$ 在 D 内为解析, 就可知道(例 2.5), 在 $|z-z_0| < R$ 内 $f(z)$ 恒为一常数, 此常数的模为 M.

以上证明了, 若 D 内有一点 z_0 使 $|f(z_0)| = M$, 则只要圆盘 $|z-z_0| < R$ 含于 D, 在 $|z-z_0| < R$ 内 $f(z)$ 便恒等于一个模为 M 的常数. 记 $f(z) \equiv Me^{i\alpha}$. 现在利用这个结果来证明, 在整个 D 内 $f(z)$ 恒等于常数.

设 z^* 是 D 内任意一点. 由 D 的连通性, 在 D 内有一折线 l 连接 z_0 和 z^* (图 3.9). 记 l 与 D 的边界的距离为 d. 在 l 上从 z_0 到 z^* 依次插入分点 z_0, $z_1, \cdots, z_n = z^*$, 使 $|z_k - z_{k+1}| < d\,(k=0,1,\cdots,n-1)$, 则每个圆盘 $|z-z_k| < d$ 一定含于 D 内, 且包含着点 $z_{k+1}(k=0,1,\cdots,n-1)$. 根据上述证明的结果, 在 $|z-z_0| < d$ 内, $f(z) \equiv Me^{i\alpha}$, 而 z_1 在此圆盘内, 故 $f(z_1) = Me^{i\alpha}$. 再从 $|f(z_1)| = M$ 出发, 用上述证明的结果知在 $|z-z_1| < d$ 内, $f(z) \equiv Me^{i\alpha}$, 而 z_2 在此圆盘内, 故 $f(z_2) = Me^{i\alpha}$. 经过 $n-1$ 步, 就可证明 $f(z^*) = Me^{i\alpha}$. 由于 z^* 的任意性, 知在 D 内 $f(z) \equiv Me^{i\alpha}$. 但这与原来给定 $f(z)$ 不为常数的条件相矛盾, 故 $|f(z)|$ 在 D 内没有最大值.

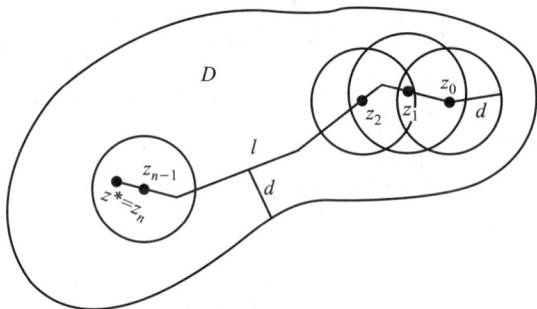

图 3.9

推论 1　在区域 D 内解析的函数, 若其模在 D 的内点达到最大值, 则此函数必恒为常数.

推论 2　若 $f(z)$ 在有界区域 D 内解析, 在 $\overline{D}$ 上连续, 则 $|f(z)|$ 必在 D 的边界上达到最大模.

证　若 $f(z)$ 在 D 内为常数, 推论显然正确. 若 $f(z)$ 在 D 内不恒为常数, 由连续函数性质及本定理立即得证.

最大模原理不仅是复变函数论一个很重要的原理, 而且在实际上也是很有用的原理, 它在流体力学上反映了平面稳定流动在无源无旋的区域(参看 §7.1 节)内流速的最大值不能在区域内达到, 而只能在边界上达到, 除非它是等速流动.

例 3.11 设函数 $f(z)$ 在全平面为解析,又对任意 $r>0$,令 $M(r)=\max\limits_{|z|=r}|f(z)|$. 求证: $M(r)$ 是 r 的单调增函数.

证 因为对于任意的 $r>0$,$f(z)$ 在 $|z|\leqslant r$ 上为解析,所以由最大模原理及其推论 2 知,$|f(z)|$ 在 $|z|\leqslant r$ 上的最大值必在 $|z|=r$ 上取得. 就是说,

$$M(r)=\max_{|z|=r}|f(z)|=\max_{|z|\leqslant r}|f(z)|,$$

因此,当 $r_1<r_2$ 时,有

$$M(r_1)=\max_{|z|\leqslant r_1}|f(z)|\leqslant\max_{|z|\leqslant r_2}|f(z)|=M(r_2).$$

即 $M(r)$ 是 r 的单调增函数.

§3.4 解析函数的高阶导数

在实函数中,一阶导数的存在并不能保证高阶导数的存在. 而复变函数只要在某区域内可导便有特别好的性质:**解析函数的导数仍然是解析的**,即解析函数的任意阶导数都存在. 下面先考察解析函数的导数公式的可能形式,然后再加以证明.

从柯西积分公式

$$f(z)=\frac{1}{2\pi i}\oint_c\frac{f(\zeta)}{\zeta-z}d\zeta$$

出发,假设求导运算和积分运算可以交换,则 $f(z)$ 的一阶导数 $f'(z)$ 的可能形式是

$$f'(z)=\frac{1}{2\pi i}\oint_c\frac{d}{dz}\left(\frac{f(\zeta)}{\zeta-z}\right)d\zeta=\frac{1}{2\pi i}\oint_c\frac{f(\zeta)}{(\zeta-z)^2}d\zeta.$$

对上式作同样的运算,则得 $f''(z)$ 的可能形式是

$$f''(z)=\frac{1}{2\pi i}\oint_c\frac{d}{dz}\left[\frac{f(\zeta)}{(\zeta-z)^2}\right]d\zeta=\frac{2!}{2\pi i}\oint_c\frac{f(\zeta)}{(\zeta-z)^3}d\zeta,$$

依次类推,n 阶导数 $f^{(n)}(z)$ 的可能形式是

$$f^{(n)}(z)=\frac{n!}{2\pi i}\oint_c\frac{f(\zeta)}{(\zeta-z)^{n+1}}d\zeta.$$

这是在求导与积分这两种运算允许交换的条件下推出的,要证明这两种运算的交换性却比较困难. 下面我们从另一个角度直接引用导数定义来

推证上述 n 阶导数公式.

定理 3.9 设函数 $f(z)$ 在简单闭曲线 C 所围成的区域 D 内解析,而在 $\bar{D} = D \cup C$ 上连续,则 $f(z)$ 的各阶导函数均在 D 内解析,对 D 内任一点 z,有

$$f^{(n)}(z) = \frac{n!}{2\pi i} \oint_C \frac{f(\zeta)}{(\zeta - z)^{n+1}} \mathrm{d}\zeta \quad (n = 1, 2, \cdots). \tag{3.11}$$

证 先考虑 $n = 1$ 的情形. 根据柯西积分公式有

$$\frac{f(z + \Delta z) - f(z)}{\Delta z} = \frac{1}{2\pi i \Delta z} \oint_C f(\zeta) \left[\frac{1}{\zeta - z - \Delta z} - \frac{1}{\zeta - z} \right] \mathrm{d}\zeta,$$

因此

$$\frac{f(z + \Delta z) - f(z)}{\Delta z} - \frac{1}{2\pi i} \oint_C \frac{f(\zeta)}{(\zeta - z)^2} \mathrm{d}\zeta = \frac{\Delta z}{2\pi i} \oint_C \frac{f(\zeta) \mathrm{d}\zeta}{(\zeta - z)^2 (\zeta - z - \Delta z)}.$$

对上式右端的积分值,作如下的估计. 因 $f(\zeta)$ 在 C 上连续,可设 M 是 $|f(\zeta)|$ 在 C 上的最大值,又设 δ 为点 z 到 C 上的最短距离,于是当 ζ 在 C 上时,有 $|\zeta - z| \geqslant \delta$,先取 $|\Delta z| < \dfrac{\delta}{2}$(图 3.10),则有

$$|\zeta - z - \Delta z| \geqslant |\zeta - z| - |\Delta z| > \frac{\delta}{2}.$$

由 (3.6) 式得

$$\left| \oint_C \frac{f(\zeta) \mathrm{d}\zeta}{(\zeta - z - \Delta z)(\zeta - z)^2} \right| \leqslant \frac{M}{\dfrac{\delta}{2} \delta^2} L = \frac{2ML}{\delta^3},$$

图 3.10

其中 L 表示 C 的长度,于是有

$$\left| \frac{f(z + \Delta z) - f(z)}{\Delta z} - \frac{1}{2\pi i} \oint_C \frac{f(\zeta) \mathrm{d}\zeta}{(\zeta - z)^2} \right| \leqslant \frac{2M L}{\delta^3} \frac{|\Delta z|}{2\pi}.$$

由此可知

$$f'(z) = \lim_{\Delta z \to 0} \frac{f(z + \Delta z) - f(z)}{\Delta z} = \frac{1}{2\pi i} \oint_C \frac{f(\zeta)}{(\zeta - z)^2} \mathrm{d}\zeta,$$

即 $n = 1$ 时 (3.11) 式成立.

现在假定当 $n = k (k > 1)$ 时 (3.11) 式成立,再来推证当 $n = k + 1$ 时 (3.11) 式也成立. 为此将 $f^{(k)}(z)$ 看作 $f(z)$,用类似于 $n = 1$ 情形的推证方法可证得

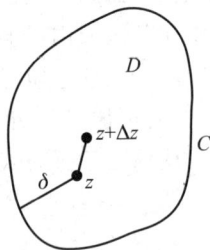

$n=k+1$ 时(3.11)式也成立. 故由数学归纳法知(3.11)式成立.

（3.11)式叫做解析函数的高阶导数公式. 可从两方面应用这个公式:一方面用求积分来代替求导数;另一方面则是用求导的方法来计算积分,即

$$\oint_C \frac{f(\zeta)}{(\zeta-z)^{n+1}}\mathrm{d}\zeta = \frac{2\pi\mathrm{i}}{n!}f^{(n)}(z),$$

从而为某些积分的计算开辟了新的途径.

例 3.12　求下列积分的值:

（1）$\displaystyle\oint_{|z-\mathrm{i}|=1}\frac{\cos z}{(z-\mathrm{i})^3}\mathrm{d}z$;　　　　（2）$\displaystyle\oint_{|z|=4}\frac{\mathrm{e}^z}{z^2(z-1)^2}\mathrm{d}z$.

解　（1）函数 $\cos z$ 在 $|z-\mathrm{i}|\leqslant 1$ 上解析,由(3.11)式得

$$\oint_{|z-\mathrm{i}|=1}\frac{\cos z}{(z-\mathrm{i})^3}\mathrm{d}z = \frac{2\pi\mathrm{i}}{2!}(\cos z)''\Big|_{z=\mathrm{i}}$$

$$=-\pi\mathrm{i}\cos\mathrm{i} = -\frac{\pi\mathrm{i}}{2}(\mathrm{e}^{-1}+\mathrm{e}).$$

（2）函数在 $|z|=4$ 内有两个奇点:$z=0,1$. 由复合闭路定理有

$$\oint_{|z|=4}\frac{\mathrm{e}^z}{z^2(z-1)^2}\mathrm{d}z$$

$$=\oint_{|z|=\frac{1}{2}}\frac{\dfrac{\mathrm{e}^z}{(z-1)^2}}{z^2}\mathrm{d}z + \oint_{|z-1|=\frac{1}{2}}\frac{\mathrm{e}^z/z^2}{(z-1)^2}\mathrm{d}z.$$

再根据公式(3.11)有

$$\oint_{|z|=4}\frac{\mathrm{e}^z}{z^2(z-1)^2}\mathrm{d}z = 2\pi\mathrm{i}\left[\frac{\mathrm{e}^z}{(z-1)^2}\right]'\Big|_{z=0} + 2\pi\mathrm{i}\left(\frac{\mathrm{e}^z}{z^2}\right)'\Big|_{z=1}$$

$$=6\pi\mathrm{i}-2\pi\mathrm{e}\mathrm{i} = 2\pi(3-\mathrm{e})\mathrm{i}.$$

高阶导数公式的应用

从高阶导数公式可以推导出一系列重要的结果.

定理 3.10　设函数 $f(z)$ 在 $|z-z_0|<R$ 内解析,又 $|f(z)|\leqslant M$（$|z-z_0|<R$),则以下不等式成立

$$|f^{(n)}(z_0)| \leqslant \frac{n!\,M}{R^n}\quad(n=1,2,\cdots).$$

这个不等式称为柯西不等式.

证　对于任意的 $R_1:0<R_1<R$，$f(z)$ 在 $|z-z_0|\le R_1$ 上为解析，故由高阶导数公式有

$$f^{(n)}(z_0)=\frac{n!}{2\pi i}\oint_{|z-z_0|=R_1}\frac{f(z)}{(z-z_0)^{n+1}}\mathrm{d}z\quad(n=1,2,\cdots),$$

估计右端的模得到

$$|f^{(n)}(z_0)|\le\frac{n!}{2\pi}\oint_{|z-z_0|=R_1}\frac{|f(z)|}{|z-z_0|^{n+1}}|\mathrm{d}z|\le\frac{n!\,M}{R_1^n}.$$

令 $R_1\to R$ 便得

$$|f^{(n)}(z_0)|\le\frac{n!\,M}{R^n}\quad(n=1,2,\cdots).$$

从柯西不等式可以推出另一重要的定理.

定理 3.11（刘维尔(Liouville)定理）　设函数 $f(z)$ 在全平面上为解析且有界，则 $f(z)$ 为一常数.

证　设 z_0 是平面上任意一点，对任意正数 R，$f(z)$ 在 $|z-z_0|<R$ 内为解析. 又 $f(z)$ 在全平面有界，设 $|f(z)|\le M$，由柯西不等式得到

$$|f'(z_0)|\le\frac{M}{R},$$

令 $R\to+\infty$，即得 $f'(z_0)=0$. 由 z_0 的任意性，知在全平面上有 $f'(z)\equiv0$. 故 $f(z)$ 为一常数.

本章小结

本章研究了解析函数的积分理论. 在引入复变函数积分概念与积分基本性质的基础上，对解析函数积分及运算性质等一系列特性进行了讨论. 给出了柯西积分定理，从而揭示了区域与沿其内任一闭曲线积分的联系，进而得到柯西积分公式，使得闭区域上一点的函数值与其边界上的积分相联系，从而揭示了解析函数的一些内在联系.

从柯西积分公式又得出一系列推论，如平均值公式、最大模原理等，每一推论都有独立的应用和理论价值. 其中最大模原理就是复变函数论一个很重要而且具有实用价值的原理，它在流体力学上反映了平面稳定流动在无源无旋的区域内流速的最大值不能在区域内达到，而只能在边界上达到，除非它是等速流动.

从本章的讨论可知高阶导数是柯西积分公式的发展，它是一个十分重要的结果. 它证明了解析函数的导数仍是解析函数，它显示了解析函数的导数可用函数本身的某种积分来表达，这样就有可能从函数的积分性质推出导数的积分性质.

在对本章理论体系作系统分析的同时,必须注意与积分理论密切结合的积分计算问题.除了将复积分化为二元函数的曲线积分或利用积分曲线的方程进行实际计算外,在绝大多数情况下,都是应用某些定理、公式来计算复积分的.只有弄清楚了在各种情况下,何时用单连通区域的柯西定理,何时用多连通区域的柯西定理,柯西积分公式适用于计算怎样的积分,高阶导数公式又适用于计算怎样的积分,怎样选择最方便的方法计算可用多种方法计算的积分等这些问题,我们才能真正掌握计算积分的技能.

第三章单元
自测题

思考题

3.1 复变函数积分和实平面曲线积分有什么不同? 又有什么联系? $\int_C dz$ 与 $\int_C ds$ 的含义和结果是否相同? $\int_C |dz|$ 与 $\int_C ds$ 的含义和结果是否相同(其中 ds 是曲线 C 的弧元素)?

3.2 柯西积分定理的条件和结论是什么? 复合闭路定理的条件和结论又是什么? 后者是如何证明的?

3.3 柯西积分定理与柯西积分公式有什么联系?

习题三

3.1 计算积分 $\int_0^{1+i} \left[(x-y) + ix^2 \right] dz$. 积分路径为:

(1) 自原点至 1+i 的直线段;

(2) 自原点沿实轴至 1,再由 1 铅直向上至 1+i;

(3) 自原点沿虚轴至 i,再由 i 沿水平方向向右至 1+i.

3.2 计算积分 $\oint_C \dfrac{\bar{z}}{|z|} dz$ 的值,其中 C 为:(1) $|z| = 2$; (2) $|z| = 4$.

3.3 求证: $\left| \int_C \dfrac{dz}{z^2} \right| \leqslant \dfrac{\pi}{4}$,其中 C 是从 $1-i$ 到 1 的直线段.

3.4 试用观察法确定下列积分的值,并说明理由,其中 C 为 $|z| = 1$.

(1) $\oint_C \dfrac{1}{z^2 + 4z + 4} dz$; (2) $\oint_C \dfrac{1}{\cos z} dz$; (3) $\oint_C \dfrac{1}{z - \frac{1}{2}} dz$.

3.5 求积分 $\int_C \dfrac{e^z}{z} dz$ 的值,其中 C 为由正向圆周 $|z| = 2$ 与负向圆周 $|z| = 1$ 所组成.

3.6 计算 $\oint_C \dfrac{1}{z^2 - z} dz$,其中 C 为圆周 $|z| = 2$.

3.7 计算 $\oint_{|z|=3} \dfrac{1}{(z-i)(z+2)} dz$.

3.8 计算下列积分值:

(1) $\int_0^{\pi i} \sin z \mathrm{d}z$;　　　(2) $\int_1^{1+i} z\mathrm{e}^z \mathrm{d}z$;　　　(3) $\int_0^i (3\mathrm{e}^z + 2z)\mathrm{d}z$.

3.9 计算 $\int_C \frac{1}{z^2}\mathrm{d}z$, 其中 C 为圆周 $|z+i| = 2$ 的右半周, 走向为从 $-3i$ 到 i.

3.10 计算下列积分:

(1) $\oint_{|z-2|=1} \frac{\mathrm{e}^z}{z-2}\mathrm{d}z$;　　　　　(2) $\oint_{|z|=2} \frac{2z^2 - z + 1}{z-1}\mathrm{d}z$;

(3) $\oint_{|z-i|=1} \frac{\mathrm{d}z}{z^2 - i}$;　　　　　(4) $\oint_{|z|=r} \frac{\mathrm{d}z}{(z-1)^n}$　($r \neq 1$).

3.11 计算 $I = \oint_C \frac{z\mathrm{d}z}{(2z+1)(z-2)}$, 其中 C 是: (1) $|z| = 1$; (2) $|z-2| = 1$; (3) $|z-1| = \frac{1}{2}$; (4) $|z| = 3$.

3.12 若 $f(z)$ 是区域 G 内的非常数解析函数, 且 $f(z)$ 在 G 内无零点, 则 $f(z)$ 不能在 G 内取到它的最小模. [提示: 考虑函数 $g(z) = \frac{1}{f(z)}$, 利用最大模原理.]

3.13 计算下列积分:

(1) $\oint_{|z|=1} \frac{\mathrm{e}^z}{z^{100}}\mathrm{d}z$;　　　　　　　　(2) $\oint_{|z|=2} \frac{\sin z}{\left(z - \frac{\pi}{2}\right)^2}\mathrm{d}z$;

(3) $\oint_{C = C_1 + C_2} \frac{\cos z}{z^3}\mathrm{d}z$, 其中 $C_1 : |z| = 2$, $C_2 : |z| = 3$.

3.14 设 $f(z)$ 在 $|z| \leqslant 1$ 上解析, 且在 $|z| = 1$ 上有 $|f(z) - z| < |z|$, 试证: $\left| f'\left(\frac{1}{2}\right) \right| \leqslant 8$.

3.15 设 $f(z)$ 与 $g(z)$ 在区域 D 内处处解析, C 为 D 内的任何一条简单闭曲线, 它的内部全含于 D. 如果 $f(z) = g(z)$ 在 C 上所有的点处成立, 试证: 在 C 内所有的点处 $f(z) = g(z)$ 也成立.

第四章　解析函数的级数表示

前两章我们用微分和积分的方法研究了解析函数的性质. 本章我们将用级数的方法研究解析函数的性质. 首先讨论复数项级数, 然后讨论复变函数项级数, 重点是讨论幂级数和由正、负整次幂项组成的洛朗级数, 并围绕如何将解析函数展开成幂级数或洛朗级数这一中心内容进行. 这两类级数在解决各种实际问题中有着广泛的应用, 它既是研究零点、奇点(特别是极点)的有力工具, 也是微分方程中幂级数解法的理论基础. 学习本章最好能结合复习微积分课程的级数部分、用对比的方式进行.

§4.1　复数项级数

§4.1.1　复数序列的极限

设 $\{z_n\}$ $(n=1,2,\cdots)$ 为一复数列, 其中 $z_n=x_n+\mathrm{i}y_n$, 又设 $z_0=x_0+\mathrm{i}y_0$ 为一确定的复数. 若任意给定 $\varepsilon>0$, 存在正整数 N, 使当 $n>N$ 时, 总有 $|z_n-z_0|<\varepsilon$ 成立, 则称复数序列 $\{z_n\}$ 收敛于复数 z_0, 或称 $\{z_n\}$ 以 z_0 为**极限**, 记作

$$\lim_{n\to\infty}z_n=z_0 \quad 或 \quad z_n\to z_0 \quad (n\to\infty).$$

若序列 $\{z_n\}$ 不收敛, 则称 $\{z_n\}$ 发散, 或者说它是发散序列.

定理 4.1　设 $z_0=x_0+\mathrm{i}y_0$, $z_n=x_n+\mathrm{i}y_n$ $(n=1,2,\cdots)$, 则 $\lim\limits_{n\to\infty}z_n=z_0$ 的充分必要条件是

$$\lim_{n\to\infty}x_n=x_0, \quad \lim_{n\to\infty}y_n=y_0.$$

证　由不等式

$$|x_n-x_0|\leqslant|z_n-z_0| \quad 及 \quad |y_n-y_0|\leqslant|z_n-z_0|$$

即得条件的必要性. 而由不等式

$$|z_n-z_0|\leqslant|x_n-x_0|+|y_n-y_0|$$

又可得条件的充分性.

关于两个实数序列相应项之和、差、积、商所成序列的极限的结果, 不难推广到复数序列.

§4.1.2 复数项级数

设 $\{z_n\}(n = 1, 2, \cdots)$ 为一复数序列,表达式

$$\sum_{n=1}^{\infty} z_n = z_1 + z_2 + \cdots + z_n + \cdots \tag{4.1}$$

称为复数项无穷级数. 若它的部分和序列

$$S_n = z_1 + z_2 + \cdots + z_n \quad (n = 1, 2, 3, \cdots)$$

有极限 $\lim\limits_{n\to\infty} S_n = S$(有限复数),则称级数是收敛的,$S$ 称为级数的和;若 $\{S_n\}$ 没有极限,就称级数是发散的.

例 4.1　当 $|z| < 1$ 时,判断级数

$$1 + z + z^2 + \cdots + z^n + \cdots$$

是否收敛?

解　先作部分和

$$S_n = 1 + z + \cdots + z^n = \frac{1 - z^{n+1}}{1 - z} = \frac{1}{1-z} - \frac{z^{n+1}}{1-z},$$

由于 $|z| < 1$,所以 $\lim\limits_{n\to\infty} |z|^{n+1} = 0$,因而

$$\lim_{n\to\infty} \left| \frac{z^{n+1}}{1-z} \right| = \lim_{n\to\infty} \frac{|z|^{n+1}}{|1-z|} = 0.$$

于是

$$\lim_{n\to\infty} \frac{z^{n+1}}{1-z} = 0,$$

故

$$\lim_{n\to\infty} S_n = \lim_{n\to\infty} \sum_{k=0}^{n} z^k = \lim_{n\to\infty} \left(\frac{1}{1-z} - \frac{z^{n+1}}{1-z} \right) = \frac{1}{1-z}$$

存在. 这就是说,当 $|z| < 1$ 时,级数 $1+z+\cdots+z^n+\cdots$ 收敛,且和为 $\dfrac{1}{1-z}$.

令 $x_k = \text{Re } z_k, y_k = \text{Im } z_k$, $x_0 = \text{Re } S, y_0 = \text{Im } S$,于是有

$$S_n = \sum_{k=1}^{n} z_k = \sum_{k=1}^{n} x_k + \mathrm{i} \sum_{k=1}^{n} y_k,$$

再由定理 4.1 立即得到下面的结论:

定理4.2 级数(4.1)收敛的充分必要条件是级数 $\sum\limits_{n=1}^{\infty} x_n$ 和 $\sum\limits_{n=1}^{\infty} y_n$ 都收敛.

有了此定理,就可将复数项级数的收敛与发散问题转化为实数项级数的收敛与发散问题. 因而有

定理4.3 级数(4.1)收敛的必要条件是

$$\lim_{n \to \infty} z_n = \lim_{n \to \infty} (x_n + iy_n) = 0.$$

证 由于 $\sum\limits_{n=1}^{\infty} z_n$ 收敛,由定理4.2知 $\sum\limits_{n=1}^{\infty} x_n$ 与 $\sum\limits_{n=1}^{\infty} y_n$ 均收敛. 再由实数项级数 $\sum\limits_{n=1}^{\infty} x_n$ 与 $\sum\limits_{n=1}^{\infty} y_n$ 收敛的必要条件知

$$\lim_{n \to \infty} x_n = 0, \qquad \lim_{n \to \infty} y_n = 0,$$

从而 $\lim\limits_{n \to \infty} z_n = 0$.

定理4.4 若 $\sum\limits_{n=1}^{\infty} |z_n|$ 收敛,则 $\sum\limits_{n=1}^{\infty} z_n$ 也收敛.

证 因为 $\sum\limits_{n=1}^{\infty} |z_n| = \sum\limits_{n=1}^{\infty} \sqrt{x_n^2 + y_n^2}$,又由于

$$|x_n| \leqslant \sqrt{x_n^2 + y_n^2}, \qquad |y_n| \leqslant \sqrt{x_n^2 + y_n^2},$$

根据正项级数的比较判别法知 $\sum\limits_{n=1}^{\infty} |x_n|$ 与 $\sum\limits_{n=1}^{\infty} |y_n|$ 都收敛,从而 $\sum\limits_{n=1}^{\infty} x_n$ 与 $\sum\limits_{n=1}^{\infty} y_n$ 也都收敛. 于是由定理4.2知 $\sum\limits_{n=1}^{\infty} z_n$ 是收敛的.

和实数项级数类似,如果由级数 $\sum\limits_{n=1}^{\infty} z_n$ 的各项取模作成的级数 $\sum\limits_{n=1}^{\infty} |z_n|$ 是收敛的,那么称级数 $\sum\limits_{n=1}^{\infty} z_n$ 是绝对收敛的.

定理4.4告诉我们:绝对收敛的级数本身一定是收敛的. 但反过来,若 $\sum\limits_{n=1}^{\infty} z_n$ 收敛,级数 $\sum\limits_{n=1}^{\infty} |z_n|$ 却不一定收敛. 我们把 $\sum\limits_{n=1}^{\infty} z_n$ 收敛而 $\sum\limits_{n=1}^{\infty} |z_n|$ 不收敛的级数 $\sum\limits_{n=1}^{\infty} z_n$ 称为是条件收敛的.

例4.2 判别下列级数的收敛性:

$$(1) \sum_{n=1}^{\infty} \left(\frac{1}{n} + \frac{i}{2^n} \right); \quad (2) \sum_{n=1}^{\infty} \frac{i^n}{n}; \quad (3) \sum_{n=1}^{\infty} \frac{i^n}{n^2}.$$

解　(1) 由 $\displaystyle\sum_{n=1}^{\infty}\frac{1}{n}$ 发散,所以根据定理 4.2 即知 $\displaystyle\sum_{n=1}^{\infty}\left(\frac{1}{n}+\frac{\mathrm{i}}{2^n}\right)$ 发散.

(2) 显然

$$\sum_{n=1}^{\infty}\frac{\mathrm{i}^n}{n}=-\left(\frac{1}{2}-\frac{1}{4}+\frac{1}{6}-\frac{1}{8}+\cdots\right)+\mathrm{i}\left(1-\frac{1}{3}+\frac{1}{5}-\frac{1}{7}+\cdots\right)$$

的实部与虚部(两级数)都收敛,故 $\displaystyle\sum_{n=1}^{\infty}\frac{\mathrm{i}^n}{n}$ 收敛. 但是

$$\sum_{n=1}^{\infty}\left|\frac{\mathrm{i}^n}{n}\right|=\sum_{n=1}^{\infty}\frac{1}{n}$$

发散,因而 $\displaystyle\sum_{n=1}^{\infty}\frac{\mathrm{i}^n}{n}$ 是条件收敛级数.

(3) 由于 $\displaystyle\sum_{n=1}^{\infty}\left|\frac{\mathrm{i}^n}{n^2}\right|=\sum_{n=1}^{\infty}\frac{1}{n^2}$ 是收敛的正项级数,所以根据定理 4.4 知级数 $\displaystyle\sum_{n=1}^{\infty}\frac{\mathrm{i}^n}{n^2}$ 收敛,且为绝对收敛.

§4.2　复变函数项级数

§4.2.1　复变函数项级数

设 $\{f_n(z)\}$ $(n=1,2,\cdots)$ 为区域 D 内的函数,则称

$$\sum_{n=1}^{\infty}f_n(z)=f_1(z)+f_2(z)+\cdots+f_n(z)+\cdots \tag{4.2}$$

为区域 D 内的复变函数项级数. 该级数前 n 项的和

$$S_n(z)=f_1(z)+f_2(z)+\cdots+f_n(z)$$

称为级数的部分和.

设 z_0 为区域 D 内的一点,若 $\lim\limits_{n\to\infty}S_n(z_0)=S(z_0)$ 存在,则称级数 (4.2) 在 z_0 处是收敛的. $S(z_0)$ 就是它的和,即 $\displaystyle\sum_{n=1}^{\infty}f_n(z_0)=S(z_0)$. 若级数在 D 内处处收敛,这时,级数 (4.2) 的和是 D 内的一个函数 $S(z)$,即

$$\sum_{n=1}^{\infty}f_n(z)=S(z).$$

例如,例 4.1 中的级数 $1+z+z^2+\cdots+z^n+\cdots$ 在区域 $|z|<1$ 内收敛,且在该区域内的和函数为 $\dfrac{1}{1-z}$,也就是说在区域 $|z|<1$ 内 $1+z+z^2+\cdots+z^n+\cdots$ 收敛于 $\dfrac{1}{1-z}$.

下面我们主要研究经常用到的复变函数项级数的简单情形——幂级数和含有正幂项、负幂项的级数,它们与解析函数有着密切的关系.

§4.2.2　幂级数

和实变量的幂级数一样,形如

$$\sum_{n=0}^{\infty} C_n(z-z_0)^n = C_0 + C_1(z-z_0) + C_2(z-z_0)^2 + \cdots + C_n(z-z_0)^n + \cdots$$

$$(4.3)$$

的复函数项级数称为幂级数,其中 $C_n(n=0,1,2,\cdots)$ 及 z_0 均为复常数.

下面我们讨论幂级数的收敛集合. 显然, z_0 是级数(4.3)的收敛点. 对于该幂级数在 z_0 外其他点是否收敛的问题,和实变量幂级数一样,有下述阿贝尔(Abel)定理.

定理 4.5　若幂级数(4.3)在点 $z_1(z_1 \neq z_0)$ 收敛,则级数(4.3)在圆域 $|z-z_0|<|z_1-z_0|$ 内绝对收敛.

证　设 z 为圆域 $|z-z_0|<|z_1-z_0|$ 内任一点(图 4.1(a)).

因为

$$\sum_{n=0}^{\infty} C_n(z_1-z_0)^n$$

收敛,由定理4.3

$$\lim_{n\to\infty} C_n(z_1-z_0)^n = 0.$$

因此,存在一个常数 $M>0$,对于任意非负整数 n 均有

$$|C_n(z_1-z_0)^n| \leqslant M.$$

于是

$$|C_n(z-z_0)^n| = |C_n(z_1-z_0)^n| \left|\frac{z-z_0}{z_1-z_0}\right|^n \leqslant M\left|\frac{z-z_0}{z_1-z_0}\right|^n,$$

而当 $|z-z_0|<|z_1-z_0|$ 时, $\left|\dfrac{z-z_0}{z_1-z_0}\right|<1$,因而级数

$$\sum_{n=0}^{\infty} \left(M \left| \frac{z - z_0}{z_1 - z_0} \right|^n \right)$$

收敛. 再根据正项级数比较判别法, 即知

$$\sum_{n=0}^{\infty} \left| C_n (z - z_0)^n \right|$$

收敛, 从而

$$\sum_{n=0}^{\infty} C_n (z - z_0)^n$$

绝对收敛. 由于 z 在圆域 $|z-z_0| < |z_1-z_0|$ 内的任意性, 故定理得证.

阿贝尔定理的几何意义是: 如果幂级数 (4.3) 在点 z_1 收敛, 那么该级数在以 z_0 为圆心, 以 $|z_1-z_0|$ 为半径的圆周内部的任意点 z 处也一定收敛 (图 4.1(a)), 至于上述级数在圆周 $|z-z_0| = |z_1-z_0|$ 上及其外部的敛散性, 除点 z_1 以外, 需另行判定.

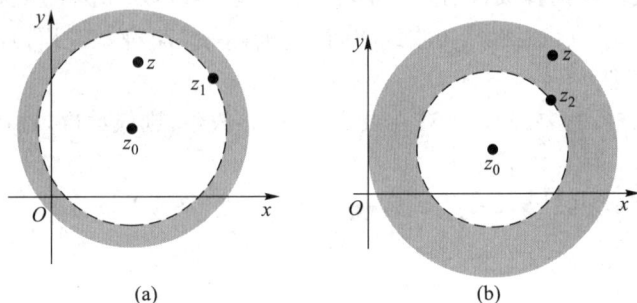

(a)　　　　　(b)

图 4.1

推论　若幂级数 (4.3) 在点 z_2 发散, 则满足 $|z-z_0| > |z_2-z_0|$ 的点 z, 都使级数 (4.3) 发散.

证　用反证法. 设 z 为满足 $|z-z_0| > |z_2-z_0|$ 的任一点, 若在 z 处级数 (4.3) 收敛, 则由阿贝尔定理知

$$\sum_{n=0}^{\infty} C_n (z_2 - z_0)^n$$

收敛, 这与题设矛盾. 因而满足 $|z-z_0| > |z_2-z_0|$ 的点 z 均使级数 (4.3) 发散. 证毕.

这个推论的几何意义是: 如果幂级数 (4.3) 在点 z_2 发散, 那么该级数在以 z_0 为圆心, $|z_2-z_0|$ 为半径的圆周外部的任意点 z 处, 必然也发散 (图 4.1(b)).

而该级数在圆周 $|z-z_0| = |z_2-z_0|$ 上及其内部的敛散性,则需另行讨论.

对于一个形如(4.3)的幂级数. 当 $z \neq z_0$ 时,可能有三种情况.

第一种　对任意的 $z \neq z_0$,级数 $\sum\limits_{n=0}^{\infty} C_n(z - z_0)^n$ 均发散.

例如,级数

$$1 + (z - z_0) + 2^2(z - z_0)^2 + \cdots + n^n(z - z_0)^n + \cdots$$

当 $z \neq z_0$ 时,通项不趋于零,故发散.

第二种　对任意的 z,级数 $\sum\limits_{n=0}^{\infty} C_n(z - z_0)^n$ 均收敛.

例如,级数

$$1 + (z - z_0) + \frac{(z - z_0)^2}{2^2} + \cdots + \frac{(z - z_0)^n}{n^n} + \cdots$$

对任意固定的 z,从某个 n 开始,以后总有 $\dfrac{|z-z_0|}{n} < \dfrac{1}{2}$,于是从此以后有 $\left| \dfrac{(z-z_0)^n}{n^n} \right| < \left(\dfrac{1}{2} \right)^n$,因而级数对任意的 z 均收敛.

第三种　存在一点 $z_1 \neq z_0$,使 $\sum\limits_{n=0}^{\infty} C_n(z_1 - z_0)^n$ 收敛$\Big($此时,根据定理 4.5 知 $\sum\limits_{n=0}^{\infty} C_n(z - z_0)^n$ 在圆周 $|z - z_0| = |z_1 - z_0|$ 内绝对收敛$\Big)$,另外又存在一点 z_2,使 $\sum\limits_{n=0}^{\infty} C_n(z_2 - z_0)^n$ 发散$\big(|z_2 - z_0| > |z_1 - z_0|$,由定理4.5 的推论知它在圆周 $|z - z_0| = |z_2 - z_0|$ 的外部发散$\big)$.

在这种情况下,可以证明,存在一个有限正数 R,使得 $\sum\limits_{n=0}^{\infty} C_n(z - z_0)^n$ 在 $|z - z_0| = R$ 内绝对收敛,在圆周 $|z - z_0| = R$ 的外部发散. R 称为此幂级数的收敛半径,圆周 $|z - z_0| = R$ 称为收敛圆. 对第一种情形,约定 $R = 0$;对第二种情形,约定 $R = \infty$,并且称它们为收敛半径.

现在讨论关于幂级数(4.3)的收敛半径 R 的具体求法. 同实幂级数类似,比值法和根值法是我们熟悉的两个有效的常用方法(证明从略).

(1) 比值法:若 $\lim\limits_{n \to \infty} \left| \dfrac{C_{n+1}}{C_n} \right| = \lambda$,则级数 $\sum\limits_{n=0}^{\infty} C_n(z - z_0)^n$ 的收敛半径 $R = \dfrac{1}{\lambda}$.

(2) 根值法:设 $\lim\limits_{n \to \infty} \sqrt[n]{|C_n|} = \lambda$,则级数 $\sum\limits_{n=0}^{\infty} C_n(z - z_0)^n$ 的收敛半径 $R = \dfrac{1}{\lambda}$.

当 $\lambda = 0$ 时,则 $R = \infty$;当 $\lambda = \infty$ 时,则 $R = 0$.

例 4.3　求级数 $\sum\limits_{n=0}^{\infty} z^n$, $\sum\limits_{n=1}^{\infty} \dfrac{z^n}{n}$, $\sum\limits_{n=1}^{\infty} \dfrac{z^n}{n^2}$ 的收敛半径,并讨论它们在收敛圆上的敛散性.

解　这三个级数都有 $\lim\limits_{n \to \infty} \left| \dfrac{C_{n+1}}{C_n} \right| = 1$,故 $R = 1$. 但它们在收敛圆 $|z| = 1$ 上的敛散性却不一样.

$\sum\limits_{n=0}^{\infty} z^n$ 在 $|z| = 1$ 上由于 $\lim\limits_{n \to \infty} z^n \neq 0$,故在 $|z| = 1$ 上处处发散,$\sum\limits_{n=1}^{\infty} \dfrac{z^n}{n}$ 在 $|z| = 1$ 上的 $z = -1$ 处收敛,$z = 1$ 处发散,$\sum\limits_{n=1}^{\infty} \dfrac{z^n}{n^2}$ 在 $|z| = 1$ 上处处绝对收敛,因而也是处处收敛.

由此例可知,收敛圆上的情况是复杂的,只能对具体级数进行具体分析.

例 4.4　求级数 $\sum\limits_{n=1}^{\infty} \dfrac{(z-1)^n}{n}$ 的收敛半径.

解　$\lim\limits_{n \to \infty} \left| \dfrac{C_{n+1}}{C_n} \right| = \lim\limits_{n \to \infty} \dfrac{n}{n+1} = 1$,故 $R = 1$.

收敛圆为 $|z - 1| = 1$. 当 $z = 0$ 时,原级数成为 $\sum\limits_{n=1}^{\infty} (-1)^n \dfrac{1}{n}$,为交错级数,是收敛的;当 $z = 2$ 时,原级数成为 $\sum\limits_{n=1}^{\infty} \dfrac{1}{n}$,是调和级数,是发散的.

与实变量幂级数一样,复变量幂级数也能进行加、减、乘等运算. 设
$$f(z) = \sum_{n=0}^{\infty} C_n z^n; \quad |z| < r_1; \quad g(z) = \sum_{n=0}^{\infty} b_n z^n, \quad |z| < r_2,$$
则在 $|z| < \min\{r_1, r_2\}$ 内,两个幂级数可以像多项式那样进行相加、相减、相乘,所得的幂级数的和函数分别是 $f(z)$ 与 $g(z)$ 的和、差、积.

特别要指出的是,代换(复合)运算在把函数展开成幂级数时,有着广泛应用. 通过下面的例题具体说明.

例 4.5　把函数 $\dfrac{1}{z}$ 表成形如 $\sum\limits_{n=0}^{\infty} C_n (z - 2)^n$ 的幂级数.

解　$\dfrac{1}{z} = \dfrac{1}{2 + (z-2)} = \dfrac{1}{2} \dfrac{1}{1 - \dfrac{z-2}{-2}}$.

幂级数的性质及其应用

由例 4.1 可推知,当 $\left|\dfrac{z-2}{-2}\right| < 1$ 时,有

$$\frac{1}{1 - \dfrac{z-2}{-2}} = 1 + \left(\frac{z-2}{-2}\right) + \left(\frac{z-2}{-2}\right)^2 + \cdots + \left(\frac{z-2}{-2}\right)^n + \cdots,$$

因而有

$$\frac{1}{z} = \frac{1}{2} - \frac{1}{2^2}(z-2) + \frac{1}{2^3}(z-2)^2 + \cdots + (-1)^n \frac{1}{2^{n+1}}(z-2)^n + \cdots.$$

在 $\left|\dfrac{z-2}{-2}\right| < 1$ 内,即 $|z-2| < 2$ 内,上式右端级数绝对收敛,其和为 $\dfrac{1}{z}$. 当 $|z-2| > 2$ 时,易知级数的一般项不趋于 0,故级数发散.

通过解此题我们可知,首先要把函数作代数变形,将其写成 $\dfrac{1}{1-g(z)}$,其中 $g(z) = \dfrac{z-2}{-2}$,然后把 $\dfrac{1}{1-z}$ 展开式中的 z 换成 $g(z)$.

复变量幂级数也同实变量幂级数一样,在它的收敛圆的内部有下列性质(证明从略):

(1)幂级数的和 $f(z) = \sum\limits_{n=0}^{\infty} C_n(z-z_0)^n$ 在收敛圆的内部是一个解析函数.

(2)在收敛圆的内部,幂级数的和 $f(z) = \sum\limits_{n=0}^{\infty} C_n(z-z_0)^n$ 可以逐项求导及逐项积分任意次.

§4.3　泰勒(Taylor)级数

上节讨论幂级数,知道收敛幂级数的和函数一定是解析函数. 现在我们要问:任何一个解析函数是否一定可以展开为幂级数?

定理 4.6(泰勒定理)　设函数 $f(z)$ 在区域 D 内解析,z_0 为 D 内的一点,R 为 z_0 到 D 的边界上各点的最短距离,则当 $|z-z_0| < R$ 时,$f(z)$ 可展为幂级数

$$f(z) = \sum_{n=0}^{\infty} C_n(z-z_0)^n, \tag{4.4}$$

其中 $C_n = \dfrac{1}{n!} f^{(n)}(z_0)$,$n = 0, 1, 2, \cdots$.

证 设 z 为 $|z-z_0|<R$ 内任意取定的点,总有一个圆周 C: $|\zeta-z_0|=r(0<r<R)$,使点 z 含在 C 的内部(图 4.2). 由柯西积分公式,有

$$f(z) = \frac{1}{2\pi i} \oint_C \frac{f(\zeta)}{\zeta - z} d\zeta. \qquad (4.5)$$

由于 ζ 在 C 上,而 z 在 C 内,所以 $\left|\dfrac{z-z_0}{\zeta-z_0}\right|<1$,根据例 4.1,就有展开式

$$\frac{1}{\zeta - z} = \frac{1}{(\zeta - z_0) - (z - z_0)} = \frac{1}{\zeta - z_0} \frac{1}{1 - \dfrac{z - z_0}{\zeta - z_0}}$$

图 4.2

$$= \frac{1}{\zeta - z_0}\left[1 + \frac{z - z_0}{\zeta - z_0} + \left(\frac{z - z_0}{\zeta - z_0}\right)^2 + \cdots + \left(\frac{z - z_0}{\zeta - z_0}\right)^n + \cdots \right]$$

$$= \sum_{n=0}^{\infty} \frac{1}{(\zeta - z_0)^{n+1}} (z - z_0)^n,$$

将上式代入(4.5)式,有

$$f(z) = \frac{1}{2\pi i} \oint_C \left[\sum_{n=0}^{N-1} \frac{f(\zeta) d\zeta}{(\zeta - z_0)^{n+1}} \right] (z - z_0)^n + R_N(z), \qquad (4.6)$$

其中

$$R_N(z) = \frac{1}{2\pi i} \oint_C \left[\sum_{n=N}^{\infty} \frac{f(\zeta)}{(\zeta - z_0)^{n+1}} (z - z_0)^n \right] d\zeta.$$

下证 $\lim_{N \to \infty} R_N(z) = 0$.

由于 $f(z)$ 在 D 内解析,从而在 C 上连续,因此,存在一个正常数 M,在 C 上 $|f(\zeta)| \leq M$,又由于

$$\left|\frac{z - z_0}{\zeta - z_0}\right| = \frac{|z - z_0|}{r} = q < 1,$$

于是有

$$|R_N(z)| \leq \frac{1}{2\pi} \oint_C \left| \sum_{n=N}^{\infty} \frac{f(\zeta)}{(\zeta - z_0)^{n+1}} (z - z_0)^n \right| |dz|$$

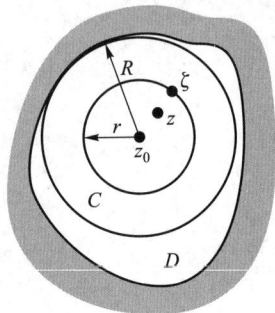

$$\leqslant \frac{1}{2\pi} \oint_C \left[\sum_{n=N}^{\infty} \frac{|f(\zeta)|}{|\zeta - z_0|} \left| \frac{z - z_0}{\zeta - z_0} \right|^n \right] \mathrm{d}s$$

$$\leqslant \frac{1}{2\pi} \sum_{n=N}^{\infty} \frac{M}{r} q^n \cdot 2\pi r = \frac{Mq^N}{1-q}.$$

因为 $\lim\limits_{N \to \infty} q^N = 0$，所以 $\lim\limits_{N \to \infty} R_N(z) = 0$ 在 C 内成立. 又可根据幂级数在收敛圆内可逐项积分的性质和高阶导数公式,(4.6)式可写为

$$f(z) = f(z_0) + f'(z_0)(z - z_0) + \frac{f''(z_0)}{2!}(z - z_0)^2 + \cdots + \frac{f^{(n)}(z_0)}{n!}(z - z_0)^n + \cdots,$$

即定理得证.

说明 （1）从上面的证明知,C 的半径可任意接近于 R,所以 $f(z)$ 在 z_0 处的幂级数的收敛半径至少等于从 z_0 到 D 的边界上各点的最短距离. (4.4) 式称为 $f(z)$ 在 z_0 的泰勒展开式,其右端的级数称为 $f(z)$ 在 z_0 的泰勒级数.

（2）应当指出,若 $f(z)$ 在 D 内有奇点,则使 $f(z)$ 在 z_0 的泰勒展开式成立的 R 等于从 z_0 到 $f(z)$ 的距 z_0 最近一个奇点 α 之间的距离,即 $R = |\alpha - z_0|$.

（3）$f(z)$ 在 z_0 处的泰勒展开式是唯一的. 否则可假设 $f(z)$ 在 z_0 处有另一展开式

$$f(z) = b_0 + b_1(z - z_0) + b_2(z - z_0)^2 + \cdots + b_n(z - z_0)^n + \cdots,$$

当 $z = z_0$ 时有 $b_0 = f(z_0)$,然后按幂级数在收敛圆内可逐项求导的性质,将上式两边求导后,令 $z = z_0$,得 $b_1 = f'(z_0)$,同理可得 $b_n = \dfrac{f^{(n)}(z_0)}{n!}$ $(n = 2, 3, \cdots)$.

将定理 4.6 同幂级数的性质相结合,就得到一个重要的结论:**函数在一点解析的充分必要条件是它在这点的邻域内可以展开为幂级数**. 这个性质从级数的角度深刻地反映了解析函数的本质.

因泰勒展开式是唯一的,所以,我们可以用任何可能的方法将解析函数 $f(z)$ 在某个解析点 z_0 的邻域内展开为泰勒级数. 下面我们举例说明.

例 4.6 将 $f(z) = \mathrm{e}^z$ 在 $z = 0$ 处展开为泰勒级数.

解 由于 e^z 的各阶导数等于 e^z,且 $\mathrm{e}^z\big|_{z=0} = 1$,则 $C_n = \dfrac{f^{(n)}(z_0)}{n!} = \dfrac{f^{(n)}(0)}{n!} = \dfrac{1}{n!}$,故所求的展开式为

泰勒定理的解释

$$e^z = 1 + \frac{z}{1!} + \frac{z^2}{2!} + \cdots + \frac{z^n}{n!} + \cdots.$$

这个级数的收敛圆可以用两种方法来确定. 第一, 从级数的系数, 按求收敛半径公式可算得

$$\frac{1}{R} = \lim_{n \to \infty} \sqrt[n]{\frac{1}{n!}} = 0,$$

所以 $R = \infty$. 第二, 从函数的解析性区域来看, e^z 在全平面解析, 故在 $|z| < +\infty$ 可展开为泰勒级数. 由此, 级数的收敛圆就是 $|z| < +\infty$.

用类似的方法可得到下述展开式.

$$\sin z = \sum_{n=0}^{\infty} (-1)^n \frac{z^{2n+1}}{(2n+1)!}$$

$$= z - \frac{z^3}{3!} + \frac{z^5}{5!} + \cdots + (-1)^n \frac{z^{2n+1}}{(2n+1)!} + \cdots, \quad |z| < +\infty.$$

$$\cos z = \sum_{n=0}^{\infty} (-1)^n \frac{z^{2n}}{(2n)!}$$

$$= 1 - \frac{z^2}{2!} + \frac{z^4}{4!} + \cdots + (-1)^n \frac{z^{2n}}{(2n)!} + \cdots, \quad |z| < +\infty.$$

例 4.7　将 $f(z) = \frac{1}{1-z}$ 在 $z = 0$ 的邻域内展开.

解　由于 $f(z)$ 在全平面除 $z = 1$ 点外为解析, 因此 $f(z)$ 可以在 $|z| < 1$ 内展开为幂级数, 而且 $|z| < 1$ 就是幂级数的收敛圆. 该幂级数的形式应是 $\sum_{n=0}^{\infty} C_n z^n$. 根据例 4.1 我们已知道,

$$1 + z + z^2 + \cdots + z^n + \cdots = \frac{1}{1-z}, \quad |z| < 1. \tag{4.7}$$

这个展开式就是我们所要求的泰勒展开式.

(4.7) 是一个很有用的公式. 如我们已经看到的, 它是泰勒定理 (定理 4.6) 证明中关键的一步, 今后它还要扮演重要的角色. 我们在这里先举两个例子.

例 4.8　求函数 $f(z) = \frac{1}{1+z^2}$ 在 $z = 0$ 的邻域内的泰勒展开式.

解　由于 $f(z)$ 在全平面除去 $z = i$ 及 $z = -i$ 以外为解析, 故 $f(z)$ 在 $|z| < 1$

内可以展为幂级数 $\sum\limits_{n=0}^{\infty} C_n z^n$. 当 $|z|<1$ 时，$|z^2|<1$，套用公式(4.7)可得

$$\frac{1}{1+z^2} = \frac{1}{1-(-z^2)} = 1 + (-z^2) + (-z^2)^2 + \cdots + (-z^2)^n + \cdots$$

$$= 1 - z^2 + z^4 - z^6 + \cdots + (-1)^n z^{2n} + \cdots, \quad |z| < 1.$$

例 4.9　求函数 $f(z) = \dfrac{1}{z-2}$ 在 $z=-1$ 的邻域内的泰勒展开式.

解　我们要求的是一个幂级数 $\sum\limits_{n=0}^{\infty} C_n(z+1)^n$. 因 $f(z)$ 只有一个奇点 $z=2$，其收敛半径 $R=|2-(-1)|=3$，所以它在 $|z+1|<3$ 内可展开为 $z+1$ 的幂级数. 由(4.7)式知

$$\frac{1}{z-2} = \frac{1}{z+1-3} = \frac{1}{-3} \frac{1}{1 - \dfrac{z+1}{3}}$$

$$= -\frac{1}{3}\left[1 + \frac{z+1}{3} + \left(\frac{z+1}{3}\right)^2 + \cdots + \left(\frac{z+1}{3}\right)^n + \cdots \right]$$

$$= \sum_{n=0}^{\infty} \frac{-1}{3^{n+1}}(z+1)^n, \quad |z+1| < 3.$$

例 4.10　将函数 $f(z) = \dfrac{1}{(1-z)^2}$ 展开为 $z-i$ 的幂级数.

解　$f(z)$ 只有一个奇点 $z=1$，其收敛半径 $R=|1-i|=\sqrt{2}$，所以它在 $|z-i|<\sqrt{2}$ 内可展开为 $z-i$ 的幂级数. 由(4.7)式及幂级数的性质知

$$\frac{1}{(1-z)^2}$$

$$= \left(\frac{1}{1-z}\right)' = \left(\frac{1}{1-i-(z-i)}\right)' = \left(\frac{1}{1-i}\frac{1}{1-\dfrac{z-i}{1-i}}\right)'$$

$$= \left\{ \frac{1}{1-i}\left[1 + \frac{z-i}{1-i} + \left(\frac{z-i}{1-i}\right)^2 + \cdots + \left(\frac{z-i}{1-i}\right)^n + \cdots \right] \right\}'$$

$$= \frac{1}{1-i}\left[\frac{1}{1-i} + \frac{2}{1-i}\left(\frac{z-i}{1-i}\right) + \cdots + \frac{n}{1-i}\left(\frac{z-i}{1-i}\right)^{n-1} + \cdots \right]$$

$$= \frac{1}{(1-\mathrm{i})^2} \left[1 + 2\left(\frac{z-\mathrm{i}}{1-\mathrm{i}}\right) + \cdots + n\left(\frac{z-\mathrm{i}}{1-\mathrm{i}}\right)^{n-1} + \cdots \right], \quad |z-\mathrm{i}| < \sqrt{2}.$$

例 4.11　求对数函数 $\ln(1+z)$ 在 $z=0$ 处的泰勒展开式.

解　由于 $\ln(1+z)$ 在从 -1 向左沿负实轴剪开的平面内是解析的,而 -1 是它的一个奇点,其收敛半径 $R = |-1-0| = 1$,所以它在 $|z| < 1$ 内可展开为 z 的幂级数. 由(4.7)式知

$$\frac{1}{1+z} = 1 - z + z^2 - z^3 + \cdots + (-1)^n z^n + \cdots, \quad |z| < 1.$$

在收敛圆 $|z| = 1$ 内,任取一条从 0 到 z 的积分路径 C,将上式两端沿 C 逐项积分得

$$\int_0^z \frac{1}{1+z}\mathrm{d}z = \int_0^z \mathrm{d}z - \int_0^z z\mathrm{d}z + \cdots + \int_0^z (-1)^n z^n \mathrm{d}z + \cdots,$$

故有

$$\ln(1+z) = z - \frac{z^2}{2} + \frac{z^3}{3} - \frac{z^4}{4} + \cdots + (-1)^n \frac{z^{n+1}}{n+1} + \cdots, \quad |z| < 1.$$

例 4.12　将函数 $\mathrm{e}^{\frac{1}{1-z}}$ 展开为 z 的幂级数.

解　因函数 $\mathrm{e}^{\frac{1}{1-z}}$ 有一个奇点 $z=1$,所以 $R = |1-0| = 1$,故可在 $|z| < 1$ 内展开为 z 的幂级数,令 $f(z) = \mathrm{e}^{\frac{1}{1-z}}$,求导得

$$f'(z) = \mathrm{e}^{\frac{1}{1-z}} \frac{1}{(1-z)^2},$$

即 $(1-z)^2 f'(z) - f(z) = 0$. 将此微分方程逐次求导,得

$$(1-z)^2 f''(z) + (2z-3) f'(z) = 0,$$

$$(1-z)^2 f'''(z) + (4z-5) f''(z) + 2 f'(z) = 0,$$

$$\cdots\cdots\cdots\cdots$$

由于 $f(0) = \mathrm{e}$,由上述微分方程可求得 $f'(0) = \mathrm{e}, f''(0) = 3\mathrm{e}, f'''(0) = 13\mathrm{e}, \cdots$,从而有

$$\mathrm{e}^{\frac{1}{1-z}} = \mathrm{e}\left(1 + z + \frac{3}{2!}z^2 + \frac{13}{3!}z^3 + \cdots \right), \quad |z| < 1.$$

§4.4　洛朗(Laurent)级数

洛朗级数是包括正负次幂的级数,它可以表示圆环上的解析函数,它的性质大都是由幂级数的性质所产生.

定理 4.7(洛朗定理)　设函数 $f(z)$ 在圆环域 $R_1 < |z-z_0| < R_2$ 内处处解析,则 $f(z)$ 一定能在此圆环域中展开为

$$f(z) = \sum_{n=-\infty}^{\infty} C_n (z - z_0)^n, \tag{4.8}$$

洛朗定理的
解释

其中

$$C_n = \frac{1}{2\pi\mathrm{i}} \oint_C \frac{f(\zeta)}{(\zeta - z_0)^{n+1}} \mathrm{d}\zeta \quad (n = 0,\ \pm 1,\ \pm 2, \cdots),$$

而 C 为此圆环域内绕 z_0 的任一简单闭曲线.

证　设 z 为圆环域 $R_1 < |z-z_0| < R_2$ 内任意取定的点,总可以找到含于此圆环域内的两个圆周 $\Gamma_1: |\zeta-z_0| = r$ 和 $\Gamma_2: |\zeta-z_0| = R$,其中 $R_1 < r < R < R_2$,使得 z 含在圆环域 $r < |z-z_0| < R$ 内(图4.3),因为 $f(z)$ 在闭圆环 $r \le |z-z_0| \le R$ 内解析. 由柯西积分公式有

图 4.3

$$f(z) = \frac{1}{2\pi\mathrm{i}} \oint_{\Gamma_2} \frac{f(\zeta)}{\zeta - z} \mathrm{d}\zeta - \frac{1}{2\pi\mathrm{i}} \oint_{\Gamma_1} \frac{f(\zeta)}{\zeta - z} \mathrm{d}\zeta.$$

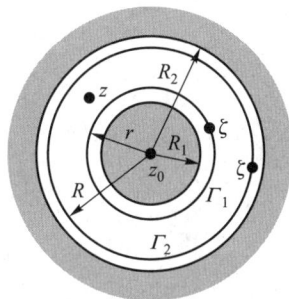

上式右端第一个积分,由于 ζ 在 Γ_2 上,点 z 在 Γ_2 的内部,所以有 $\left|\dfrac{z-z_0}{\zeta-z_0}\right| < 1$,又因为 $f(\zeta)$ 在 Γ_2 上连续,因此存在一个正常数 M,使得 $|f(\zeta)| < M$. 与泰勒定理的证明一样,当 $|\zeta-z_0| < R$ 时,有

$$\frac{1}{2\pi\mathrm{i}} \oint_{\Gamma_2} \frac{f(\zeta)}{\zeta - z} \mathrm{d}\zeta = \sum_{n=0}^{\infty} C_n (z - z_0)^n, \tag{4.9}$$

其中

$$C_n = \frac{1}{2\pi\mathrm{i}} \oint_{\Gamma_2} \frac{f(\zeta)}{(\zeta - z_0)^{n+1}} \mathrm{d}\zeta \quad (n = 0, 1, 2, \cdots).$$

注　我们不能将 C_n 写成 $\dfrac{f^{(n)}(z_0)}{n!}$,因为 $f(z)$ 在 Γ_2 的内部不一定处处

解析.

再考虑第二个积分 $-\dfrac{1}{2\pi i}\displaystyle\oint_{\Gamma_1}\dfrac{f(\zeta)}{\zeta-z}\mathrm{d}\zeta.$ 由于 ζ 在 Γ_1 上,点 z 在 Γ_1 的外部,所以 $\left|\dfrac{\zeta-z_0}{z-z_0}\right|<1.$ 于是

$$\frac{1}{\zeta-z}=-\frac{1}{z-z_0}\cdot\frac{1}{1-\dfrac{\zeta-z_0}{z-z_0}}$$

$$=-\sum_{n=1}^{\infty}\frac{(\zeta-z_0)^{n-1}}{(z-z_0)^n}=-\sum_{n=1}^{\infty}\frac{1}{(\zeta-z_0)^{-n+1}}(z-z_0)^{-n}.$$

所以

$$-\frac{1}{2\pi i}\oint_{\Gamma_1}\frac{f(\zeta)}{\zeta-z}\mathrm{d}\zeta=\frac{1}{2\pi i}\left[\sum_{n=1}^{N-1}\oint_{\Gamma_1}\frac{f(\zeta)\,\mathrm{d}\zeta}{(\zeta-z_0)^{-n+1}}\right](z-z_0)^{-n}+R_N(z),$$

其中

$$R_N(z)=\frac{1}{2\pi i}\oint_{\Gamma_1}\left[\sum_{n=N}^{\infty}f(\zeta)\frac{(\zeta-z_0)^{n-1}}{(z-z_0)^n}\right]\mathrm{d}\zeta.$$

下证 $\displaystyle\lim_{N\to\infty}R_N(z)=0$ 在 Γ_1 外部成立. 令

$$\left|\frac{\zeta-z_0}{z-z_0}\right|=\frac{r}{|z-z_0|}=q,$$

显然 $0\leqslant q<1$,由于 z 在 Γ_1 的外部, $f(\zeta)$ 在 Γ_1 上连续,因此存在一个正常数 M,使得 $|f(\zeta)|\leqslant M.$ 所以

$$|R_N(z)|\leqslant\frac{1}{2\pi}\oint_{\Gamma_1}\left[\sum_{n=N}^{\infty}\frac{|f(\zeta)|}{|\zeta-z_0|}\left|\frac{\zeta-z_0}{z-z_0}\right|^n\right]\mathrm{d}\zeta$$

$$\leqslant\frac{1}{2\pi}\sum_{n=N}^{\infty}\frac{M}{r}q^n\cdot2\pi r=\frac{Mq^N}{1-q}.$$

因 $\displaystyle\lim_{N\to\infty}q^N=0$, 故 $\displaystyle\lim_{N\to\infty}R_N(z)=0.$ 从而有

$$-\frac{1}{2\pi i}\oint_{\Gamma_1}\frac{f(\zeta)}{\zeta-z}\mathrm{d}\zeta=\sum_{n=1}^{\infty}C_{-n}(z-z_0)^{-n},\tag{4.10}$$

其中

$$C_{-n} = \frac{1}{2\pi i} \oint_{\Gamma_1} \frac{f(\zeta)}{(\zeta - z_0)^{-n+1}} d\zeta \quad (n = 1, 2, \cdots).$$

综上所述, 我们有

$$f(z) = \sum_{n=0}^{\infty} C_n (z - z_0)^n + \sum_{n=1}^{\infty} C_{-n} (z - z_0)^{-n} = \sum_{n=-\infty}^{\infty} C_n (z - z_0)^n.$$

如果在圆环内取绕 z_0 的任一条简单闭曲线 C, 根据柯西定理的推广, 那么 (4.9) 与 (4.10) 式的系数表达式可以用同一个式子表达, 即

$$C_n = \frac{1}{2\pi i} \oint_C \frac{f(\zeta)}{(\zeta - z_0)^{n+1}} d\zeta \quad (n = 0, \pm 1, \pm 2, \cdots),$$

于是 (4.8) 式成立.

(4.8) 式称为函数 $f(z)$ 在以 z_0 为中心的圆环域: $R_1 < |z-z_0| < R_2$ 内的**洛朗展开式**, 其右端的级数称为 $f(z)$ 在此圆环域内的**洛朗级数**. 级数中正整次幂部分和负整次幂部分分别称为洛朗级数的解析部分和主要部分. 在许多应用中, 往往需要把在某点 z_0 不解析但在 z_0 的去心邻域内解析的函数 $f(z)$ 展开成级数, 那么就利用洛朗级数来展开.

另外, $f(z)$ 在圆环域 $R_1 < |z-z_0| < R_2$ 内的洛朗展开式 (4.8) 是唯一的. 事实上, 如果 $f(z)$ 在此圆环域内另有一个展开式:

$$f(z) = \sum_{n=-\infty}^{\infty} b_n (z - z_0)^n,$$

以 $(z-z_0)^{-m-1}$ 去乘上式两端, 并沿圆周 C 积分, 并参照积分

$$\oint_C (\zeta - z_0)^{n-m-1} d\zeta = \begin{cases} 2\pi i, & n = m, \\ 0, & n \neq m, \end{cases}$$

即得

$$\oint_C \frac{f(\zeta) d\zeta}{(\zeta - z_0)^{m+1}} = \sum_{n=-\infty}^{\infty} b_n \oint_C (\zeta - z_0)^{n-m-1} d\zeta = 2\pi i b_m.$$

可见

$$b_m = \frac{1}{2\pi i} \oint_C \frac{f(\zeta)}{(\zeta - z_0)^{m+1}} d\zeta \quad (m = 0, \pm 1, \pm 2, \cdots),$$

即展开式是唯一的.

有了这个结论的保证, 当需要将一个函数 $f(z)$ 在一个圆环 $R_1 < |z-z_0| < R_2$ 内展开为洛朗级数时, 我们可以采取一切可能的方法, 只要找到

一个形如 $\sum\limits_{n=-\infty}^{\infty} C_n(z-z_0)^n$ 的级数,它在 $R_1<|z-z_0|<R_2$ 内收敛于 $f(z)$,则此级数一定就是所要求的洛朗级数.

那么,具体地说,究竟怎样把函数展开为洛朗级数呢? 通常很少利用计算系数的办法来展开,而是设法把函数拆成两部分,一部分在圆盘 $|z-z_0|<R_2$ 内为解析,从而可展开为幂级数;另一部分在圆周的外部 $|z-z_0|>R_1$ 为解析,从而可展开为负次幂级数. 这样,就可以把泰勒展开的方法应用上去(对于负次幂部分,因为这是含 $\dfrac{1}{z-z_0}$ 的幂次项的幂级数,从而可以把泰勒展开的方法用上去).

例 4.13　将函数

$$f(z) = \frac{1}{(z-1)(z-2)}$$

分别在圆环域:(1) $0<|z|<1$; (2) $1<|z|<2$; (3) $2<|z|<+\infty$; (4) $0<|z-1|<1$;(5) $1<|z-1|<+\infty$;(6) $0<|z-2|<1$;(7) $1<|z-2|<+\infty$ 内展开为洛朗级数.

解　首先将 $f(z)$ 分解成部分分式

$$f(z) = \frac{1}{z-2} - \frac{1}{z-1}.$$

(1) 在 $0<|z|<1$ 内,由于 $|z|<1$,从而 $\left|\dfrac{z}{2}\right|<1$,利用(4.7)式得

$$f(z) = \frac{1}{1-z} - \frac{1}{2\left(1-\dfrac{z}{2}\right)}$$

$$= \sum_{n=0}^{\infty} z^n - \frac{1}{2}\sum_{n=0}^{\infty}\frac{z^n}{2^n} = \sum_{n=0}^{\infty}\left(1-\frac{1}{2^{n+1}}\right)z^n,$$

此即 $f(z)$ 在 $|z|<1$ 内的泰勒展式.

(2) 在 $1<|z|<2$ 内,即有 $\left|\dfrac{1}{z}\right|<1$,$\left|\dfrac{z}{2}\right|<1$,

$$f(z) = -\frac{1}{z}\frac{1}{1-\dfrac{1}{z}} - \frac{1}{2}\frac{1}{1-\dfrac{z}{2}}$$

$$= -\frac{1}{z}\sum_{n=1}^{\infty}\frac{1}{z^{n-1}} - \frac{1}{2}\sum_{n=0}^{\infty}\frac{z^n}{2^n} = -\sum_{n=0}^{\infty}\frac{z^n}{2^{n+1}} - \sum_{n=1}^{\infty}\frac{1}{z^n}.$$

（3）在 $2<|z|<+\infty$ 内，这时 $\left|\frac{1}{z}\right|<1,\left|\frac{2}{z}\right|<1$，

$$f(z) = \frac{1}{z}\frac{1}{1-\dfrac{2}{z}} - \frac{1}{z}\frac{1}{1-\dfrac{1}{z}}$$

$$= \frac{1}{z}\sum_{n=0}^{\infty}\frac{2^n}{z^n} - \frac{1}{z}\sum_{n=0}^{\infty}\frac{1}{z^n} = \sum_{n=1}^{\infty}\frac{2^{n-1}-1}{z^n}.$$

（4）在 $0<|z-1|<1$ 内，

$$f(z) = -\frac{1}{z-1} + \frac{1}{z-1-1} = -\frac{1}{z-1} - \frac{1}{1-(z-1)}$$

$$= -\frac{1}{z-1} - \sum_{n=0}^{\infty}(z-1)^n = -\sum_{n=0}^{\infty}(z-1)^{n-1}.$$

（5）在 $1<|z-1|<+\infty$ 内，有 $\left|\dfrac{1}{z-1}\right|<1$，

$$f(z) = -\frac{1}{z-1} + \frac{1}{z-1}\frac{1}{1-\dfrac{1}{z-1}} = -\frac{1}{z-1} + \frac{1}{z-1}\sum_{n=0}^{\infty}\left(\frac{1}{z-1}\right)^n$$

$$= -\frac{1}{z-1} + \sum_{n=0}^{\infty}\left(\frac{1}{z-1}\right)^{n+1} = \sum_{n=0}^{\infty}\left(\frac{1}{z-1}\right)^{n+2}.$$

（6）在 $0<|z-2|<1$ 内，

$$f(z) = \frac{1}{z-2} - \frac{1}{1+(z-2)}$$

$$= \frac{1}{z-2} + \sum_{n=0}^{\infty}(-1)^{n+1}(z-2)^n = \sum_{n=0}^{\infty}(-1)^n(z-2)^{n-1}.$$

（7）在 $1<|z-2|<+\infty$ 内，有 $\left|\dfrac{1}{z-2}\right|<1$，

$$f(z) = \frac{1}{z-2} - \frac{1}{z-2}\frac{1}{1+\dfrac{1}{z-2}} = \frac{1}{z-2} - \frac{1}{z-2}\sum_{n=0}^{\infty}(-1)^n\left(\frac{1}{z-2}\right)^n$$

$$= \frac{1}{z-2} + \sum_{n=0}^{\infty} (-1)^{n+1} \left(\frac{1}{z-2} \right)^{n+1} = \sum_{n=0}^{\infty} (-1)^{n} \left(\frac{1}{z-2} \right)^{n+2}.$$

例 4.14　将函数 $f(z) = \dfrac{\sinh z}{z^2}$ 在 $0 < |z| < +\infty$ 内展开为洛朗级数.

解

$$\frac{\sinh z}{z^2} = \frac{1}{2z^2} (e^z - e^{-z})$$

$$= \frac{1}{2z^2} \left[\left(1 + z + \frac{z^2}{2!} + \frac{z^3}{3!} + \cdots \right) - \left(1 - z + \frac{z^2}{2!} - \frac{z^3}{3!} + \cdots \right) \right]$$

$$= \frac{1}{z} + \frac{1}{3!} z + \frac{1}{5!} z^3 + \cdots = \frac{1}{z} + \sum_{n=1}^{\infty} \frac{z^{2n-1}}{(2n+1)!}.$$

例 4.15　试求 $f(z) = \dfrac{1}{1+z^2}$ 以 $z = i$ 为中心的洛朗级数.

解　$f(z)$ 在复平面内有两个奇点 $z = \pm i$,因此复平面被分成两个不相交的 $f(z)$ 的解析区域:(1) $0 < |z-i| < 2$;(2) $2 < |z-i| < +\infty$.

$$\frac{1}{1+z^2} = \frac{1}{(z+i)(z-i)} = \frac{1}{z-i} \frac{1}{z+i}.$$

在 $0 < |z-i| < 2$ 内,

$$\frac{1}{1+z^2} = \frac{1}{z-i} \frac{1}{z+i} = \frac{1}{z-i} \frac{1}{2i} \frac{1}{1 - \left(-\dfrac{z-i}{2i} \right)}$$

$$= \frac{1}{z-i} \frac{1}{2i} \sum_{n=0}^{\infty} \left(-\frac{z-i}{2i} \right)^n = \sum_{n=0}^{\infty} \frac{i^{n-1}}{2^{n+1}} (z-i)^{n-1}$$

$$= -\frac{i}{2(z-i)} + \frac{1}{4} + \frac{i}{8} (z-i) - \frac{1}{16} (z-i)^2 + \cdots.$$

在 $2 < |z-i| < +\infty$ 内,

$$\frac{1}{1+z^2} = \frac{1}{z-i} \frac{1}{z+i} = \frac{1}{z-i} \frac{1}{z-i} \frac{1}{1 - \left(-\dfrac{2i}{z-i} \right)}$$

$$= \frac{1}{(z-i)^2} \sum_{n=0}^{\infty} \left(-\frac{2i}{z-i} \right)^n = \sum_{n=0}^{\infty} \frac{(-2i)^n}{(z-i)^{n+2}}$$

$$= \frac{1}{(z-\mathrm{i})^2} - \frac{2\mathrm{i}}{(z-\mathrm{i})^3} - \frac{4}{(z-\mathrm{i})^4} + \cdots.$$

目 本章小结

　　本章研究了函数的幂级数与洛朗级数,我们已知复变函数论研究的主要对象是解析函数,在这一章里表述了幂级数与解析函数的紧密联系,一方面幂级数在一定的区域内收敛于一个解析函数;另一方面一个解析函数在其解析点的邻域内,能展开成幂级数.所以幂级数是我们研究解析函数在解析点邻域的性质时所必不可少的有力工具.而且在实际计算中,把函数展开成幂级数,应用起来也比较方便,所以幂级数在复变函数论中有着特别重要的意义.

　　洛朗级数是幂级数的进一步发展.它实际上是由一个通常(非负次的)幂级数同一个只含负次幂的级数组合而成的.洛朗级数的性质可以由幂级数的性质推导出来.特别可以推导出:洛朗级数的和表示圆环内的解析函数,同幂级数一样,我们也研究了相反的问题,即任意一个在某圆环内解析的函数是否一定可以展开为洛朗级数,如果可以,怎样展开.

　　圆环的一种蜕化情形是一点的去心邻域,而当函数在一点的去心邻域内为解析,但并不在该点解析的时候,这一点就是函数的孤立奇点.所以洛朗级数就很自然地成为研究解析函数的孤立奇点的有力工具(这点将在下一章看到).

　　幂级数与洛朗级数是研究解析函数的重要工具,为使用好这些工具,我们不可回避的一个问题就是:"将函数 $f(z)$ 展开成级数",关于这个问题,我们必须注意以下几点:

　　(1) 将函数 $f(z)$ 展开成什么级数?是幂级数还是洛朗级数?

　　(2) 在哪些区域里展开?区域不同,展开式也不一样.

　　(3) 能不能展开?怎样展开?

第四章单元
自测题

目 思考题

4.1 幂级数的和函数在其收敛圆的内部是否有奇点?在收敛圆圆周上是否处处收敛?这个和函数在收敛点上是否解析?

4.2 复变函数是否均可展为幂级数?

4.3 怎样将函数展开为洛朗级数?

目 习题四

4.1 下列序列是否有极限?如果有极限,求出其极限:

(1) $z_n = \mathrm{i}^n + \dfrac{1}{n}$;　　　　　　(2) $z_n = \dfrac{n!}{n^n}\mathrm{i}^n$;　　　　　　(3) $z_n = \left(\dfrac{z}{\bar{z}}\right)^n$.

4.2 下列级数是否收敛？是否绝对收敛？

(1) $\displaystyle\sum_{n=1}^{\infty}\left(\frac{1}{2^n}+\frac{i}{n}\right)$;　　　　(2) $\displaystyle\sum_{n=1}^{\infty}\frac{i^n}{n!}$;　　　　(3) $\displaystyle\sum_{n=0}^{\infty}(1+i)^n$.

4.3 试证:级数 $\displaystyle\sum_{n=1}^{\infty}(2z)^n$ 当 $|z|<\dfrac{1}{2}$ 时绝对收敛.

4.4 试确定下列幂级数的收敛半径:

(1) $\displaystyle\sum_{n=1}^{\infty}nz^{n-1}$;　　(2) $\displaystyle\sum_{n=1}^{\infty}\left(1+\frac{1}{n}\right)^{n^2}z^n$;　(3) $\displaystyle\sum_{n=1}^{\infty}\frac{(-1)^n}{n!}z^n$.

4.5 将下列各函数展开为 z 的幂级数,并指出其收敛域:

(1) $\dfrac{1}{1+z^3}$;　　　　(2) $\dfrac{1}{(z-a)(z-b)}$ $\quad(a\neq0,\ b\neq0)$;

(3) $\dfrac{1}{(1+z^2)^2}$;　　　　(4) $\cosh z$;

(5) $\sin^2 z$;　　　　(6) $\mathrm{e}^{\frac{z}{z-1}}$.

4.6 证明:对任意的 z ,有

$$|\mathrm{e}^z-1|\leqslant \mathrm{e}^{|z|}-1\leqslant|z|\,\mathrm{e}^{|z|}.$$

4.7 求下列函数在指定点 z_0 处的泰勒展式:

(1) $\dfrac{1}{z^2}$, $z_0=1$;　　　　(2) $\sin z$, $z_0=1$;

(3) $\dfrac{1}{4-3z}$, $z_0=1+\mathrm{i}$;　　　(4) $\tan z$, $z_0=\dfrac{\pi}{4}$.

4.8 将下列各函数在指定圆环内展开为洛朗级数:

(1) $\dfrac{z+1}{z^2(z-1)}$, $0<|z|<1$, $1<|z|<+\infty$;

(2) $z^2\mathrm{e}^{\frac{1}{z}}$, $0<|z|<+\infty$;

(3) $\dfrac{z^2-2z+5}{(z-2)(z^2+1)}$, $1<|z|<2$;

(4) $\cos\dfrac{\mathrm{i}}{1-z}$, $0<|z-1|<+\infty$.

4.9 将 $f(z)=\dfrac{1}{z^2-5z+6}$ 分别在其有限孤立奇点处展开为洛朗级数.

4.10 将 $f(z)=\dfrac{1}{(z^2+1)^2}$ 在 $z=\mathrm{i}$ 的去心邻域内展开为洛朗级数.

第五章　留数及其应用

留数理论是复积分和复级数理论相结合的产物. 本章首先以洛朗级数为工具，先对解析函数的孤立奇点进行分类，再对它在孤立奇点邻域内的性质进行研究，而后引进留数的概念，介绍留数的计算方法以及留数定理. 利用留数定理可以把计算沿闭路的积分转化为计算在孤立奇点处的留数；利用留数定理还可以计算一些定积分的反常积分，从而用复变函数的方法解决某些用微积分中的方法难以解决的积分计算问题.

§5.1　孤立奇点

§5.1.1　孤立奇点的分类

定义 5.1　$f(z)$ 在 z_0 处不解析，但在 z_0 的某一个去心邻域 $0<|z-z_0|<\delta$ 内处处解析，则称 z_0 为 $f(z)$ 的**孤立奇点**.

例 5.1　$z=0$ 是函数 $f(z)=\dfrac{1}{z}$ 的孤立奇点.

例 5.2　$z_1=\mathrm{i}$ 和 $z_2=-1$ 是函数 $f(z)=\dfrac{1}{(z-\mathrm{i})(z+1)}$ 的两个孤立奇点.

例 5.3　设 $f(z)=\dfrac{1}{\sin\dfrac{1}{z}}$，$z_n=\dfrac{1}{n\pi}$ 是它的孤立奇点，$n=1,2,\cdots$. 但 $z=0$ 是奇点而不是孤立奇点，因为在 $z=0$ 的任何邻域中，总有形如 $z_n=\dfrac{1}{n\pi}$ 的奇点.

在孤立奇点 $z=z_0$ 的去心邻域内，函数 $f(z)$ 可展开为洛朗级数

$$f(z)=\sum_{n=-\infty}^{\infty}C_n(z-z_0)^n.$$

我们注意到，洛朗级数的非负次幂部分 $\displaystyle\sum_{n=0}^{\infty}C_n(z-z_0)^n$ 实际上表示 z_0 的邻域 $|z-z_0|<\delta$ 内的解析函数（即 $f(z)$ 的解析部分）. 故函数 $f(z)$ 在点 z_0 的奇异性质完全体现在洛朗级数的负次幂部分 $\displaystyle\sum_{n=-\infty}^{-1}C_n(z-z_0)^n$（即 $f(z)$ 的主要

孤立奇点的
分类

部分). 当洛朗级数的主要部分只有有限个系数不为零时,函数的性态比较简单,否则就比较复杂. 所以,我们根据洛朗级数展开式中主要部分的系数取零值的不同情况,将函数的孤立奇点进行分类.

(1) 可去奇点   若对一切 $n<0$ 有 $C_n=0$,则称 z_0 是函数 $f(z)$ 的**可去奇点**. 这是因为令 $f(z_0)=C_0$,就得到在整个圆盘 $|z-z_0|<\delta$ 内解析的函数 $f(z)$.

(2) 极点   如果只有有限个(至少一个)整数 $n<0$,使得 $C_n\neq0$,那么我们说 z_0 是函数 $f(z)$ 的**极点**. 设对于正整数 m,$C_{-m}\neq0$;而当 $n<-m$ 时,$C_n=0$. 那么我们就说 z_0 是 $f(z)$ 的 m **阶极点**. 称一阶极点为**简单极点**.

(3) 本性奇点   如果有无限个整数 $n<0$,使得 $C_n\neq0$,那么我们说 z_0 是 $f(z)$ 的**本性奇点**.

例如,0 分别是 $\dfrac{\sin z}{z}$,$\dfrac{\sin z}{z^2}$,及 $e^{\frac{1}{z}}$ 的可去奇点、简单极点及本性奇点.

以下从函数的性态来刻画各类奇点的特征.

定理 5.1   设函数 $f(z)$ 在 $0<|z-z_0|<\delta(0<\delta\leqslant+\infty)$ 内解析,那么 z_0 是 $f(z)$ 的可去奇点的充分必要条件是存在极限 $\lim\limits_{z\to z_0}f(z)=C_0\neq\infty$.

证   必要性. 由 z_0 是 $f(z)$ 的可去奇点,故在 $0<|z-z_0|<\delta$ 内,有
$$f(z)=C_0+C_1(z-z_0)+\cdots+C_n(z-z_0)^n+\cdots,$$
因为上式右边幂级数的收敛半径至少是 δ,所以它的和函数在 $|z-z_0|<\delta$ 内解析. 于是显然存在着 $\lim\limits_{z\to z_0}f(z)=C_0$.

充分性. 设在 $0<|z-z_0|<\delta$ 内,$f(z)$ 的洛朗级数 $f(z)=\sum\limits_{n=-\infty}^{\infty}C_n(z-z_0)^n$,

$$C_n=\frac{1}{2\pi i}\oint_{|z-z_0|=\delta}\frac{f(\zeta)}{(\zeta-z_0)^{n+1}}d\zeta \quad (0<\delta<R,n=0,\pm1,\pm2,\cdots).$$

由于当 $z\to z_0$ 时,$f(z)$ 有极限,故存在正数 $r(\leqslant R)$ 及 M 使在 $0<|z-z_0|\leqslant r$ 内有 $|f(z)|\leqslant M$. 则

$$|C_n|\leqslant\frac{M}{\delta^n} \quad (n=0,\pm1,\pm2,\cdots;0<\delta\leqslant r).$$

当 $n<0$ 时,令 $\delta\to0$,即得 $C_n=0$. 因此 z_0 是 $f(z)$ 的可去奇点.

由此可见,若我们补充定义 $f(z)$ 在 z_0 的值为 $f(z_0)=C_0$,则 $f(z)$ 在 z_0 为解析. 因此可去奇点的奇异性是可以除去的.

我们再来分析定理 5.1 的证明中关于充分性的证明,实际上只用到 $f(z)$ 在 z_0 的邻域内为有界的条件. 故从 $f(z)$ 在 z_0 的邻域内为有界,可推出 z_0 是

$f(z)$的可去奇点;必要性的证明从 z_0 为 $f(z)$ 的可去奇点推出 $f(z)$ 在 z_0 有有限极限,自然 $f(z)$ 在 z_0 的邻域内是有界的. 因此有下面的结论.

定理 5.1′ 设 z_0 是 $f(z)$ 的一孤立奇点,则 z_0 是 $f(z)$ 的可去奇点的充分必要条件是 $f(z)$ 在 z_0 的一个邻域内为有界.

下面我们研究极点的特征. 设函数 $f(z)$ 在 $0<|z-z_0|<\delta$ 内解析,且 z_0 是 $f(z)$ 的 $m(\geqslant 1)$ 阶极点,那么在 $0<|z-z_0|<\delta$ 内,$f(z)$ 有洛朗展式:

$$f(z) = \frac{C_{-m}}{(z-z_0)^m} + \frac{C_{-m+1}}{(z-z_0)^{m-1}} + \cdots + \frac{C_{-1}}{z-z_0} + C_0 + C_1(z-z_0) + \cdots + C_n(z-z_0)^n + \cdots,$$

在这里 $C_{-m} \neq 0$,于是在 $0<|z-z_0|<\delta$ 内,

$$f(z) = \frac{1}{(z-z_0)^m}[C_{-m} + C_{-m+1}(z-z_0) + \cdots + C_0(z-z_0)^m + \cdots + C_n(z-z_0)^{n+m} + \cdots]$$

$$= \frac{1}{(z-z_0)^m}\varphi(z),$$

在这里 $\varphi(z)$ 是一个在 $|z-z_0|<\delta$ 内解析的函数,并且 $\varphi(z_0) \neq 0$. 反之,如果函数 $f(z)$ 在 $0<|z-z_0|<\delta$ 内可以表示成形如(5.1)右边的式子,而 $\varphi(z)$ 是在 $|z-z_0|<\delta$ 内解析的函数,并且 $\varphi(z_0) \neq 0(\varphi(z_0) = C_{-m})$,那么不难推出:$z_0$ 是 $f(z)$ 的 m 阶极点. 即

z_0 是 $f(z)$ 的 m 阶极点的充要条件是

$$f(z) = \frac{1}{(z-z_0)^m}\varphi(z), \tag{5.1}$$

其中 $\varphi(z)$ 在 z_0 处解析且 $\varphi(z_0) \neq 0$.

由(5.1)可以证明:

定理 5.2 设函数 $f(z)$ 在 $0<|z-z_0|<\delta(0<\delta\leqslant+\infty)$ 内解析,那么 z_0 是 $f(z)$ 的极点的充分必要条件是 $\lim\limits_{z\to z_0}f(z)=\infty$;$z_0$ 是 $f(z)$ 的 m 阶极点的充分必要条件是 $\lim\limits_{z\to z_0}(z-z_0)^m f(z)=C_{-m}$,在这里 m 是一正整数,C_{-m} 是一个不等于 0 的复常数.

定理 5.1 及定理 5.2 的充要条件可以分别说成是存在有限或无穷的极限,结合这两定理,我们有:

定理 5.3 设函数 $f(z)$ 在 $0<|z-z_0|<\delta(0<\delta\leqslant+\infty)$ 内解析,那么 z_0 是 $f(z)$ 的本性奇点的充分必要条件是 $\lim\limits_{z\to z_0}f(z) \neq C_0$(有限数)且不等于 ∞,即 $\lim\limits_{z\to z_0}f(z)$ 不存在.

例 5.4 研究函数 $f(z) = \dfrac{\sin z}{z}$ 的孤立奇点的类型.

解 由于分子 $\sin z$ 和分母 z 都在全平面为解析,因此函数 $f(z)$ 的孤立奇点只有分母的零点,即 $z = 0$. 函数 $f(z) = \dfrac{\sin z}{z}$ 在 $0 < |z| < +\infty$ 的洛朗展开式为

$$\frac{\sin z}{z} = 1 - \frac{z^2}{3!} + \frac{z^4}{5!} + \cdots + \frac{(-1)^n z^{2n}}{(2n+1)!} + \cdots.$$

级数的负次幂系数均为 0,故 $z = 0$ 是 $\dfrac{\sin z}{z}$ 的可去奇点.

这里,我们顺便得到一个重要的极限. 因为 $z = 0$ 是 $\dfrac{\sin z}{z}$ 的可去奇点,故当 $z \to 0$ 时,$\dfrac{\sin z}{z}$ 有有限极限,这个极限就是上面展开式中的常数项. 故得

$$\lim_{z \to 0} \frac{\sin z}{z} = 1.$$

例 5.5 研究函数 $f(z) = \dfrac{1}{(z-1)(z-2)^2}$ 的孤立奇点类型.

解 显然 $z = 1$ 和 $z = 2$ 是函数 $f(z)$ 的两个孤立奇点,并且在 $z = 1$ 和 $z = 2$ 附近可以表示成

$$f(z) = \frac{\dfrac{1}{(z-2)^2}}{z-1}, \quad f(z) = \frac{\dfrac{1}{z-1}}{(z-2)^2}.$$

而 $\dfrac{1}{(z-2)^2}$ 在 $z = 1$ 的邻域内为解析,且在 $z = 1$ 取值不是 0,故知 $z = 1$ 为 $f(z)$ 的一阶极点;同样,函数 $\dfrac{1}{z-1}$ 在 $z = 2$ 的邻域内为解析,且在 $z = 2$ 取值不是 0,故知 $z = 2$ 为 $f(z)$ 的二阶极点.

例 5.6 研究函数 $f(z) = e^{\frac{1}{z-1}}$ 的孤立奇点的类型.

解 因为函数 $f(z)$ 在全平面除去点 $z = 1$ 的区域上为解析,所以 $z = 1$ 是它的唯一的孤立奇点. 将 $f(z) = e^{\frac{1}{z-1}}$ 在 $0 < |z-1| < +\infty$ 展开为洛朗级数,得到

$$e^{\frac{1}{z-1}} = 1 + \frac{1}{z-1} + \frac{1}{2!(z-1)^2} + \cdots + \frac{1}{n!(z-1)^n} + \cdots,$$

此级数含有无限多个负次幂项,故 $z=1$ 是函数 $f(z)=\mathrm{e}^{\frac{1}{z-1}}$ 的本性奇点.

§5.1.2　函数的零点与极点的关系

定义 5.2　若 $f(z)=(z-z_0)^m\varphi(z)$, $\varphi(z)$ 在 z_0 处解析,且 $\varphi(z_0)\neq0$, m 为某一正整数,那么称 z_0 为 $f(z)$ 的 m **阶零点**.

例 5.7　根据定义 5.2,易知 $z=0$ 与 $z=1$ 分别是函数 $f(z)=z(z-1)^3$ 的一阶与三阶零点.

定理 5.4　若 $f(z)$ 在 z_0 解析,那么 z_0 为 $f(z)$ 的 m 阶零点的充要条件是

$$f^{(n)}(z_0)=0\quad(n=0,1,\cdots,m-1),\quad f^{(m)}(z_0)\neq0.\qquad(5.2)$$

证　若 z_0 是 $f(z)$ 的 m 阶零点,那么 $f(z)$ 可表成

$$f(z)=(z-z_0)^m\varphi(z).$$

设 $\varphi(z)$ 在 z_0 的泰勒展开式为

$$\varphi(z)=C_0+C_1(z-z_0)+C_2(z-z_0)^2+\cdots,$$

其中 $C_0=\varphi(z_0)\neq0$. 从而 $f(z)$ 在 z_0 的泰勒展开式为

$$f(z)=C_0(z-z_0)^m+C_1(z-z_0)^{m+1}+C_2(z-z_0)^{m+2}+\cdots,$$

这个式子说明, $f(z)$ 在 z_0 的泰勒展开式的前 m 项系数都为零. 由泰勒级数的系数公式可知,这时 $f^{(n)}(z_0)=0(n=0,1,\cdots,m-1)$,而 $\dfrac{f^{(m)}(z_0)}{m!}=C_0\neq0$. 这就证明了 (5.2) 是 z_0 为 $f(z)$ 的 m 阶零点的必要条件.

充分条件由读者自己证明.

例 5.8　已知 $z=1$ 是 $f(z)=z^3-1$ 的零点. 由于 $f'(1)=3z^2\big|_{z=1}=3\neq0$,从而知 $z=1$ 是 $f(z)$ 的一阶零点.

顺便指出,由于 $f(z)=(z-z_0)^m\varphi(z)$ 中的 $\varphi(z)$ 在 z_0 解析,且 $\varphi(z_0)\neq0$,因而它在 z_0 的邻域内不为 0. 所以 $f(z)=(z-z_0)^m\varphi(z)$ 在 z_0 的去心邻域内不为零,只在 z_0 等于零. 也就是说,**一个不恒为零的解析函数的零点是孤立的**.

函数的零点与极点有下面的关系:

定理 5.5　如果 z_0 是 $f(z)$ 的 m 阶极点,那么 z_0 就是 $\dfrac{1}{f(z)}$ 的 m 阶零点(可去奇点当作解析点看待). 反之亦然.

证　若 z_0 是 $f(z)$ 的 m 阶极点. 根据 (5.1) 式,便有

$$f(z)=\frac{1}{(z-z_0)^m}\varphi(z),$$

其中 $\varphi(z)$ 在 z_0 解析,且 $\varphi(z_0)\neq0$. 所以当 $z\neq z_0$ 时,有

$$\frac{1}{f(z)} = (z - z_0)^m \frac{1}{\varphi(z)} = (z - z_0)^m \psi(z). \qquad (5.3)$$

函数 $\psi(z)$ 也在 z_0 解析,且 $\psi(z_0) \neq 0$. 由于 $\lim\limits_{z \to z_0} \dfrac{1}{f(z)} = 0$,因此,我们只要令

$\dfrac{1}{f(z_0)} = 0$,那么由(5.3)式知 z_0 是 $\dfrac{1}{f(z)}$ 的 m 阶零点.

反过来,如果 z_0 是 $\dfrac{1}{f(z)}$ 的 m 阶零点,那么

$$\frac{1}{f(z)} = (z - z_0)^m g(z),$$

这里 $g(z)$ 在 z_0 解析,并且 $g(z_0) \neq 0$. 由此,当 $z \neq z_0$ 时,得

$$f(z) = \frac{1}{(z - z_0)^m} h(z).$$

而 $h(z) = \dfrac{1}{g(z)}$ 在 z_0 解析,并且 $h(z_0) \neq 0$,所以 z_0 是 $f(z)$ 的 m 阶极点.

这个定理为判断函数的极点提供了一个较为简便的方法.

例 5.9 函数 $f(z) = \dfrac{1}{\sin z}$ 有些什么奇点? 如果是极点,指出它的阶.

解 函数 $\dfrac{1}{\sin z}$ 的奇点显然是使 $\sin z = 0$ 的点,这些奇点是 $z = k\pi (k = 0, \pm 1, \pm 2, \cdots)$ 且为孤立奇点. 由于

$$(\sin z)' \big|_{z = k\pi} = \cos z \big|_{z = k\pi} = (-1)^k \neq 0 \quad (k = 0, \pm 1, \cdots),$$

所以 $z = k\pi$ 都是 $\sin z$ 的一阶零点,也就是 $f(z) = \dfrac{1}{\sin z}$ 的一阶极点.

零点与极点的关系

§5.1.3 函数在无穷远点的性态

在考虑解析函数的孤立奇点时把无穷远点放进去,这有许多便利.

定义 5.3 设函数 $f(z)$ 在无穷远点的邻域 $R < |z| < +\infty$(相当于有限点的去心邻域)内为解析,则无穷远点就称为 $f(z)$ 的**孤立奇点**.

在 $R < |z| < +\infty$ 内,$f(z)$ 有洛朗级数展开式

$$f(z) = \sum_{n=-\infty}^{\infty} C_n z^n \quad (R < |z| < +\infty), \qquad (5.4)$$

其中

$$C_n = \frac{1}{2\pi i}\oint_{|\zeta|=\rho} \frac{f(\zeta)}{\zeta^{n+1}}\mathrm{d}\zeta \quad (\rho > R; n = 0, \pm 1, \pm 2, \cdots).$$

令 $z = \dfrac{1}{w}$，按照 $R > 0$ 或 $R = 0$，我们得到在 $0 < |w| < \dfrac{1}{R}$ 或 $0 < |w| < +\infty$ 内解析的函数 $\varphi(w) = f\left(\dfrac{1}{w}\right)$. 由于 $\varphi(w)$ 在 $w = 0$ 没有定义，故 $w = 0$ 是 $\varphi(w)$ 的孤立奇点. 将 $\varphi(w)$ 在 $0 < |w| < \dfrac{1}{R}$ 展开为洛朗级数

$$\varphi(w) = \sum_{n=-\infty}^{\infty} b_n w^n,$$

然后再用 $w = \dfrac{1}{z}$ 代入等式，得到

$$f(z) = \sum_{n=-\infty}^{\infty} b_n z^{-n} \quad (R < |z| < +\infty).$$

将此式与 (5.4) 式相对照，由洛朗级数展开的唯一性知必有

$$C_n = b_{-n} \quad (n = 0, \pm 1, \pm 2, \cdots).$$

利用倒数变换将无穷远点变为坐标原点，这是我们处理无穷远点作为孤立奇点的方法，它也具有更广泛的意义（如在共形映射中也可这样处理）. 下面，我们进一步分别根据 $w = 0$ 是函数 $\varphi(w)$ 的可去奇点、m 阶极点或本性奇点定义 $z = \infty$ 是函数 $f(z)$ 的可去奇点、m 阶极点或本性奇点.

（1）在 (5.4) 式中，如果当 $n = 1, 2, 3, \cdots$ 时，$C_n = 0$，那么 $z = \infty$ 是函数 $f(z)$ 的**可去奇点**.

（2）在 (5.4) 式中，如果只有有限个（至少一个）整数 $n > 0$，使得 $C_n \neq 0$，那么 $z = \infty$ 是函数 $f(z)$ 的**极点**. 设对于正整数 m，$C_m \neq 0$；而当 $n > m$ 时，$C_n = 0$，那么 $z = \infty$ 是 $f(z)$ 的 m **阶极点**.

（3）在 (5.4) 式中，如果有无穷个整数 $n > 0$，使得 $C_n \neq 0$，那么 $z = \infty$ 是函数 $f(z)$ 的**本性奇点**.

与有限点的情形相反，无穷远点作为函数的孤立奇点时，它的分类是以函数在无穷远点邻域的洛朗展开中正次幂的系数取零值的多少作为依据的.

正因为这样，对于洛朗展开式 (5.4)，我们称 $\sum\limits_{n=-\infty}^{0} C_n z^n$ 为解析部分，而称 $\sum\limits_{n=1}^{\infty} C_n z^n$ 为主要部分.

定理 5.1 至定理 5.3 都可立即转移到无穷远点的情形. 如我们有

定理 5.6　设函数 $f(z)$ 在区域 $R<|z|<+\infty\ (R\geqslant0)$ 内解析,那么 $z=\infty$ 是 $f(z)$ 的可去奇点、极点或本性奇点的充分必要条件是 $\lim\limits_{z\to\infty}f(z)=C_0\neq\infty$,$\lim\limits_{z\to\infty}f(z)=\infty$ 或 $\lim\limits_{z\to\infty}f(z)$ 不存在(即当 $z\to\infty$ 时,$f(z)$ 不趋向于任何(有限或无穷)极限).

例 5.10　函数 $\dfrac{z}{1+z^2}$ 是否以 $z=\infty$ 为孤立奇点? 若是,属于哪一类?

解　函数 $\dfrac{z}{1+z^2}$ 在全平面除去 $z=\mathrm{i}$ 及 $z=-\mathrm{i}$ 的区域内为解析,故它在无穷远点的邻域 $1<|z|<+\infty$ 为解析. $z=\infty$ 是它的孤立奇点. 又因为

$$\lim_{z\to\infty}\frac{z}{1+z^2}=0,$$

所以 $z=\infty$ 是它的可去奇点.

例 5.11　函数 $f(z)=1+2z+3z^2+4z^3$ 是否以 $z=\infty$ 为孤立奇点? 若是,属于哪一类?

解　函数 $1+2z+3z^2+4z^3$ 在全平面解析. 这个式子本身就是这个函数在无穷远点的邻域 $|z|<+\infty$ 的洛朗展开,所以 $z=\infty$ 是函数 $1+2z+3z^2+4z^3$ 的孤立奇点且为三阶极点.

例 5.12　函数 $f(z)=\mathrm{e}^z$ 是否以 $z=\infty$ 为孤立奇点? 若是,属于哪一类?

解　函数 e^z 在全平面解析,故 $z=\infty$ 是它的孤立奇点. 又当 $z\to\infty$ 时,e^z 没有任何极限,故 $z=\infty$ 是 e^z 的本性奇点.

我们也可以从 e^z 的泰勒展开来看,由于

$$\mathrm{e}^z=1+z+\frac{z^2}{2!}+\cdots+\frac{z^n}{n!}+\cdots\quad(|z|<+\infty).$$

这个展开式恰巧就是 e^z 在无穷远点邻域的洛朗展开. 因它含有无限多个正次幂项,故 $z=\infty$ 是 e^z 的本性奇点.

例 5.13　函数 $f(z)=\dfrac{1}{\sin z}$ 是否以 $z=\infty$ 为孤立奇点?

解　函数 $\dfrac{1}{\sin z}$ 在全平面除 $\sin z$ 的零点以外为解析. 但 $\sin z$ 的零点是 $z_k=k\pi(k=0,\pm1,\pm2,\cdots)$,它们都是 $\dfrac{1}{\sin z}$ 的极点,且在扩充复平面上,序列 $\{z_k\}$ 以 $z=\infty$ 为聚点,因此,$z=\infty$ 不是函数 $\dfrac{1}{\sin z}$ 的孤立奇点.

§5.2 留数

留数是复变函数论中重要的概念之一,它与解析函数在孤立奇点处的洛朗展开式、柯西复合闭路定理等都有密切的联系.

§5.2.1 留数的概念及留数定理

当$f(z)$在简单闭曲线C上及其内部解析时,由柯西积分定理知

$$\oint_C f(z)\,\mathrm{d}z = 0.$$

若上述C的内部存在函数$f(z)$的孤立奇点z_0,则积分$\oint_C f(z)\,\mathrm{d}z$一般不等于零. 然而由洛朗展开式知,取洛朗系数中$n=-1$可得

$$C_{-1} = \frac{1}{2\pi\mathrm{i}}\oint_C f(z)\,\mathrm{d}z,$$

因而积分

$$\oint_C f(z)\,\mathrm{d}z = 2\pi\mathrm{i}\,C_{-1}.$$

这说明$f(z)$在孤立奇点z_0处的洛朗展开式中负一次幂项的系数C_{-1}在研究函数的积分中占有特别重要的地位.

定义 5.4　设z_0是解析函数$f(z)$的孤立奇点,我们把$f(z)$在z_0处的洛朗展开式中负一次幂项的系数C_{-1}称为$f(z)$在z_0处的**留数**. 记作$\mathrm{Res}[f(z),z_0]$,即

$$\mathrm{Res}[f(z),z_0] = C_{-1}.$$

显然,留数C_{-1}就是积分$\dfrac{1}{2\pi\mathrm{i}}\oint_C f(z)\,\mathrm{d}z$的值,其中$C$为解析函数$f(z)$的$z_0$的去心邻域内绕$z_0$的闭曲线.

例 5.14　求$f(z)=z\mathrm{e}^{\frac{1}{z}}$在孤立奇点$0$处的留数.

解　由于在$0<|z|<+\infty$内,

$$z\mathrm{e}^{\frac{1}{z}} = z + 1 + \frac{1}{2!\,z} + \frac{1}{3!\,z^2} + \cdots,$$

所以

$$\mathrm{Res}\left[ze^{\frac{1}{z}},\ 0\right]=\frac{1}{2!}.$$

例 5.15 求 $f(z)=z^2\cos\dfrac{1}{z}$ 在孤立奇点 0 处的留数.

解 由于在 $0<|z|<+\infty$ 内,

$$z^2\cos\frac{1}{z}=z^2-\frac{1}{2!}+\frac{1}{4!\ z^2}+\cdots+(-1)^n\frac{1}{(2n)!\ z^{2n-2}}+\cdots$$

缺负一次幂,即该项系数为零,所以

$$\mathrm{Res}\left[z^2\cos\frac{1}{z},\ 0\right]=0.$$

例 5.16 求 $f(z)=\dfrac{\sin z}{z}$ 在孤立奇点 0 处的留数.

解 因 $z=0$ 是 $\dfrac{\sin z}{z}$ 的可去奇点,故

$$\mathrm{Res}\left[\frac{\sin z}{z},\ 0\right]=0.$$

关于留数,我们有下面的定理.

定理 5.7(留数定理) 设函数 $f(z)$ 在区域 D 内除有限个孤立奇点 z_1, $z_2,\cdots,z_n$ 外处处解析,C 是 D 内包围各奇点的一条正向简单闭曲线,那么

$$\oint_C f(z)\,\mathrm{d}z=2\pi\mathrm{i}\sum_{k=1}^{n}\mathrm{Res}[f(z),z_k].$$

证 把在 C 内的孤立奇点 z_k $(k=1,2,\cdots,n)$ 用互不包含的正向简单闭曲线 C_k 围绕起来(图 5.1),那么根据复合闭路定理有

$$\oint_C f(z)\,\mathrm{d}z=\sum_{k=1}^{n}\oint_{C_k}f(z)\,\mathrm{d}z.$$

以 $2\pi\mathrm{i}$ 除等式两边,再由留数定义,得

$$\frac{1}{2\pi\mathrm{i}}\oint_C f(z)\,\mathrm{d}z=\sum_{k=1}^{n}\mathrm{Res}[f(z),z_k],$$

即

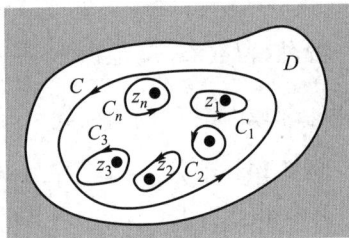

图 5.1

$$\oint_C f(z)\,\mathrm{d}z = 2\pi\mathrm{i}\sum_{k=1}^n \mathrm{Res}[f(z),z_k].$$

此定理实际上是柯西积分定理的推广,它把沿一条闭路 C 的积分,归结为求 C 内各孤立奇点处的留数和.因此,当我们能够用一些简便方法把留数求出来时,便解决了一类积分的计算问题.

一般说来,求函数在其孤立奇点 z_0 处的留数只需求出它在以 z_0 为中心的去心邻域内的洛朗级数中 $C_{-1}(z-z_0)^{-1}$ 项的系数 C_{-1} 就可以了.但如果能先知道奇点的类型,对求留数更为有利.例如,如果 z_0 是 $f(z)$ 的可去奇点,那么 $\mathrm{Res}[f(z),z_0]=0$;如果 z_0 是本性奇点,那就往往只能用将 $f(z)$ 在 z_0 展开成洛朗级数的方法求 C_{-1};若 z_0 是极点的情形,则可用较方便的求导数与求极限的方法得到留数.

§5.2.2　函数在极点的留数

法则 I　若 z_0 为 $f(z)$ 的简单极点,则
$$\mathrm{Res}[f(z),z_0] = \lim_{z\to z_0}(z-z_0)f(z).\tag{5.5}$$

证　由于 z_0 是 $f(z)$ 的简单极点,因此

$$f(z) = \frac{C_{-1}}{z-z_0} + \sum_{n=0}^\infty C_n(z-z_0)^n\quad(0<|z-z_0|<\delta).$$

在上式两端乘 $(z-z_0)$ 有

$$(z-z_0)f(z) = C_{-1} + \sum_{n=0}^\infty C_n(z-z_0)^{n+1},$$

两端取极限,得

$$\lim_{z\to z_0}(z-z_0)f(z) = C_{-1}.$$

例 5.17　求函数 $f(z)=\dfrac{1}{z(z-2)(z+5)}$ 在各孤立奇点处的留数.

解　由于 $0,2,-5$ 是 $z(z-2)(z+5)$ 的一阶零点,因而它们是 $\dfrac{1}{z(z-2)(z+5)}$ 的一阶极点.由(5.5)式即得

$$\mathrm{Res}\left[\frac{1}{z(z-2)(z+5)},0\right] = \lim_{z\to 0}\left[z\frac{1}{z(z-2)(z+5)}\right] = \lim_{z\to 0}\frac{1}{(z-2)(z+5)} = -\frac{1}{10}.$$

$$\mathrm{Res}\left[\frac{1}{z(z-2)(z+5)},2\right] = \lim_{z\to 2}\left[(z-2)\frac{1}{z(z-2)(z+5)}\right] = \lim_{z\to 2}\frac{1}{z(z+5)} = \frac{1}{14}.$$

$$\text{Res}\left[\frac{1}{z(z-2)(z+5)}, -5\right] = \lim_{z\to -5}\left[(z+5)\frac{1}{z(z-2)(z+5)}\right] = \lim_{z\to -5}\frac{1}{z(z-2)} = \frac{1}{35}.$$

法则 II   设 $f(z) = \dfrac{P(z)}{Q(z)}$,其中 $P(z)$,$Q(z)$ 在 z_0 处解析,若 $P(z_0) \neq 0$,z_0 为 $Q(z)$ 的一阶零点,则 z_0 为 $f(z)$ 的一阶极点,且

$$\text{Res}[f(z), z_0] = \frac{P(z_0)}{Q'(z_0)}. \tag{5.6}$$

证   因 z_0 为 $Q(z)$ 的一阶零点,故 z_0 为 $\dfrac{1}{Q(z)}$ 的一阶极点. 因此

$$\frac{1}{Q(z)} = \frac{1}{z-z_0}\varphi(z),$$

其中 $\varphi(z)$ 在 z_0 解析,且 $\varphi(z_0) \neq 0$. 由此得

$$f(z) = \frac{1}{z-z_0}g(z),$$

其中 $g(z) = \varphi(z)P(z)$ 在 z_0 解析,且 $g(z_0) = \varphi(z_0)P(z_0) \neq 0$. 故 z_0 为 $f(z)$ 的一阶极点.

根据法则 I,$\text{Res}[f(z), z_0] = \lim\limits_{z\to z_0}(z-z_0)f(z)$,而 $Q(z_0) = 0$,所以

$$(z - z_0)f(z) = \frac{P(z)}{\dfrac{Q(z) - Q(z_0)}{z - z_0}},$$

令 $z\to z_0$,即得 (5.6) 式.

例 5.18   求函数 $f(z) = \dfrac{z}{\cos z}$ 在 $z = \dfrac{\pi}{2}$ 的留数.

解 $z = \dfrac{\pi}{2}$ 是函数 $\dfrac{z}{\cos z}$ 的一阶极点,这里用 (5.6) 式比较方便.

$$\text{Res}\left(\frac{z}{\cos z}, \frac{\pi}{2}\right) = \frac{-z}{\sin z}\bigg|_{z=\frac{\pi}{2}} = -\frac{\pi}{2}.$$

法则 III   如果 z_0 为 $f(z)$ 的 m 阶极点,则

$$\text{Res}[f(z), z_0] = \frac{1}{(m-1)!}\lim_{z\to z_0}\frac{\mathrm{d}^{m-1}}{\mathrm{d}z^{m-1}}[(z-z_0)^m f(z)]. \tag{5.7}$$

证　由于

$$f(z) = C_{-m}(z - z_0)^{-m} + \cdots + C_{-2}(z - z_0)^{-2} + C_{-1}(z - z_0)^{-1} + C_0 + C_1(z - z_0) + \cdots,$$

以 $(z - z_0)^m$ 乘上式两端,得

$$(z - z_0)^m f(z) = C_{-m} + C_{-m+1}(z - z_0) + \cdots + C_{-1}(z - z_0)^{m-1} + C_0(z - z_0)^m + \cdots,$$

两边求 $m-1$ 阶导数,得

$$\frac{\mathrm{d}^{m-1}}{\mathrm{d}z^{m-1}}\left[(z - z_0)^m f(z)\right] = (m - 1)!\, C_{-1} + \left[\text{含有 } z - z_0 \text{ 正次幂的项}\right],$$

令 $z \to z_0$,两端求极限,右端的极限是 $(m-1)!\, C_{-1}$,则(5.7)式得证.

例 5.19　求函数 $f(z) = \dfrac{\mathrm{e}^{-z}}{z^2}$ 在 $z = 0$ 处的留数.

解　因 $z = 0$ 是 $f(z)$ 的二阶极点. 故由(5.7)式有

$$\mathrm{Res}[f(z), 0] = \frac{1}{(2 - 1)!}\lim_{z \to 0}\frac{\mathrm{d}}{\mathrm{d}z}\left[(z - 0)^2\frac{\mathrm{e}^{-z}}{z^2}\right] = \lim_{z \to 0}(-\mathrm{e}^{-z}) = -1.$$

留数的计算
举例

例 5.20　计算积分 $\displaystyle\oint_{|z|=2}\frac{5z - 2}{z(z - 1)^2}\mathrm{d}z.$

解　由于 $f(z) = \dfrac{5z - 2}{z(z - 1)^2}$ 在圆周 $|z| = 2$ 内部有简单极点 $z = 0$ 及二阶极点 $z = 1$.

由法则 I,有

$$\mathrm{Res}[f(z), 0] = \lim_{z \to 0}z\frac{5z - 2}{z(z - 1)^2} = -2.$$

由法则 III,有

$$\mathrm{Res}[f(z), 1] = \lim_{z \to 1}\frac{\mathrm{d}}{\mathrm{d}z}\left[(z - 1)^2\frac{5z - 2}{z(z - 1)^2}\right] = \lim_{z \to 1}\frac{2}{z^2} = 2.$$

由留数定理得

$$\oint_{|z|=2}\frac{5z - 2}{z(z - 1)^2}\mathrm{d}z = 2\pi\mathrm{i}(-2 + 2) = 0.$$

例 5.21　计算 $\displaystyle\oint_{|z|=2}\frac{\sin^2 z}{z^2(z - 1)}\mathrm{d}z.$

解　由于 $f(z) = \dfrac{\sin^2 z}{z^2(z - 1)}$ 在圆周 $|z| = 2$ 内部有可去奇点 $z = 0$ 及简单极

点 $z = 1$. 由于可去奇点的留数为零,即 $\mathrm{Res}[f(z),0] = 0$,又由法则 I 知

$$\mathrm{Res}[f(z),1] = \lim_{z \to 1}(z - 1)\frac{\sin^2 z}{z^2(z - 1)} = \sin^2 1.$$

由留数定理得

$$\oint_{|z|=2}\frac{\sin^2 z}{z^2(z - 1)}\mathrm{d}z = 2\pi\mathrm{i}\,\sin^2 1.$$

§5.2.3 无穷远点的留数

定义 5.5 设 ∞ 为 $f(z)$ 的一个孤立奇点,即 $f(z)$ 在圆环域 $R < |z| < +\infty$ 内解析,则称

$$\frac{1}{2\pi\mathrm{i}}\oint_{C^-}f(z)\,\mathrm{d}z \quad (C: |z| = \rho > R)$$

为 $f(z)$ 在点 ∞ 的留数,记为 $\mathrm{Res}[f(z),\infty]$,这里 C^- 是指顺时针方向(这个方向很自然地可以看作是绕无穷远点的正向).

若 $f(z)$ 在 $R < |z| < +\infty$ 的洛朗展开式为 $f(z) = \sum\limits_{n=-\infty}^{\infty}C_n z^n$,则有 $\mathrm{Res}[f,\infty] = -C_{-1}$.

这里,我们要注意,$z = \infty$ 即使是 $f(z)$ 的可去奇点,$f(z)$ 在 $z = \infty$ 的留数也未必是 0,这是同有限点的留数不一致的地方. 例如,对函数 $f(z) = \dfrac{1}{z}$,$z = \infty$ 是它的可去奇点,但

$$\mathrm{Res}\left[\frac{1}{z},\infty\right] = -1.$$

定理 5.8 若 $f(z)$ 在扩充复平面上只有有限个孤立奇点(包括无穷远点在内),设为 $z_1, z_2, \cdots, z_n, \infty$,则 $f(z)$ 在各点的留数总和为零.

证 考虑充分大的正数 R,使 $z_1, \cdots, z_n$ 全在 $|z| < R$ 内,于是由留数定理得

$$\frac{1}{2\pi\mathrm{i}}\oint_{|z|=R}f(z)\,\mathrm{d}z = \sum_{k=1}^{n}\mathrm{Res}[f(z),z_k],$$

但这时有

无穷远点的留数

$$\frac{1}{2\pi i}\oint_{|z|=R} f(z)\,dz = -\operatorname{Res}[f(z),\infty],$$

故得

$$\sum_{k=1}^{n}\operatorname{Res}[f(z),z_k] + \operatorname{Res}[f(z),\infty] = 0.$$

关于在无穷远点的留数计算,我们有以下的规则.

法则 IV $\operatorname{Res}[f(z),\infty] = -\operatorname{Res}\left[f\left(\frac{1}{z}\right)\cdot\frac{1}{z^2},0\right].$ (5.8)

证 在无穷远点的留数定义中,设 $z=\rho e^{i\theta}$,并设 $z=\dfrac{1}{\zeta}$,则有 $\zeta=re^{i\varphi}\left(r=\dfrac{1}{\rho},\varphi=-\theta\right)$,于是有

$$\operatorname{Res}[f(z),\infty]$$

$$=\frac{1}{2\pi i}\oint_{C^-} f(z)\,dz = \frac{1}{2\pi i}\int_0^{-2\pi} f(\rho e^{i\theta})\rho i e^{i\theta}\,d\theta$$

$$=-\frac{1}{2\pi i}\int_0^{2\pi} f\left(\frac{1}{re^{i\varphi}}\right)\frac{i}{re^{i\varphi}}\,d\varphi$$

$$=-\frac{1}{2\pi i}\int_0^{2\pi} f\left(\frac{1}{re^{i\varphi}}\right)\frac{1}{(re^{i\varphi})^2}\,d(re^{i\varphi})$$

$$=-\frac{1}{2\pi i}\oint_{|\zeta|=\frac{1}{\rho}} f\left(\frac{1}{\zeta}\right)\frac{1}{\zeta^2}\,d\zeta \quad \left(|\zeta|=\frac{1}{\rho}\ \text{为正向}\right).$$

由于 $f(z)$ 在 $\rho<|z|<+\infty$ 内解析,从而 $f\left(\dfrac{1}{\zeta}\right)$ 在 $0<|\zeta|<\dfrac{1}{\rho}$ 内解析,因此 $f\left(\dfrac{1}{\zeta}\right)\dfrac{1}{\zeta^2}$ 在 $|\zeta|<\dfrac{1}{\rho}$ 内除 $\zeta=0$ 外没有其他奇点. 由留数定理,得

无穷远点的留数计算举例

$$\frac{1}{2\pi i}\oint_{|\zeta|=\frac{1}{\rho}} f\left(\frac{1}{\zeta}\right)\frac{1}{\zeta^2}\,d\zeta = \operatorname{Res}\left[f\left(\frac{1}{\zeta}\right)\frac{1}{\zeta^2},0\right].$$

所以(5.8)式成立.

例 5.22 求 $f(z)=\dfrac{z^{10}}{(z^4+2)^2(z-2)^3}$ 在它各有限奇点的留数之和.

解 函数的有限奇点是 2 及 $z_k=\sqrt[4]{2}\,e^{\frac{2k+1}{4}\pi i}\,(k=0,1,2,3)$,共五个,其中 2

是三阶极点,每个 z_k 是二阶极点. 显然,逐个求出在各奇点的留数,不论用规则 Ⅱ 或展开成洛朗级数,都是十分麻烦的. 现在我们利用定理 5.8 来求. 因为

$$\text{Res}[f(z),2] + \sum_{k=0}^{3} \text{Res}[f(z),z_k] + \text{Res}[f(z),\infty] = 0.$$

而

$$\text{Res}[f(z),\infty] = -\text{Res}\left[f\left(\frac{1}{z}\right)\frac{1}{z^2},0\right]$$

$$= -\text{Res}\left[\frac{1}{z(1+2z^4)^2(1-2z)^3},0\right] \quad (0\text{ 为一阶极点})$$

$$= -\lim_{z\to 0}\left[z\cdot\frac{1}{z(1+2z^4)^2(1-2z)^3}\right]$$

$$= -1,$$

所以欲求的留数之和为 1.

定理 5.8 为我们提供了计算函数沿闭曲线积分的又一种方法.

例 5.23   计算积分 $\oint_C \dfrac{dz}{(z+i)^{10}(z-1)(z-3)}$, 其中,$C$ 为正向圆周:$|z|=2$.

解   除 ∞ 点外,被积函数的奇点是 $-i,1$ 与 3. 根据定理 5.8,有

$$\text{Res}[f(z),-i] + \text{Res}[f(z),1] + \text{Res}[f(z),3] + \text{Res}[f(z),\infty] = 0,$$

其中

$$f(z) = \frac{1}{(z+i)^{10}(z-1)(z-3)}.$$

由于 $-i$ 与 1 在 C 的内部,所以从上式、留数定理与法则 Ⅳ 得到

$$\oint_C \frac{dz}{(z+i)^{10}(z-1)(z-3)}$$

$$= 2\pi i\{\text{Res}[f(z),-i] + \text{Res}[f(z),1]\}$$

$$= -2\pi i\{\text{Res}[f(z),3] + \text{Res}[f(z),\infty]\}$$

$$= -2\pi i\left[\frac{1}{2(3+i)^{10}}+0\right] = -\frac{\pi i}{(3+i)^{10}}.$$

如果用 §5.2.2 中的方法,由于 $-i$ 是十阶极点,并且在 C 的内部,计算必

然很繁琐.

§5.3 留数在定积分计算中的应用

留数定理为某些类型积分的计算,提供了极为有效的方法. 应用留数定理计算实变函数定积分的方法称为**围道积分方法**. 所谓围道积分方法,概括起来说,就是把求实变函数的积分化为复变函数沿围线的积分,然后应用留数定理,使沿围线的积分计算,归结为留数计算. 要使用留数计算,需要两个条件:一是被积函数与某个解析函数有关;其次,定积分可化为某个沿闭路的积分. 现就几个特殊类型举例说明.

§5.3.1 形如 $\int_0^{2\pi} R(\cos\theta, \sin\theta)\, d\theta$ 的积分

令 $z = e^{i\theta}$, $dz = ie^{i\theta}d\theta$,

$$\sin\theta = \frac{e^{i\theta} - e^{-i\theta}}{2i} = \frac{z^2 - 1}{2iz}, \quad \cos\theta = \frac{e^{i\theta} + e^{-i\theta}}{2} = \frac{z^2 + 1}{2z}.$$

$R(\cos\theta, \sin\theta)$ 是 $\cos\theta, \sin\theta$ 的有理函数,它作为 θ 的函数,在 $0 \leqslant \theta \leqslant 2\pi$ 上连续. 当 θ 经历变程 $[0, 2\pi]$ 时,对应的 z 正好沿单位圆 $|z| = 1$ 的正向绕行一周. $f(z) = R\left(\dfrac{z^2+1}{2z}, \dfrac{z^2-1}{2iz}\right)$ 在积分闭路 $|z| = 1$ 上无奇点,则

$$\oint_0^{2\pi} R(\cos\theta, \sin\theta)\, d\theta = \oint_{|z|=1} R\left(\frac{z^2+1}{2z}, \frac{z^2-1}{2iz}\right) \frac{dz}{iz}$$

$$= \oint_{|z|=1} f(z)\, dz = 2\pi i \sum_{k=1}^{n} \text{Res}[f(z), z_k].$$

例 5.24 计算 $I = \int_0^{2\pi} \dfrac{\cos 2\theta}{1 - 2p\cos\theta + p^2}\, d\theta$ $(0 < p < 1)$ 的值.

解 由于 $0 < p < 1$,被积函数的分母

$$1 - 2p\cos\theta + p^2 = (1-p)^2 + 2p(1 - \cos\theta)$$

在 $0 \leqslant \theta \leqslant 2\pi$ 内不为零,因而积分是有意义的. 由于

$$\cos 2\theta = \frac{1}{2}(e^{2i\theta} + e^{-2i\theta}) = \frac{1}{2}(z^2 + z^{-2}),$$

因此

$$I = \oint_{|z|=1} \frac{z^2 + z^{-2}}{2} \frac{1}{1 - 2p\dfrac{z + z^{-1}}{2} + p^2} \frac{dz}{iz}$$

$$= \oint_{|z|=1} \frac{1 + z^4}{2iz^2(1 - pz)(z - p)} dz = \oint_{|z|=1} f(z)\,dz.$$

在被积函数的三个极点 $z=0, p, \dfrac{1}{p}$ 中,只有前两个在圆周 $|z|=1$ 内,其中 $z=0$ 为二阶极点,$z=p$ 为一阶极点,所以在圆周 $|z|=1$ 上被积函数无奇点,而

$$\mathrm{Res}[f(z),p] = \lim_{z \to p}\left[(z-p)\frac{1+z^4}{2iz^2(1-pz)(z-p)}\right] = \frac{1+p^4}{2ip^2(1-p^2)}.$$

$$\mathrm{Res}[f(z),0] = \lim_{z \to 0}\frac{d}{dz}\left[z^2\frac{1+z^4}{2iz^2(1-pz)(z-p)}\right]$$

$$= \lim_{z \to 0}\frac{(z - pz^2 - p + p^2z)4z^3 - (1+z^4)(1-2pz+p^2)}{2i(z - pz^2 - p + p^2z)^2}$$

$$= -\frac{1+p^2}{2ip^2}.$$

因此

$$I = 2\pi i\left[-\frac{1+p^2}{2ip^2} + \frac{1+p^4}{2ip^2(1-p^2)}\right] = \frac{2\pi p^2}{1-p^2}.$$

§5.3.2   形如 $\int_{-\infty}^{+\infty} R(x)\,dx$ 的积分

令

$$R(z) = \frac{P(z)}{Q(z)} = \frac{a_0 z^n + a_1 z^{n-1} + \cdots + a_n}{b_0 z^m + b_1 z^{m-1} + \cdots + b_m} \quad (a_0 b_0 \neq 0, m - n \geqslant 2),$$

(1) $Q(z)$ 比 $P(z)$ 至少高两次,

(2) $Q(z)$ 在实轴上无零点,

(3) $R(z)$ 在上半平面 $\mathrm{Im}\,z>0$ 内的极点为 $z_k(k=1,2,\cdots,n)$,则有

$$\int_{-\infty}^{+\infty} R(x)\,dx = 2\pi i\sum_{k=1}^{n}\mathrm{Res}[R(z),z_k].$$

为了计算这种类型的积分,取积分路径如图 5.2 所示,其中 C_R 为上半圆

周:$z = Re^{i\theta}(0 \le \theta \le \pi)$,作为辅助曲线,取 R 适当大,使 $R(z) = \dfrac{P(z)}{Q(z)}$ 所有的在

上半平面内的极点 z_k 都包含在积分路径内,

依留数定理有

$$\int_{-R}^{R} R(x)\,dx + \int_{C_R} R(z)\,dz = 2\pi i \sum_{k=1}^{n} \text{Res}[R(z), z_k].$$

在 C_R 上令 $z = Re^{i\theta}$,则有

$$\int_{C_R} \frac{P(z)}{Q(z)}dz = \int_{0}^{\pi} \frac{P(Re^{i\theta})iRe^{i\theta}}{Q(Re^{i\theta})}d\theta.$$

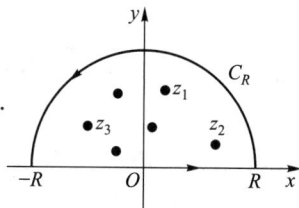

图 5.2

因 $Q(z)$ 的次数比 $P(z)$ 的次数至少高两次,于是当 $|z| = R \to \infty$ 时,有

$$\frac{zP(z)}{Q(z)} = \frac{Re^{i\theta}P(Re^{i\theta})}{Q(Re^{i\theta})} \to 0.$$

所以

$$\lim_{|z| \to \infty} \int_{C_R} \frac{P(z)}{Q(z)}dz = 0.$$

从而有

$$\int_{-\infty}^{+\infty} \frac{P(x)}{Q(x)}dx = 2\pi i \sum_{k=1}^{n} \text{Res}[R(z), z_k].$$

如果 $R(x)$ 为偶函数,则

$$\int_{0}^{+\infty} R(x)\,dx = \frac{1}{2}\int_{-\infty}^{+\infty} R(x)\,dx = \pi i \sum_{k=1}^{n} \text{Res}[R(z), z_k].$$

例 5.25 计算积分 $\displaystyle\int_{-\infty}^{+\infty} \frac{x^2 - x + 2}{x^4 + 10x^2 + 9}dx$.

解 这里 $P(z) = z^2 - z + 2$,$Q(z) = z^4 + 10z^2 + 9$,$Q(z)$ 在实轴上无零点,因

此积分是存在的. 函数 $R(z) = \dfrac{z^2 - z + 2}{z^4 + 10z^2 + 9}$ 有四个简单极点: $\pm i, \pm 3i$,上半平面

内只包含 i 和 3i,而

$$\text{Res}[R(z), i] = \lim_{z \to i}(z - i)\frac{z^2 - z + 2}{(z - i)(z + i)(z^2 + 9)} = -\frac{1 + i}{16},$$

$$\text{Res}[R(z), 3i] = \lim_{z \to 3i}(z - 3i)\frac{z^2 - z + 2}{(z^2 + 1)(z - 3i)(z + 3i)} = \frac{3 - 7i}{48}.$$

所以

$$\int_{-\infty}^{+\infty} \frac{x^2 - x + 2}{x^4 + 10x^2 + 9} dx$$

$$= 2\pi i \{ \operatorname{Res}[R(z), i] + \operatorname{Res}[R(z), 3i] \}$$

$$= 2\pi i \left(-\frac{1+i}{16} + \frac{3-7i}{48} \right) = \frac{5\pi}{12}.$$

§5.3.3   形如 $\int_{-\infty}^{+\infty} R(x) e^{iax} dx (a > 0)$ 的积分

$R(x)$ 是真分式,在实轴上无奇点. 则

$$\int_{-\infty}^{+\infty} R(x) e^{iax} dx = \int_{-\infty}^{+\infty} \frac{P(x)}{Q(x)} e^{iax} dx = 2\pi i \sum_{k=1}^{n} \operatorname{Res}[f(z), z_k],$$

其中 $f(z) = R(z) e^{iaz}$, z_k 为 $f(z)$ 在上半平面的奇点.

为了后面的积分估计,我们先来介绍若尔当(Jordan)引理:

定理 5.9(若尔当引理)   设函数 $g(z)$ 在闭区域 $\theta_1 \leq \arg z \leq \theta_2$, $R_0 \leq |z| \leq +\infty$ ($R_0 \geq 0, 0 \leq \theta_1 \leq \theta_2 \leq \pi$)上连续,并设 C_R 是该闭区域上的一段以原点为中心,$R(R>R_0)$ 为半径的圆弧. 若当 z 在这闭区域上时,

$$\lim_{z \to \infty} g(z) = 0, \tag{5.9}$$

则对任何 $a>0$,有

$$\lim_{R \to +\infty} \int_{C_R} g(z) e^{iaz} dz = 0.$$

证   由(5.9)式可知,对于任给的 $\varepsilon>0$,存在 $R_1(\varepsilon)>0$,使当 $R>R_1(\varepsilon)$ 时,对一切在 C_R 上的 z,有 $|g(z)| < \varepsilon$,于是

$$\left| \int_{C_R} g(z) e^{iaz} dz \right| = \left| \int_{\theta_1}^{\theta_2} g(Re^{i\theta}) e^{iaRe^{i\theta}} Re^{i\theta} id\theta \right|$$

$$\leq R\varepsilon \int_0^{\pi} e^{-aR\sin\theta} d\theta = R\varepsilon \left[\int_0^{\frac{\pi}{2}} + \int_{\frac{\pi}{2}}^{\pi} \right] e^{-aR\sin\theta} d\theta = 2R\varepsilon \int_0^{\frac{\pi}{2}} e^{-Ra\sin\theta} d\theta.$$

因为当 $0 \leq \theta \leq \dfrac{\pi}{2}$ 时,由微分学的知识易证

$$\frac{2\theta}{\pi} \leq \sin\theta.$$

或从图 5.3 看出,在 $y_2 = \sin\theta$ 上作连接 $(0,0)$ 与 $\left(\dfrac{\pi}{2},1\right)$ 的直线 $y_1 = \dfrac{2}{\pi}\theta$,显然对 $0 \leqslant \theta \leqslant \dfrac{\pi}{2}$,

$$y_2 = \sin\theta \geqslant y_1 = \frac{2}{\pi}\theta,$$

所以

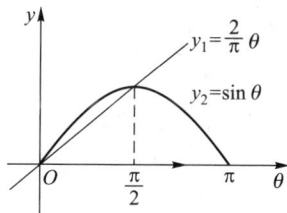

图 5.3

$$\left| \int_{C_R} g(z)\,\mathrm{e}^{iaz}\mathrm{d}z \right| \leqslant 2R\varepsilon \int_0^{\frac{\pi}{2}} \mathrm{e}^{-Ra\sin\theta}\mathrm{d}\theta \leqslant 2R\varepsilon \int_0^{\frac{\pi}{2}} \mathrm{e}^{-\frac{2aR}{\pi}\theta}\mathrm{d}\theta = \frac{\pi\varepsilon}{a}(1-\mathrm{e}^{-aR}) < \frac{\pi\varepsilon}{a},$$

从而有

$$\lim_{R\to+\infty} \int_{C_R} g(z)\,\mathrm{e}^{iaz}\mathrm{d}z = 0.$$

有了此引理,我们设辅助函数为 $R(z)\mathrm{e}^{iaz}$,作图 5.2 中那样的区域,使上半平面内的孤立奇点均含在上半圆内. 由留数定理得

$$\int_{-R}^{R} R(x)\,\mathrm{e}^{iax}\mathrm{d}x + \int_{C_R} R(z)\,\mathrm{e}^{iaz}\mathrm{d}z = 2\pi i \sum_{k=1}^{n} \mathrm{Res}\left[R(z)\,\mathrm{e}^{iaz},z_k\right].$$

当 $R\to+\infty$ 时,由若尔当引理知 $\displaystyle\int_{C_R} R(z)\,\mathrm{e}^{iaz}\mathrm{d}z \to 0$, 所以

$$\int_{-\infty}^{+\infty} \frac{P(x)}{Q(x)}\mathrm{e}^{iax}\mathrm{d}x = 2\pi i \sum_{k=1}^{n} \mathrm{Res}\left[\frac{P(z)}{Q(z)}\mathrm{e}^{iaz},z_k\right]. \qquad (5.10)$$

特别地,将上式分开实部与虚部,就可得到积分

$$\int_{-\infty}^{+\infty} \frac{P(x)}{Q(x)}\cos ax\,\mathrm{d}x \quad 及 \quad \int_{-\infty}^{+\infty} \frac{P(x)}{Q(x)}\sin ax\,\mathrm{d}x.$$

例 5.26　计算积分

$$I_1 = \int_{-\infty}^{+\infty} \frac{\cos x}{x^2+a^2}\mathrm{d}x, \quad I_2 = \int_{-\infty}^{+\infty} \frac{\sin x}{x^2+a^2}\mathrm{d}x.$$

解　$I_1 = \displaystyle\int_{-\infty}^{+\infty} \frac{\cos x}{x^2+a^2}\mathrm{d}x$ 是 $\displaystyle\int_{-\infty}^{+\infty} \frac{\mathrm{e}^{ix}}{x^2+a^2}\mathrm{d}x$ 的实部,

$I_2 = \displaystyle\int_{-\infty}^{+\infty} \frac{\sin x}{x^2+a^2}\mathrm{d}x$ 是 $\displaystyle\int_{-\infty}^{+\infty} \frac{\mathrm{e}^{ix}}{x^2+a^2}\mathrm{d}x$ 的虚部.

容易验证,函数

$$f(z) = \frac{e^{iz}}{z^2 + a^2}$$

满足若尔当引理的条件,其中,$g(z) = \dfrac{1}{z^2 + a^2}$,函数 $f(z)$ 在上半平面内只有一个简单极点 $z = ai\,(z = -ai$ 在下半平面$)$.

$$\int_{-\infty}^{+\infty} \frac{e^{ix}}{x^2 + a^2}\mathrm{d}x = 2\pi i \mathrm{Res}[f(z), ai]$$

$$= 2\pi i \lim_{z \to ai}(z - ai)\frac{e^{iz}}{z^2 + a^2} = 2\pi i \frac{e^{-a}}{2ai} = \frac{\pi e^{-a}}{a}.$$

比较实虚部得

$$\int_{-\infty}^{+\infty} \frac{\cos x}{x^2 + a^2}\mathrm{d}x = \frac{\pi e^{-a}}{a}, \quad \int_{-\infty}^{+\infty} \frac{\sin x}{x^2 + a^2}\mathrm{d}x = 0.$$

*§5.4   对数留数与辐角原理

本节我们将以留数理论为依据,介绍对数留数与辐角原理,它可帮助我们判断一个方程 $f(z) = 0$ 各个根所在的范围,这对研究运动的稳定性往往是有用的.

§5.4.1   对数留数

定义 5.6   形如 $\dfrac{1}{2\pi i}\oint_c \dfrac{f'(z)}{f(z)}\mathrm{d}z$ 的积分称 $f(z)$ 关于 C 的对数留数.

事实上,对数留数就是函数 $f(z)$ 的对数的导数 $\dfrac{f'(z)}{f(z)}$ 在它位于 C 内的孤立奇点处的留数的代数和.

关于对数留数,我们有下面的一个重要定理:

定理 5.10   若 $f(z)$ 在简单闭曲线 C 的内部除去有限个极点外是解析的,并在 C 上解析且不为零,则有

$$\frac{1}{2\pi i}\oint_c \frac{f'(z)}{f(z)}\mathrm{d}z = N - P, \tag{5.11}$$

其中,N 为 $f(z)$ 在 C 内零点的总个数,P 为 $f(z)$ 在 C 内极点的总个数,在计算零点与极点的个数时,m 阶的零点或极点算作 m 个零点或极点.

证　设 $f(z)$ 在 C 内有一个 n_k 阶的零点 a_k，则在 a_k 的邻域内，有

$$f(z) = (z - a_k)^{n_k} \varphi(z),$$

其中 $\varphi(z)$ 是这一邻域内的一个解析函数，且 $\varphi(a_k) \neq 0$，于是有

$$\frac{f'(z)}{f(z)} = \frac{n_k}{z - a_k} + \frac{\varphi'(z)}{\varphi(z)}.$$

因为 $\varphi(z)$ 在 a_k 处解析，所以 $\varphi'(z)$ 也在 a_k 处解析，由于 $\varphi(a_k) \neq 0$，从而 $\dfrac{\varphi'(z)}{\varphi(z)}$ 在 a_k 处解析，所以 a_k 是 $\dfrac{f'(z)}{f(z)}$ 的简单极点且留数为 n_k。

同样，设 $f(z)$ 在 C 内有一个 p_k 阶的极点 b_k，则在 b_k 的去心邻域内，有

$$f(z) = \frac{1}{(z - b_k)^{p_k}} \psi(z),$$

其中，$\psi(z)$ 在 b_k 的邻域内解析，且 $\psi(b_k) \neq 0$，于是有

$$\frac{f'(z)}{f(z)} = \frac{-p_k}{z - b_k} + \frac{\psi'(z)}{\psi(z)}.$$

显然 $\dfrac{\psi'(z)}{\psi(z)}$ 在 b_k 处解析，因此 b_k 是 $\dfrac{f'(z)}{f(z)}$ 的简单极点且留数为 $-p_k$。

如果 $f(z)$ 在 C 内有 l 个阶数分别是 $n_1, n_2, \cdots, n_l$ 的零点 $a_1, a_2, \cdots, a_l$ 和 m 个阶数分别为 $p_1, p_2, \cdots, p_m$ 的极点 $b_1, b_2, \cdots, b_m$，根据上面的讨论和留数定理得

$$\begin{aligned}
\frac{1}{2\pi i} \oint_C \frac{f'(z)}{f(z)} \mathrm{d}z &= \sum_{k=1}^{l} \operatorname{Res}\left[\frac{f'(z)}{f(z)}, a_k\right] + \sum_{k=1}^{m} \operatorname{Res}\left[\frac{f'(z)}{f(z)}, b_k\right] \\
&= (n_1 + n_2 + \cdots + n_l) - (p_1 + p_2 + \cdots + p_m) \\
&= N - P,
\end{aligned}$$

于是定理得证.

§5.4.2　辐角原理

当 C 是一条简单闭曲线时，我们来说明定理 5.10 的几何意义，为此，将对数留数改写为

$$\frac{1}{2\pi i} \oint_C \frac{f'(z)}{f(z)} \mathrm{d}z = \frac{1}{2\pi i} \oint_C \frac{\mathrm{d}}{\mathrm{d}z}\left[\ln f(z)\right] \mathrm{d}z.$$

如图 5.4,当 z 从 C 上一点 z_0 出发,沿 C 的正向绕行一周而回到原出发点 z_0 时,$\ln f(z)$ 连续地变化,其实部 $\ln |f(z)|$ 从 $\ln |f(z_0)|$ 开始连续变化最后又回到 $\ln |f(z_0)|$,但其虚部通常不回到原来的值. 令 φ_0 为 $\arg f(z_0)$ 在开始时的值,φ_1 为其绕行后的值,于是有

$$\frac{1}{2\pi i}\int_C \frac{f'(z)}{f(z)}\mathrm{d}z = \frac{1}{2\pi i}\{[\ln |f(z_0)| + i\varphi_1] - [\ln |f(z_0)| + i\varphi_0]\}$$

$$= \frac{\varphi_1 - \varphi_0}{2\pi} = \frac{\Delta_C \arg f(z)}{2\pi},$$

其中 $\Delta_C \arg f(z)$ 表示 z 沿 C 之正向绕行一周后 $\arg f(z)$ 的改变量,它是 2π 的整数倍.

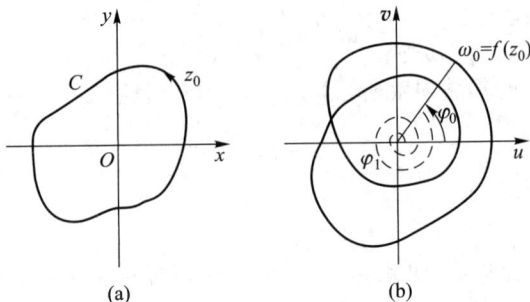

图 5.4

从而可将(5.11)式写成

$$N - P = \frac{1}{2\pi}\Delta_C \arg f(z). \tag{5.12}$$

(5.12)式可表述为:$f(z)$ 在 C 内的零点个数减去极点个数,等于当点 z 沿 C 正向移动一周时,z 的像 $w = f(z)$(在 w 平面上)绕原点移动的圈数.

特殊情形:若 $f(z)$ 在 C 内解析,则 $P = 0$. 于是(5.12)式成为

$$N = \frac{1}{2\pi}\Delta_C \arg f(z).$$

我们可以利用(5.12)式计算 $f(z)$ 在 C 内零点的个数,因此,有下面的辐角原理:

定理 5.11(辐角原理)   在定理 5.10 的条件下,$f(z)$ 在 C 内部的零点个数与极点个数之差,等于当 z 沿 C 之正向绕行一周后 $\arg f(z)$ 的改变量 $\Delta_C \arg f(z)$ 除以 2π,即

$$N - P = \frac{1}{2\pi} \Delta_C \arg f(z).$$

特别地,当 $f(z)$ 在 C 上及 C 内部解析且 $f(z)$ 在 C 上不为零时, 则有

$$N = \frac{1}{2\pi} \Delta_C \arg f(z).$$

§5.4.3 儒歇(Rouché)定理

从辐角原理还可推出一个很有用的结果.

定理 5.12 设函数 $f(z)$ 与 $g(z)$ 在简单闭曲线 C 上及 C 内解析. 且在 C 上 $|f(z)| > |g(z)|$,则在 C 内 $f(z)$ 与 $f(z)+g(z)$ 有相同个数的零点.

证 设 $f(z)$ 及 $f(z)+g(z)$ 的零点个数分别为 M 及 N. 由于在 C 上 $|g(z)| < |f(z)|$,又因

$$|f + g| \geqslant |f| - |g| > 0,$$

因此 $f(z)$ 与 $f(z)+g(z)$ 在 C 上均无零点. 由辐角原理知

$$N = \frac{1}{2\pi} \Delta_C \arg[f(z) + g(z)] = \frac{1}{2\pi} \Delta_C \arg\left\{ f(z) \left[1 + \frac{g(z)}{f(z)} \right] \right\}$$

$$= \frac{1}{2\pi} \Delta_C \arg f(z) + \frac{1}{2\pi} \Delta_C \arg\left(1 + \frac{g(z)}{f(z)} \right),$$

由于在 C 上有 $|g(z)| < |f(z)|$,即

$$\left| \frac{g(z)}{f(z)} \right| < 1,$$

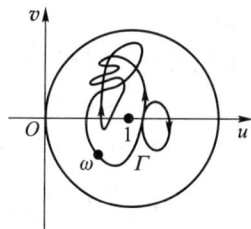

图 5.5

故当 z 在 C 上移动时,对应的点 $w = 1 + \dfrac{g(z)}{f(z)}$ 总落在以 1 为中心,1 为半径的圆内(图5.5). 由于函数

$$w = 1 + \frac{g(z)}{f(z)}$$

连续,故经此变换后 C 的像 Γ 仍是一闭曲线,且 Γ 完全落在上述圆内,它决不绕过坐标原点 $w = 0$,故 $\Delta_\Gamma \arg w = 0$,从而有

$$\Delta_C \arg\left(1 + \frac{g(z)}{f(z)} \right) = 0.$$

最后便得到

$$N = \frac{1}{2\pi} \Delta_C \arg f(z) = M.$$

定理证毕.

利用儒歇定理有时就可以决定解析函数在区域内的零点个数.

例 5.27   求方程 $z^8 - 5z^5 - 2z + 1 = 0$ 在 $|z| < 1$ 内根的个数.

解   令 $f(z) = -5z^5 + 1$, $g(z) = z^8 - 2z$, 因为当 $|z| = 1$ 时, 我们有 $|f(z)| \geqslant |5z^5| - 1 = 4$, 而 $|g(z)| \leqslant |z^8| + 2|z| = 3$, 所以给定的方程在 $|z| < 1$ 内根的个数与 $-5z^5 + 1$ 在 $|z| < 1$ 内零点的个数相同, 即 5 个.

例 5.28   证明: 方程 $z^7 - z^3 + 12 = 0$ 的根都在圆环 $1 < |z| < 2$ 内.

证   设 $f(z) = z^7 + 12$, $g(z) = -z^3$. 此两函数都在全平面为解析, 而在 $|z| = 2$ 上, 有

$$|f(z)| \geqslant 2^7 - 12 > 2^3 = |g(z)|.$$

故 $F(z) = z^7 - z^3 + 12 = f(z) + g(z)$ 与 $f(z)$ 在 $|z| < 2$ 内有相同个数的零点. 但 $f(z) = z^7 + 12$ 的 7 个零点就是 $(-12)^{\frac{1}{7}}$ 的 7 个值, 它们的模都等于 $\sqrt[7]{12} < 2$. 故 $z^7 - z^3 + 12 = 0$ 在 $|z| < 2$ 内有 7 个根. 又在 $|z| = 1$ 上,

$$|f(z)| \geqslant 12 - 1 > 1 = |g(z)|,$$

故 $F(z)$ 与 $f(z)$ 在 $|z| < 1$ 内有相同个数的零点. 但 $f(z) = z^7 + 12$ 在 $|z| < 1$ 内没有零点, 故 $F(z)$ 在 $|z| < 1$ 内也没有零点. 而在 $|z| = 1$ 上,

$$|F(z)| > 12 - 2 > 0,$$

所以 $F(z) = z^7 - z^3 + 12 = 0$ 的全部根 (7 个) 都在圆环 $1 < |z| < 2$ 内.

例 5.29   用儒歇定理证明代数学基本定理: n 次多项式

$$P(z) = a_0 z^n + a_1 z^{n-1} + \cdots + a_{n-1} z + a_n \quad (a_0 \neq 0)$$

必有 n 个根 (即 $P(z)$ 有 n 个一阶零点).

证   令 $f(z) = a_0 z^n$, $g(z) = a_1 z^{n-1} + \cdots + a_n$, 当 z 在充分大的圆周 $C: |z| = R$ 上时 $\left(\text{例如, 取 } R > \max\left\{\dfrac{|a_1| + \cdots + |a_n|}{|a_0|}, 1\right\}\right)$,

$$|g(z)| \leqslant |a_1| R^{n-1} + \cdots + |a_{n-1}| R + |a_n|$$
$$< (|a_1| + \cdots + |a_n|) R^{n-1}$$
$$< |a_0| R^n = |f(z)|.$$

根据儒歇定理知 $P(z) = f(z) + g(z)$ 与 $f(z)$ 在 C 内部有同样多的零点, 即 n 个零点.

本章小结

本章研究了留数理论的基础——留数基本定理以及其在定积分计算中的应用,并讨论了由留数理论导出的辐角原理和儒歇定理,学习要点如下:

1. 本章研究的主要内容就其实质来说是解析函数积分理论的继续,前述第三章的柯西积分定理与柯西积分公式就是留数基本定理的特例. 我们知道留数的定义是用孤立奇点处的洛朗级数负一次幂项的系数来定义的. 留数基本定理把解析函数沿封闭曲线的积分计算问题转化为求函数在该封闭曲线内部各个孤立奇点处的留数问题,这充分显示了留数的积表达形式在解析函数的积分计算中所具有的重要价值. 对此我们应有明确的认识.

2. 函数在其极点的留数计算极为常见. 如把"函数的零阶导数"定义为"函数本身",则当 z_0 为 $f(z)$ 的 m 阶极点时,可以有统一公式:

$$\text{Res}[f(z), z_0] = \frac{1}{(m-1)!} \lim_{z \to z_0} \frac{d^{m-1}}{dz^{m-1}}[(z - z_0)^m f(z)] \quad (m \text{ 为正整数}),$$

这自然就把求留数的问题转化为求导数和极限的问题了.

3. 留数理论为计算某些类型的实变量函数的定积分和反常积分提供了极为有效的方法,尤其是对那些计算比较复杂或不能直接用不定积分来计算的定积分,留数理论的实用价值就得到了充分的体现. 甚至对那些用普通方法也能求出来的定积分,如果应用留数理论计算同样也比较简捷省力.

第五章单元
自测题

思考题

5.1 何谓函数在孤立奇点处的留数? 孤立奇点的分类对于计算留数的作用是什么?

5.2 如何计算函数在极点处的留数? 如何计算函数在本性奇点处的留数?

5.3 留数定理的内容是什么? 其证明依据是什么? 怎样运用留数定理来计算积分(包括解析函数沿封闭曲线的积分和某些实积分)?

习题五

5.1 问 $z=0$ 是否为下列函数的孤立奇点?

(1) $e^{\frac{1}{z}}$;　　　(2) $\cot \frac{1}{z}$;　　　(3) $\frac{1}{\sin z}$.

5.2 找出下列各函数的所有零点. 并指明其阶数:

(1) $\frac{z^2+9}{z^4}$;　　　(2) $z\sin z$;　　　(3) $z^2(e^{z^2}-1)$.

5.3 下列各函数有哪些有限奇点? 各属何类型(如是极点,指出它的阶数):

(1) $\dfrac{z-1}{z(z^2+4)^2}$;   (2) $\dfrac{\sin z}{z^3}$;   (3) $\dfrac{1}{\sin z+\cos z}$;

(4) $\dfrac{1}{z^2(\mathrm{e}^z-1)}$;   (5) $\dfrac{\ln(1+z)}{z}$;   (6) $\dfrac{1}{\mathrm{e}^z-1}-\dfrac{1}{z}$.

5.4 证明:设函数 $f(z)$ 在 $0<|z-z_0|<\delta(0<\delta<+\infty)$ 内解析,那么 z_0 是 $f(z)$ 的极点的充分必要条件是 $\lim\limits_{z\to z_0}f(z)=\infty$.

5.5 如果 $f(z)$ 与 $g(z)$ 是以 z_0 为零点的两个不恒为零的解析函数,则

$$\lim_{z\to z_0}\frac{f(z)}{g(z)}=\lim_{z\to z_0}\frac{f'(z)}{g'(z)}\ (\text{或两端均为}\ \infty).$$

$$\left[\text{提示:将}\frac{f(z)}{g(z)}\text{写成}(z-z_0)^{m-n}\frac{\varphi(z)}{\psi(z)}\text{的形式,再讨论.}\right]$$

5.6 问 ∞ 是否为下列各函数的孤立奇点?

(1) $\dfrac{\sin z}{1+z^2+z^3}$;   (2) $\dfrac{1}{\mathrm{e}^z-1}$.

5.7 求出下列函数在有限孤立奇点处的留数:

(1) $\dfrac{\mathrm{e}^z-1}{z}$;   (2) $\dfrac{z^7}{(z-2)(z^2+1)^2}$;   (3) $\dfrac{\sin 2z}{(z+1)^3}$;

(4) $z^2\sin\dfrac{1}{z}$;   (5) $\dfrac{1}{z\sin z}$;   (6) $\dfrac{\sinh z}{\cosh z}$.

5.8 利用留数计算下列积分:

(1) $\displaystyle\oint_{|z|=1}\frac{\mathrm{d}z}{z\sin z}$;   (2) $\displaystyle\oint_{|z|=\frac{3}{2}}\frac{\mathrm{e}^z}{(z-1)(z+3)^2}\mathrm{d}z$;

(3) $\displaystyle\oint_{|z|=2}\frac{\mathrm{e}^{2z}}{(z-1)^2}\mathrm{d}z$;   (4) $\displaystyle\oint_{|z|=\frac{1}{2}}\frac{\sin z}{z(1-\mathrm{e}^z)}\mathrm{d}z$;

(5) $\displaystyle\oint_{|z|=1}\frac{\mathrm{d}z}{(z-a)^n(z-b)^n}$ (n 为正整数, $|a|\neq 1$, $|b|\neq 1$, $|a|<|b|$).

5.9 判定 $z=\infty$ 是下列各函数的什么奇点,并求出在 ∞ 的留数:

(1) $\sin z-\cos z$;   (2) $\dfrac{1}{z(z+1)^2(z-4)}$;   (3) $z+\dfrac{1}{z}$.

5.10 求下列积分:

(1) $\displaystyle\oint_{|z|=2}\frac{z^3}{1+z}\mathrm{e}^{\frac{1}{z}}\mathrm{d}z$;   (2) $\displaystyle\oint_{|z|=3}\frac{z^{15}}{(z^2+1)^2(z^4+2)^3}\mathrm{d}z$.

5.11 设函数 $f(z)$ 在 $R<|z-z_0|<+\infty$ 的洛朗级数展开式为 $f(z)=\displaystyle\sum_{n=-\infty}^{\infty}C_n(z-z_0)^n$,求证:$\mathrm{Res}[f(z),\infty]=-C_{-1}$.

5.12 求下列各积分之值:

(1) $\displaystyle\int_0^{2\pi}\frac{\mathrm{d}\theta}{a+\cos\theta}$ ($a>1$);   (2) $\displaystyle\int_0^{2\pi}\frac{\mathrm{d}\theta}{5+3\cos\theta}$;

(3) $\displaystyle\int_{-\infty}^{+\infty}\frac{x^2}{(x^2+a^2)^2}\mathrm{d}x$ ($a>0$);   (4) $\displaystyle\int_{-\infty}^{+\infty}\frac{\cos x}{x^2+4x+5}\mathrm{d}x$;

（5）$\displaystyle\int_{-\infty}^{+\infty}\frac{x^2}{1+x^4}\mathrm{d}x$；　　　　　　（6）$\displaystyle\int_{-\infty}^{+\infty}\frac{x\sin ax}{x^2+b^2}\mathrm{d}x(a>0,b>0)$.

5.13　证明：$z^4+6z+1=0$ 有三个根在圆环域 $\dfrac{1}{2}<\mid z\mid<2$ 内.

5.14　方程 $z^4-5z+1=0$ 在 $\mid z\mid<1$ 与 $1<\mid z\mid<2$ 内各有几个根？

5.15　如果 $a>\mathrm{e}$，求证：方程 $\mathrm{e}^z=az^n$ 在单位圆盘内有 n 个根.

第六章 共形映射

前面几章主要是运用分析的方法(如微分、积分、级数展开等)来讨论复变解析函数的性质和应用. 而从几何的观点来看，一个复变函数 $w=f(z)$ 实际上给出了 z 平面上的一个点集到 w 平面上一个点集的映射. 研究这种映射关系，可以使我们对解析函数有更深刻的认识. 本章主要讨论由解析函数构成的共形映射[①]及其一些重要特征，重点讨论由分式线性函数构成的映射. 共形映射在解决流体力学、电磁学、传热学等实际问题中，发挥了重要的作用.

§6.1 共形映射的概念

探讨复变函数映射的几何特性，首先是要弄清楚复平面上的一个点集（曲线或者区域）与它的像集之间的对应关系. 我们知道，在单变量实函数中，导数被用来刻画因变量相对于自变量的变化情况，且具有相当明显的几何意义. 那么，一个复变函数的导函数将会刻画什么样的关系呢？又有什么样的几何意义呢？

§6.1.1 导函数的几何意义

在讨论导函数的几何意义之前，我们要先给出两个概念，用来描述像曲线与原曲线之间的变化特征.

1. 伸缩率与旋转角

如图 6.1，C 是 z 平面上过 z_0 点的曲线，经函数 $w=f(z)$ 映射为 w 平面上过 w_0 点的曲线 Γ，其中 $w_0=f(z_0)$. 在曲线 C 上 z_0 点附近任取一点 $z=z_0+\Delta z=z_0+|\Delta z|\mathrm{e}^{\mathrm{i}\theta}$，则在曲线 Γ 上有对应的点 $w=w_0+\Delta w=w_0+|\Delta w|\mathrm{e}^{\mathrm{i}\varphi}$. 显然当 $|z-z_0|$ 较小时，$|w-w_0|$ 与 $|z-z_0|$ 的比值近似地反映了曲线 C 在 z_0 点附近经函数 $w=f(z)$ 映射后被拉伸或者被压缩的倍数.

特别地，当 z 沿曲线 C 趋于 z_0 点时，若 $\lim\limits_{z\to z_0}\dfrac{|w-w_0|}{|z-z_0|}$ 存在，则此极限值称为曲线 C 经函数 $w=f(z)$ 映射后在 z_0 处的**伸缩率**.

伸缩率与旋转角

---

① 某些书中称为"保形映射".

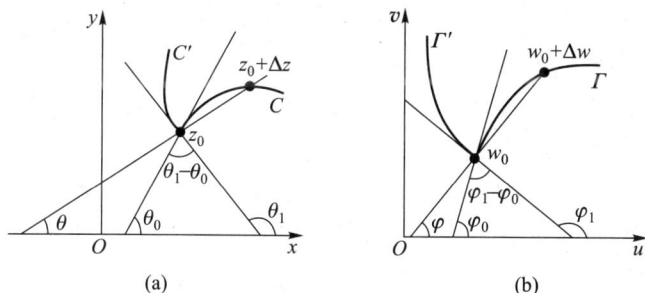

图 6.1

另一方面,设曲线 C 在 z_0 处的切线倾角为 θ_0,曲线 Γ 在 w_0 处的切线倾角为 φ_0,则 $\lim\limits_{\substack{z \to z_0 \\ C}}(\varphi-\theta)=\varphi_0-\theta_0$ 称为曲线 C 经函数 $w=f(z)$ 映射后在 z_0 处的**旋转角**,它刻画了由曲线 C 在 z_0 处的切线转动到曲线 Γ 在 w_0 处的切线所需转过的角度.

可以看出,伸缩率与旋转角完全描述了在 $w=f(z)$ 映射下曲线 Γ 相对于曲线 C 的变化特征.下面我们将看到,当函数 $w=f(z)$ 解析时,这两个特征可以由导数的模与辐角定量给出.

2. 伸缩率不变性

现假设函数 $w=f(z)$ 在区域 D 内解析,$z_0 \in D$,且 $f'(z_0) \neq 0$.采用前面的记号,并由导数的定义可得

$$f'(z_0) = \lim_{\Delta z \to 0}\frac{\Delta w}{\Delta z} = \lim_{\Delta z \to 0}\frac{|\Delta w|\,\mathrm{e}^{\mathrm{i}\varphi}}{|\Delta z|\,\mathrm{e}^{\mathrm{i}\theta}} = \lim_{\Delta z \to 0}\frac{|\Delta w|}{|\Delta z|}\mathrm{e}^{\mathrm{i}(\varphi-\theta)}, \tag{6.1}$$

因此有

$$|f'(z_0)| = \lim_{\Delta z \to 0}\frac{|\Delta w|}{|\Delta z|}.$$

根据伸缩率的概念可知,导数的模 $|f'(z_0)|$ 实际上就是曲线 C 经函数 $w=f(z)$ 映射后在 z_0 处的伸缩率.由于函数 $w=f(z)$ 可导,因此 $|f'(z_0)|$ 只与 z_0 有关,而与曲线 C 本身的形状和方向无关,即对经过 z_0 点的任何曲线 C,经 $w=f(z)$ 映射后在 z_0 点均有相同的伸缩率.因此称这种映射具有**伸缩率不变性**.

3. 旋转角不变性与保角性

由式(6.1)还可得

$$\arg f'(z_0) = \lim_{\Delta z \to 0}(\varphi - \theta) = \varphi_0 - \theta_0. \tag{6.2}$$

同样根据旋转角的概念可知,导数的辐角 $\arg f'(z_0)$ 就是曲线 C 经函数 $w = f(z)$ 映射后在 z_0 处的旋转角,它也与曲线 C 本身的形状与方向无关. 因此称这种映射具有**旋转角不变性**.

另外,设在区域 D 内还有一条过 z_0 点的曲线 C' (图 6.1),经函数 $w = f(z)$ 映射后的曲线为 Γ',且 C' 在 z_0 处的切线倾角为 θ_1,Γ' 在 w_0 处的切线倾角为 φ_1,则有

$$\arg f'(z_0) = \varphi_1 - \theta_1. \tag{6.3}$$

由式(6.2)与(6.3)得

$$\varphi_1 - \varphi_0 = \theta_1 - \theta_0.$$

即这种映射保持了两条曲线的交角的大小与方向不变,称此性质为**保角性**.

特别指出的是,$f'(z_0) \neq 0$ 是必要的,否则保角性将不成立.

例 6.1 求函数 $w = z^3$ 在 $z_1 = i$ 与 $z_2 = 0$ 处的导数值,并说明其几何意义.

解 函数 $w = f(z) = z^3$ 在整个复平面上是解析的,其导数为 $f'(z) = 3z^2$.

(1) 对 $z_1 = i$,$f'(i) = -3 = 3e^{i\pi}$,因此映射 $w = z^3$ 在 $z_1 = i$ 处具有保角性且伸缩率不变. 其伸缩率为 3,旋转角为 π.

(2) 对 $z_2 = 0$,$f'(0) = 0$,从图 6.2 中可以看出,映射 $w = z^3$ 在 $z_2 = 0$ 处不具有保角性.

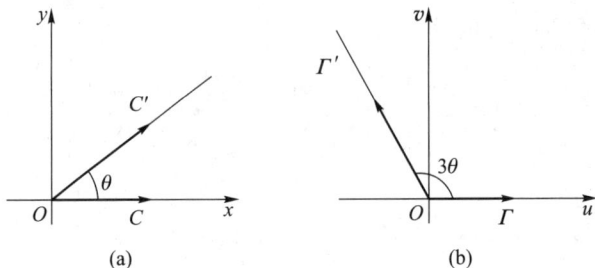

图 6.2

§6.1.2 共形映射的概念

定义 6.1 对于定义在区域 D 内的映射 $w = f(z)$,若它在 D 内任意一点具有保角性和伸缩率不变性,则称 $w = f(z)$ 是**第一类保角映射**;若它在 D 内任意一点保持曲线的交角的大小不变但方向相反和伸缩率不变,则称 $w = f(z)$ 是**第二类保角映射**.

根据前面的讨论,可得下面的定理.

定理 6.1　设函数 $f(z)$ 在区域 D 内解析,且 $f'(z) \neq 0$,则它所构成的映射是第一类保角映射.

关于第二类保角映射,我们通过下面的例子给出简单的说明.

例 6.2　考察函数 $w = \bar{z}$ 所构成的映射.

解　对于复平面上的任意一点 z_0,有 $\lim\limits_{z \to z_0} \dfrac{|w - w_0|}{|z - z_0|} =$

$\lim\limits_{z \to z_0} \dfrac{|\bar{z} - \bar{z}_0|}{|z - z_0|} = 1$(即极限存在),因此映射 $w = \bar{z}$ 具有伸缩率不变性;又由于 $w = \bar{z}$ 是关于实轴对称的映射,因此它使得曲线的交角的大小不变但方向相反(图 6.3). 根据定义可知,函数 $w = \bar{z}$ 是第二类保角映射.

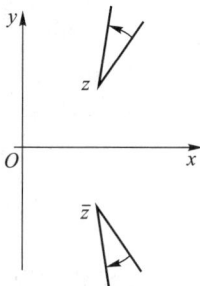

图 6.3

定义 6.2　设 $w = f(z)$ 是区域 D 内的第一类保角映射. 若当 $z_1 \neq z_2$ 时,有 $f(z_1) \neq f(z_2)$,则称 $f(z)$ 为**共形映射**.

例 6.3　考察函数 $w = \mathrm{e}^z$ 构成的映射.

解　由于 $w = \mathrm{e}^z$ 在复平面上解析且 $(\mathrm{e}^z)' \neq 0$,因此它在任何区域内均构成第一类保角映射. 但它不一定构成共形映射. 例如在区域 $0 < \mathrm{Im}\, z < 4\pi$ 内,取 $z_1 = \dfrac{\pi}{2}\mathrm{i}$, $z_2 = \left(2\pi + \dfrac{\pi}{2}\right)\mathrm{i}$,则 $\mathrm{e}^{z_1} = \mathrm{e}^{z_2} = \mathrm{i}$,因此 $w = \mathrm{e}^z$ 不构成共形映射. 而在区域 $0 < \mathrm{Im}\, z < 2\pi$ 内,$w = \mathrm{e}^z$ 是共形映射.

因此,共形映射的特点是双方单值且在区域内每一点具有保角性和伸缩率不变性.

§6.2　共形映射的基本问题

根据理论和实际应用的需要,对于共形映射,我们主要研究两个方面的问题.

问题一　对于给定的区域 D 和定义在 D 上的解析函数 $w = f(z)$,求像集 $G = f(D)$,并讨论 $f(z)$ 是否将 D 共形地映射为 G.

问题二　给定两个区域 D 和 G,求一解析函数 $w = f(z)$,使得 $f(z)$ 将 D 共形地映射为 G.

其中第二个问题称为共形映射的**基本问题**,它更具有实用价值,但也更为困难. 本节对这两个问题只给出一般性的理论描述,具体求解将在后面的几节中进行. 另外,本节中所涉及的有关定理的证明均较为复杂,故从略.

实际上,对于问题二,我们只需考虑能把区域 D 变为单位圆内部即可.

这是因为如果存在函数 $\xi=f(z)$ 把 D 变为 $|\xi|<1$,而函数 $\xi=g(w)$ 把 G 变为 $|\xi|<1$,那么 $w=g^{-1}(f(z))$ 把 D 映射为 G(图 6.4).

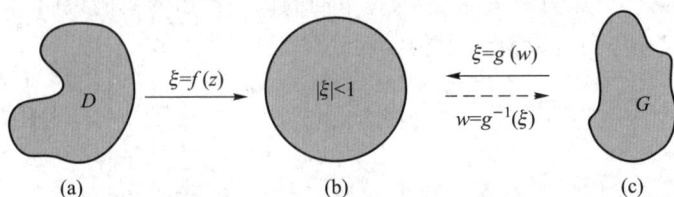

图 6.4

§6.2.1   解析函数的保域性与边界对应原理

对于问题一,有下面两个定理.

定理 6.2(保域性定理)   设函数 $f(z)$ 在区域 D 内解析,且不恒为常数,则像集合 $G=f(D)$ 是区域.

定理 6.3(边界对应原理)   设区域 D 的边界为简单闭曲线 C,函数 $w=f(z)$ 在 $\overline{D}=D\cup C$ 上解析,且将 C 双方单值地映射成简单闭曲线 Γ. 当 z 沿 C 的正向绕行时,相应的 w 的绕行方向定为 Γ 的正向,并令 G 是以 Γ 为边界的区域,则 $w=f(z)$ 将 D 共形映射成 G.

在这两个定理中,定理 6.2 说明了解析函数把区域变为区域,而定理 6.3 则为像区域的确定给出了一个一般性的方法,即并不需要对整个区域 D 进行考虑,而是只需求出 D 的边界 C 所对应的曲线 Γ 及其方向,则以有向曲线 Γ 为边界的区域就是像区域. 这一方法对于问题二的求解也是有用的.

这里应特别注意的是 Γ 的方向. 如图 6.5,区域 D 在曲线 C 的内部,在 C 上沿逆时针方向取三点 z_1,z_2,z_3,函数 $w=f(z)$ 将 C 与 z_1,z_2,z_3 分别映射为 Γ 和 w_1,w_2,w_3.若 w_1,w_2,w_3 也按逆时针方向排列,则像区域 G 在 Γ 的内部,否则 G 在 Γ 的外部.

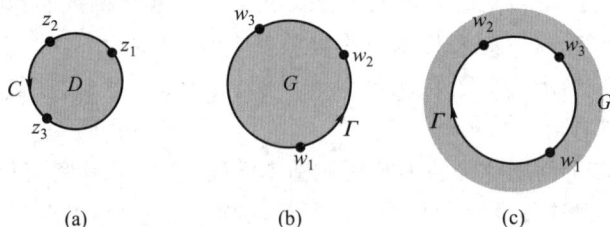

图 6.5

求像区域的一般步骤

例 6.4 设区域 $D = \left\{z : 0 < \arg z < \dfrac{\pi}{2}, \ 0 < |z| < 1\right\}$，求区域 D 在映射 $w = z^3$ 下的像区域 G.

解 如图 6.6，设区域 D 的边界为 $C_1 + C_2 + C_3$，其中 C_1 的方程为 $z = \mathrm{e}^{\mathrm{i}\theta}$ $\left(\theta \text{ 从 } 0 \text{ 到 } \dfrac{\pi}{2}\right)$，相应的像曲线 Γ_1 的方程为

$$w = \mathrm{e}^{\mathrm{i}3\theta} = \mathrm{e}^{\mathrm{i}\varphi}\left(\varphi \text{ 从 } 0 \text{ 到 } \dfrac{3\pi}{2}\right);$$

C_2 的方程为 $z = \mathrm{i}y$（y 从 1 到 0），相应的像曲线 Γ_2 的方程为

$$w = \mathrm{i}(-y^3) = \mathrm{i}v\ (v \text{ 从 } -1 \text{ 到 } 0);$$

C_3 的方程为 $z = x$（x 从 0 到 1），相应的像曲线 Γ_3 的方程为

$$w = x^3 = u\ (u \text{ 从 } 0 \text{ 到 } 1).$$

因此像区域为

$$G = \left\{w : 0 < |w| < 1,\ 0 < \arg w < \dfrac{3\pi}{2}\right\}.$$

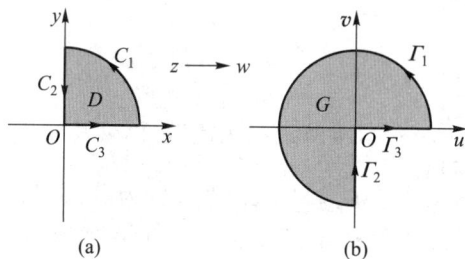

图 6.6

§6.2.2 共形映射的存在唯一性

对于问题二，我们首先要探讨一下这样的函数是否存在，如果存在又是否唯一. 关于这两点，可以先来看看下面的两个事实.

（1）关于存在性 当区域 D 为下面两种情况之一时，将不存在解析函数，使之共形地映射为单位圆内部. 第一，区域 D 是扩充复平面；第二，区域 D 是扩充复平面除去一点（不妨设为 ∞ 点，如果是有限点 z_0，只需作一映射 $\xi = \dfrac{1}{z - z_0}$ 即可）. 无论哪一种情况，如果存在解析函数 $w = f(z)$ 将它们共形映射为 $|w| < 1$，那么 $f(z)$ 在整个复平面上解析，且 $|f(z)| < 1$. 根据刘维尔定理

（见 §3.4）$f(z)$ 必恒为常数. 这显然不是我们所要求的映射.

（2）关于唯一性   一般说来是不唯一的,例如,对任意给定的常数 θ_0, 映射 $w=ze^{i\theta_0}$ 均把单位圆内部映射为单位圆内部.

那么,到底在什么情况下,共形映射函数存在且唯一呢? 黎曼 (Riemann) 在 1851 年给出了下面的定理,它是共形映射的基本定理.

定理 6.4（黎曼存在唯一性定理）   设区域 D 与 G 是任意给定的两个单连通区域,它们各自的边界都至少包含两点,则一定存在解析函数 $w=f(z)$ 把 D 共形地映射为 G. 如果在 D 和 G 内再分别任意指定一点 z_0 和 w_0,并任给一实数 $\theta_0(-\pi<\theta_0\leqslant\pi)$,要求函数 $w=f(z)$ 满足 $f(z_0)=w_0$ 且 $\arg f'(z_0)=\theta_0$,那么映射 $w=f(z)$ 是唯一的.

黎曼存在唯一性定理肯定了满足给定条件的函数的存在唯一性,但没有给出具体的求解方法. 事实上,对一般情况而言,具体求解是比较困难的. 因此,下面我们只是针对某些初等函数特别是分式线性函数所构成的映射进行讨论.

§6.3   分式线性映射

由分式线性函数

$$w = \frac{az + b}{cz + d} \quad (a,b,c,d \text{ 为复数且 } ad - bc \neq 0) \tag{6.4}$$

构成的映射,称为**分式线性映射**. 其逆映射也为分式线性映射. 特别地,当 $c=0$ 时,则称为**(整式)线性映射**. 分式线性映射在理论和实际应用中都是非常重要的一类映射.

§6.3.1   分式线性函数的分解

要弄清分式线性函数的映射特征,我们只需对下面四种简单函数进行讨论.

（1）$w=z+b$ （b 为复数）;

（2）$w=ze^{i\theta_0}$ （θ_0 为实数）;

（3）$w=rz$ （$r>0$）;

（4）$w=\dfrac{1}{z}$.

这是因为任何分式线性函数总可以分解为这四种形式的复合. 即对 (6.4) 式,我们有:当 $c=0$ 时,

$$w = \frac{az + b}{d} = \frac{a}{d}\left(z + \frac{b}{a}\right);\qquad(6.5)$$

当 $c \neq 0$ 时,

$$w = \frac{az + b}{cz + d} = \frac{a}{c} + \frac{bc - ad}{c(cz + d)}.$$

例 6.5 将分式线性映射 $w = \dfrac{2z}{z+i}$ 分解为四种形式的复合.

解 $w = \dfrac{2z}{z+i} = 2 + \dfrac{-2i}{z+i} = 2 + 2e^{-\frac{\pi}{2}i}\left(\dfrac{1}{z+i}\right)$,其复合过程为

$$z \xrightarrow[(1)]{z+i} z_1 \xrightarrow[(4)]{\frac{1}{z_1}} z_2 \xrightarrow[(2)]{z_2 e^{-\frac{\pi}{2}i}} z_3 \xrightarrow[(3)]{2z_3} z_4 \xrightarrow[(1)]{z_4+2} w.$$

因此,知道了这四种函数映射的几何性质,就可以知道一般分式线性函数所确定的映射的特征. 另外,由(6.5)式还可以看出,前三种函数构成(整式)线性映射. 因此,分式线性映射也可以分解为(整式)线性映射与 $w = \dfrac{1}{z}$ 所构成的映射的复合. 这样在后面的讨论中,有时会根据需要,只对(整式)线性映射与 $w = \dfrac{1}{z}$ 进行讨论,而不必细分为四种形式.

1. 平移、旋转与相似映射

为了讨论方便,z 与 w 放在同一复平面上.

(1) 平移映射: $w = z + b$.

令 $z = x + iy$,$b = b_1 + ib_2$,$w = u + iv$,则有 $u = x + b_1$,$v = y + b_2$. 如图 6.7,它将曲线 C 沿 b 的方向平移到曲线 Γ.

(2) 旋转映射: $w = ze^{i\theta_0}$.

令 $z = re^{i\theta}$,则有 $w = re^{i(\theta+\theta_0)}$. 如图 6.8,它将曲线 C 绕原点旋转到曲线 Γ. 当 $\theta_0 > 0$ 时,逆时针旋转;当 $\theta_0 < 0$ 时,顺时针旋转.

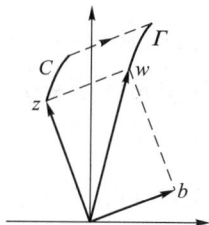

图 6.7

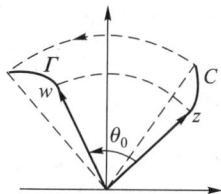

图 6.8

（3）相似映射：$w = rz$.

令 $z = \rho e^{i\theta}$，则有 $w = r\rho e^{i\theta}$. 如图6.9，它将曲线 C 放大（或缩小）到曲线 Γ. 相似映射的特点是对复平面上任意一点 z，保持辐角不变，而将模放大（$r>1$）或者缩小（$r<1$）.

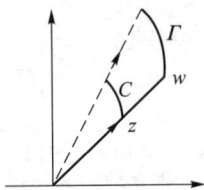

图 6.9

2. 反演映射

映射 $w = \dfrac{1}{z}$ 称为 **反演映射**，令 $z = re^{i\theta}$，则 $w = \dfrac{1}{r}e^{i(-\theta)}$，即 $|w| = \dfrac{1}{|z|}$，$\arg w = -\arg z$. 由 $|w| = \dfrac{1}{|z|}$ 可知，当 $|z|<1$ 时，$|w|>1$；当 $|z|>1$ 时，$|w|<1$. 因此反演映射 $w = \dfrac{1}{z}$ 的特点是将单位圆内部（或外部）的任一点映射到单位圆外部（或内部），且辐角反号.

从图 6.10 中可以清楚地看出，映射 $w = \dfrac{1}{z}$ 实际上可以分两步进行. 先将 z 映射为 w_1，满足 $|w_1| = \dfrac{1}{|z|}$ 且 $\arg w_1 = \arg z$；再将 w_1 映射为 w，满足 $|w| = |w_1|$ 且 $\arg w = -\arg w_1$. 从几何角度看，w 与 w_1 是关于实轴对称的，那么 z 与 w_1 的几何关系是什么呢？

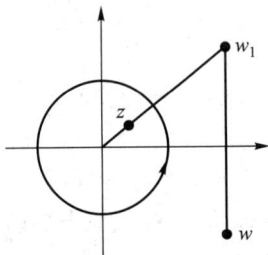

图 6.10

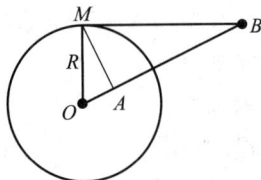

图 6.11

定义 6.3   设某圆的半径为 R，A,B 两点在从圆心出发的射线上，且 $\overline{OA} \cdot \overline{OB} = R^2$，则称 A 和 B 是关于**圆周对称**的（图6.11）. 自然地，规定圆心与无穷远点关于该圆周对称.

根据这一定义可知，z 与 w_1 是关于单位圆对称的. 因此，映射 $w = \dfrac{1}{z}$ 可由单位圆对称映射与实轴对称映射复合而成. 事实上，如果我们将 $w = \dfrac{1}{z}$ 写成

$\xi=\dfrac{1}{z}$ 与 $w=\overline{\xi}$ 的复合,那么前者正好是单位圆对称映射,而后者正好是实轴对称映射.

为了方便地进行后面的讨论,对反演映射作如下的规定和说明.

（1）规定反演映射 $w=\dfrac{1}{z}$ 将 $z=0$ 映射成 $w=\infty$,将 $z=\infty$ 映射成 $w=0$.

（2）规定函数 $f(z)$ 在 $z=\infty$ 点及其邻域的性态可由函数 $\varphi(\xi)$ 在 $\xi=0$ 点及其邻域的性态确定,其中 $\xi=\dfrac{1}{z}$,$\varphi(\xi)=\varphi\left(\dfrac{1}{z}\right)=f(z)$. 按照此规定,当我们讨论函数 $f(z)$ 在 $z=\infty$ 点附近的性态时,可以先通过反演映射将 $f(z)$ 化为 $\varphi(\xi)$,再讨论 $\varphi(\xi)$ 在原点附近的性态. 例如,若 $\varphi(\xi)$ 在 $\xi=0$ 处解析,且 $\lim\limits_{\xi\to0}\varphi(\xi)=\varphi(0)=A$,则可以认为 $f(z)$ 在 $z=\infty$ 点解析,且 $\lim\limits_{z\to\infty}f(z)=f(\infty)=A$.

§6.3.2　分式线性映射的保形性

首先对 $w=\dfrac{1}{z}$ 进行讨论. 根据前面的规定它在整个扩充复平面上是双方单值的.

当 $z\neq0$ 和 $z\neq\infty$ 时,$w=\dfrac{1}{z}$ 解析且 $\dfrac{dw}{dz}=-\dfrac{1}{z^2}\neq0$,因此,$w=\dfrac{1}{z}$ 在 $z\neq0$ 和 $z\neq\infty$ 时是共形映射. 当 $z=\infty$ 时,令 $\xi=\dfrac{1}{z}$,则 $w=\varphi(\xi)=\xi$. 显然 $\varphi(\xi)$ 在 $\xi=0$ 处解析且 $\varphi'(0)=1\neq0$,因此,映射 $w=\dfrac{1}{z}$ 在 $z=\infty$ 点是共形映射. 同理,映射 $z=\dfrac{1}{w}$ 在 $w=\infty$ 点是共形映射,由此即得,$w=\dfrac{1}{z}$ 在 $z=0$ 点是共形映射.

其次对 $w=az+b(a\neq0)$ 进行讨论,它显然是双方单值的.

当 $z\neq\infty$ 时,$w=az+b$ 解析且 $\dfrac{dw}{dz}=a\neq0$,因此映射 $w=az+b$ 在 $z\neq\infty$ 时是共形映射;当 $z=\infty$ 时,令 $\xi=\dfrac{1}{z}$,$\mu=\dfrac{1}{w}$,则 $\mu=\varphi(\xi)=\dfrac{\xi}{b\xi+a}$,显然 $\varphi(\xi)$ 在 $\xi=0$ 解析且 $\varphi'(0)=\dfrac{1}{a}\neq0$,因此映射 $\mu=\varphi(\xi)$ 在 $\xi=0$ 处是共形映射,且 $\xi=0$ 时 $\mu=0$.又由上面的讨论知道 $w=\dfrac{1}{\mu}$ 在 $\mu=0$ 处是共形映射,从而 $w=az+b$ 在 $z=\infty$ 处是共形映射.

分式线性映射的保形性

这样,我们得到如下定理.

定理 6.5　分式线性映射在扩充复平面上是共形映射.

§6.3.3　分式线性映射的保圆性

以下如无特别说明,我们均把直线作为圆的一个特例,即将直线看作是半径为无穷大的圆. 在此意义下,分式线性映射能把圆映射成圆.

从前面的分析中,我们已经了解到,一个分式线性函数所确定的映射可以分解为平移、旋转、相似及反演映射的复合. 前三种映射显然把圆映射成圆. 因此只需证明反演映射 $w = \dfrac{1}{z}$ 也把圆映射成圆.

令 $z = x + \mathrm{i}y$, $w = u + \mathrm{i}v$, 则由 $w = \dfrac{1}{z}$ 得到

$$x = \frac{u}{u^2 + v^2}, \quad y = -\frac{v}{u^2 + v^2}.$$

对于 z 平面上一个任意给定的圆

$$A(x^2 + y^2) + Bx + Cy + D = 0 \quad (\text{当 } A = 0 \text{ 时为直线}), \tag{6.6}$$

其像曲线满足方程

$$D(u^2 + v^2) + Bu - Cv + A = 0 \quad (\text{当 } D = 0 \text{ 时为直线}). \tag{6.7}$$

可以看出,它仍然是一个圆. 因此我们可得如下定理.

定理 6.6　在扩充复平面上,分式线性映射能把圆变成圆.

值得注意的是,从式(6.6)和式(6.7)中还可以看出,由于当 $D = 0$ 时,所给的圆通过原点,经过反演映射后,原点被映射到无穷远点,因而像曲线变成直线,这是一个很重要的特性.

事实上,在分式线性映射下,若给定的圆上没有点映射为无穷远点,则它就映射成半径有限的圆;若有一点映射成无穷远点,则它就映射成直线. 特别是后者,它实际上给出了一种从圆(或者弧)变到直线的方法,这对于我们构造简单区域间的共形映射函数是非常有用的.

由于三点可以确定一个圆,因此当我们求解分式线性映射下某圆域的像时,只要在圆周上取三点,分别求出对应的像点,即可得到相应的圆和圆域. 但若区域的边界是由多个弧和直线段组成时,则必须在每一段弧上和直线段上各自取三点进行求解,且所取的三点中最好包含两个端点.

分式线性映射
下圆(弧)的像
曲线求法

例 6.6　求实轴在映射 $w = \dfrac{2\mathrm{i}}{z + \mathrm{i}}$ 下的像曲线.

解法一　在实轴上取三点 $z_1 = \infty$, $z_2 = 0$, $z_3 = 1$, 则对应的三个像点为 $w_1 =$

0, $w_2 = 2$, $w_3 = 1+i$. 由此得到像曲线为 $|w-1| = 1$. 进一步还可得到, 上半平面被映射到圆的内部, 而下半平面被映射到圆的外部.

解法二　采用分解方式并结合几何特性求解.

由 $w = \dfrac{2i}{z+i} = 2\left(\dfrac{1}{z+i}\right) e^{\frac{\pi}{2}i}$ 可得, 所给映射是由下列映射

$$z_1 = z + i, \quad z_2 = \frac{1}{z_1}, \quad z_3 = 2z_2, \quad w = z_3 e^{\frac{\pi}{2}i}$$

相继实施的结果. 图 6.12 给出了变化过程. 其中 $z_2 = \dfrac{1}{z_1}$ 分为 $\xi = \dfrac{1}{\bar{z}_1}$ 与 $z_2 = \bar{\xi}$ 两步进行, 且它们也具有保圆性.

分式线性映射下求像曲线举例

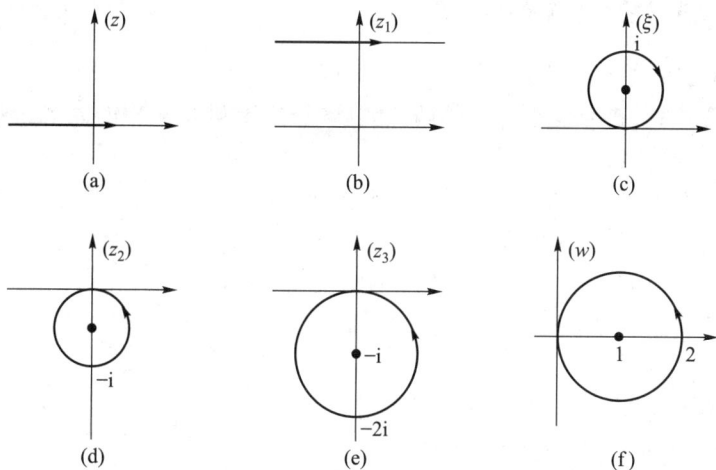

(a)　　　　(b)　　　　(c)

(d)　　　　(e)　　　　(f)

图 6.12

例 6.7　求区域 $D = \{z: |z-1| < \sqrt{2}, |z+1| < \sqrt{2}\}$ 在映射 $w = \dfrac{z-i}{z+i}$ 下的像区域.

分式线性映射下求像区域举例

解　如图 6.13, 区域 D 的边界为 $C_1 + C_2$. 由于映射将 $-i$ 与 i 分别变为 ∞ 与 0, 且 C_1 与 C_2 在 i 点的夹角为 $\dfrac{\pi}{2}$, 因此由保形性(含保角性)与保圆性, 像曲线 Γ_1 与 Γ_2 为从原点出发的两条射线, 且在原点处的夹角为 $\dfrac{\pi}{2}$. 又由于它将原点映射为 -1, 因此很容易得出, 虚轴上从 i 到 $-i$ 的线段被映射为左半实轴. 再由保角性即得结果.

本题也可直接在 C_1 与 C_2 上取三点进行, 其中应包含两个端点 i 与 $-i$.

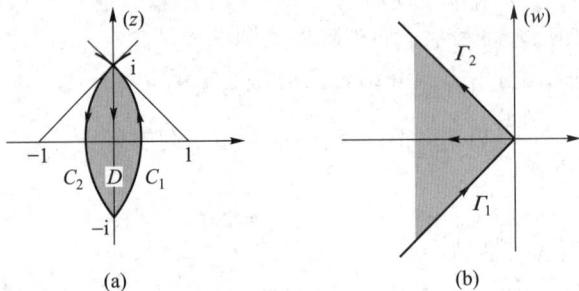

图 6.13

§6.3.4 分式线性映射的保对称点性

我们首先给出关于对称点的一个引理.

引理 6.1 扩充复平面上的两点 z_1 与 z_2 关于圆 C 对称的充要条件是通过 z_1 与 z_2 的任意圆都与圆 C 正交.

证 在下面两种情况下,结论是显然成立的:(1) C 为直线;(2) C 为半径有限的圆且 z_1 与 z_2 中有一个为无穷远点. 因此,我们仅就 C 为 $|z-z_0| = R(0 < R < +\infty)$ 且 z_1 与 z_2 均为有限点的情况加以证明.

如图 6.14,L 为过 z_1 与 z_2 的直线,Γ 为过 z_1 与 z_2 的圆. Γ 与 C 的交点为 z_3.

必要性:若 z_1 与 z_2 关于 C 对称,则 L 过 z_0 点,故 L 与 C 正交;又由定义有

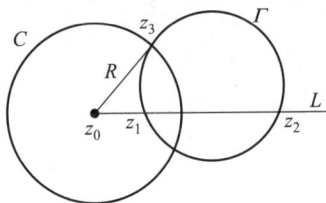

图 6.14

$$|z_1 - z_0| \cdot |z_2 - z_0| = R^2 = |z_3 - z_0|^2,$$

根据切割线定理,Γ 也与 C 正交. 因此过 z_1 与 z_2 的任意圆都与 C 正交.

充分性:若过 z_1 与 z_2 的所有圆都与 C 正交,则 L 与 C 正交,故 L 过 z_0 点,即 z_0, z_1, z_2 三点共线;又 Γ 与 C 正交,故 z_1 与 z_2 在 z_0 的同一侧,且 $\overline{z_0 z_3}$ 为 Γ 的切线,根据切割线定理得

$$|z_1 - z_0| \cdot |z_2 - z_0| = |z_3 - z_0|^2 = R^2.$$

因此 z_1 与 z_2 关于圆 C 对称.

定理 6.7(保对称点定理) 设 z_1, z_2 关于圆 C 对称,则在分式线性映射下,它们的像点 w_1, w_2 关于 C 的像曲线 Γ 对称.

证 设 Γ' 是过 w_1 与 w_2 的任意一个圆,则其原像 C' 是过 z_1 与 z_2 的圆.

由 z_1 与 z_2 关于 C 对称,有 C' 与 C 正交,由保角性 Γ' 与 Γ 正交,即过 w_1 与 w_2 的任意圆与 Γ 正交. 因此 w_1 与 w_2 关于 Γ 对称.

例 6.8 求一分式线性映射 $w = \dfrac{az+b}{cz+d}$,将单位圆内部变为上半平面.

解 如图 6.15,所求分式线性函数要把单位圆周 C 映射为实轴 Γ,并将单位圆域 D 变为上半平面 G. 不妨设它将 D 内一点 $z_1 = 0$ 变为 G 内一点 $w_1 = i$,则由保对称性,它应将 $z_2 = \infty$ 映射为 $w_2 = -i$. 由此可得

$$\frac{a \cdot 0 + b}{c \cdot 0 + d} = i, \quad \lim_{z \to \infty} \frac{az+b}{cz+d} = -i,$$

即得

$$b = id, \quad a = -ic. \tag{6.8}$$

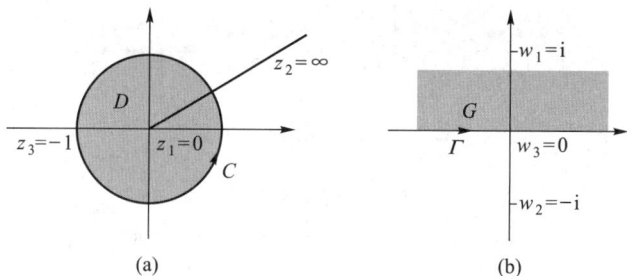

图 6.15

再假设 C 上一点 $z_3 = -1$ 被映射为 Γ 上一点 $w_3 = 0$,因此有

$$\frac{-a+b}{-c+d} = 0. \tag{6.9}$$

由(6.8)与(6.9)式可得 $a = id, b = id, c = -d$. 因此所求的分式线性映射为

$$w = \frac{az+b}{cz+d} = \frac{id(z+1)}{d(-z+1)} = i\left(\frac{1+z}{1-z}\right).$$

从这个例子可以看出,所给问题本身是不唯一的. 随着点的取法不同将会得到不同的函数且均符合要求. 但同时也看到,一旦给出三个条件,则分式线性映射就被唯一地确定下来,这就是下面我们要讨论的问题.

§6.3.5 唯一决定分式线性映射的条件

分式线性函数中看起来有四个系数 a, b, c, d,但由于比例关系,实际上只有三个是独立的,因此应该可以用三个条件来完全确定.

定理 6.8   在 z 平面上任给三个不同的点 z_1, z_2, z_3，在 w 平面上也任给三个不同的点 w_1, w_2, w_3，则存在唯一的分式线性映射，把 z_1, z_2, z_3 分别依次地映射为 w_1, w_2, w_3.

证   设分式线性映射为

$$w = \frac{az + b}{cz + d},$$

则由条件有

$$\begin{cases} w_1 = \dfrac{az_1 + b}{cz_1 + d}, \\[3mm] w_2 = \dfrac{az_2 + b}{cz_2 + d}, \\[3mm] w_3 = \dfrac{az_3 + b}{cz_3 + d}. \end{cases}$$

具体算出 $w - w_1, w - w_2, w_3 - w_1, w_3 - w_2$，可得

$$\frac{w - w_1}{w - w_2} : \frac{w_3 - w_1}{w_3 - w_2} = \frac{z - z_1}{z - z_2} : \frac{z_3 - z_1}{z_3 - z_2}. \tag{6.10}$$

将 (6.10) 式整理后便可得到形如 $w = \dfrac{az+b}{cz+d}$ 的分式线性函数，它满足条件且不含未知系数，从而证明了存在性. 唯一性证明从略.

公式 (6.10) 称为**对应点公式**，在实际应用时，常常会利用一些特殊点 (如 $z = 0, z = \infty$ 等) 使公式得到简化.

推论 1   若 z_k 或 w_k 中有一个为 ∞，则只须将对应点公式中含有 ∞ 的项换为 1.

推论 2   设 $w = f(z)$ 是一分式线性映射，且有 $f(z_1) = w_1$ 以及 $f(z_2) = w_2$，则它可表示为

$$\frac{w - w_1}{w - w_2} = k \frac{z - z_1}{z - z_2} \quad (k \text{ 为复常数});$$

特别地，当 $w_1 = 0$，$w_2 = \infty$ 时，有

$$w = k \frac{z - z_1}{z - z_2} \quad (k \text{ 为复常数}). \tag{6.11}$$

公式 (6.11) 在构造区域间的共形映射时非常有用，其特点是把过 z_1 与

z_2 点的弧映射成过原点的直线,而这正是我们在构造共形映射时常用的手法,其中 k 可由其他条件确定,如果是作为中间步骤,则 k 可直接设为 1.

例 6.9 已知区域 $D = \{z: |z| < 1, \operatorname{Im} z > 0\}$,求一个分式线性映射,将区域 D 映射为第一象限.

解 如图 6.16,先构造一分式线性函数使 -1 变为 0,使 1 变为 ∞,从而将边界 C_1 与 C_2 映射为从原点出发的两条射线. 其函数可为

$$w_1 = \frac{z+1}{z-1},$$

很容易知道它将 D 映射为第三象限,再通过旋转映射即得结果.

$$w = w_1 \mathrm{e}^{\pi \mathrm{i}} = \frac{1+z}{1-z}.$$

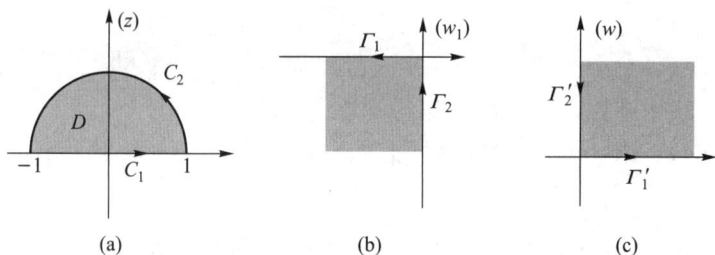

求分式线性映射举例

图 6.16

§6.3.6 两个典型区域间的映射

上半平面与单位圆域是两个非常典型的区域,而一般区域间的共形映射的构造大都是围绕这两个区域来进行的,因此它们之间的相互转换显得非常重要. 下面通过例子来给出它们之间的映射.

例 6.10 求一分式线性映射,把上半平面 $\operatorname{Im} z > 0$ 映射为单位圆内部 $|w| < 1$.

解法一 这两个区域的边界分别为实轴与单位圆周 Γ,正好是从"圆"变到圆,根据唯一决定分式线性映射的条件,可在实轴上取三点 $0, 1, \infty$,使其分别映射为圆周 Γ 上的三点 $-1, -\mathrm{i}, 1.$ 由对应点公式有

$$\frac{w+1}{w+\mathrm{i}} : \frac{1+1}{1+\mathrm{i}} = \frac{z-0}{z-1} : \frac{1}{1},$$

整理后得

$$w = \frac{z-\mathrm{i}}{z+\mathrm{i}}. \tag{6.12}$$

如果仅要求把上半平面映射为单位圆,而不作其他限制的话,上面的式子已经足够了. 但必须清楚的是,这一问题本身可以有无穷多个解,它们与三对点的选取有关. 下面给出的解法可以得到通解.

解法二　在上半平面任取一点 z_0,使之映射到 w 平面上的原点 $w = 0$.由于 z_0 与 $\bar{z}_0$ 关于实轴对称,0 与 ∞ 关于单位圆对称,根据保对称点性,$\bar{z}_0$ 应映射为 ∞ ,由推论 6.2,该映射具有如下形式:

$$w = k\,\frac{z - z_0}{z - \bar{z}_0}\quad(k\text{ 为待定的复常数}).$$

由于当 z 在实轴上取值时,$\left|\dfrac{z - z_0}{z - \bar{z}_0}\right| = 1$,且对应的 w 满足 $|w| = 1$,所以 $|k| = 1$,即 $k = e^{i\theta}$(θ 为任意的实常数). 因此所求映射的一般形式为

$$w = e^{i\theta}\,\frac{z - z_0}{z - \bar{z}_0}. \tag{6.13}$$

在上式中若取 $z_0 = i$, $\theta = 0$,则得到解法一的结果.

例 6.11　求一分式线性映射,把单位圆内部 $|z| < 1$ 映射为单位圆内部 $|w| < 1$.

解　在 $|z| < 1$ 内任取一点 z_0,使之映射为 $w_0 = 0$,由于 z_0 与 $\dfrac{1}{\bar{z}_0}$ 关于 $|z| = 1$ 对称,0 与 ∞ 关于 $|w| = 1$ 对称,根据保对称点性,$\dfrac{1}{\bar{z}_0}$ 应被映射为 ∞ . 因此,映射具有如下形式:

$$w = k\,\frac{z - z_0}{z - \dfrac{1}{\bar{z}_0}} = k_1\,\frac{z - z_0}{1 - \bar{z}_0 z}\quad(k_1 = -k\bar{z}_0\text{ 为待定复常数}).$$

由于 $|z| = 1$ 上的点映射为 $|w| = 1$ 上的点,因而对于 $z = 1$,其像点 w 满足 $|w| = 1$,即有

$$|w| = \left|\frac{1 - z_0}{1 - \bar{z}_0}\right|\,|k_1| = |k_1| = 1,$$

于是 $k_1 = e^{i\theta}$(θ 为任意的实常数). 因此所求映射的一般形式为

$$w = e^{i\theta}\,\frac{z - z_0}{1 - \bar{z}_0 z}. \tag{6.14}$$

上面所给的三个式子 (6.12)、(6.13) 与 (6.14) 是比较重要的式子,在将一些一般的区域映射为单位圆域时,常常会通过某些其他手段将它先变成上半平面,再借助 (6.12) 式变为单位圆域. 而对于给出了附加条件的问题,

则可借助(6.13)与(6.14)来解决.

例 6.12 求一分式线性映射 $w=f(z)$,将区域 $|z|<2$ 映射为区域 Re $w>0$,且满足 $f(0)=1$, $\arg f'(0)=\dfrac{\pi}{2}$.

解 此题可借助例 6.10 来进行,我们已经知道如何将上半平面变成单位圆域,则其逆映射就将单位圆域映射为上半平面. 因此,我们可以从区域 Re $w>0$ 出发,构造映射使其变为 $|z|<2$,再求其逆映射便得结果. 具体如下:

（1）旋转映射 $w_1=we^{i\frac{\pi}{2}}=i\omega$ 使右半平面变为上半平面.

（2）映射 $w_2=e^{i\theta}\dfrac{w_1-w_0}{w_1-\bar{w}_0}$ 使上半平面变为单位圆域(这里利用了(6.13)式).

（3）相似映射 $z=2w_2$ 使单位圆域变为圆心在原点、半径为 2 的圆域.

因此,将 Re $w>0$ 映射为 $|z|<2$ 的分式线性映射为

$$z=2e^{i\theta}\frac{iw-w_0}{iw-\bar{w}_0},$$

对上式求逆,则得到将 $|z|<2$ 映射为 Re $w>0$ 的分式线性映射

$$w=\frac{\bar{w}_0 z-2w_0 e^{i\theta}}{iz-2ie^{i\theta}}=f(z),$$

由 $f(0)=1$ 得 $w_0=i$,又由 $f'(0)=e^{i(-\theta)}$ 及 $\arg f'(0)=\dfrac{\pi}{2}$,可得 $\theta=-\dfrac{\pi}{2}$.从而所求映射为

$$w=\frac{\bar{i}z-2ie^{-\frac{\pi}{2}i}}{iz-2ie^{-\frac{\pi}{2}i}}=-\frac{z-2i}{z+2i}.$$

分式线性映射的确具有许多好的性质,但仅用分式线性映射构造共形映射显然是不够的,即使是将第一象限映射为上半平面这样简单的情况,分式线性映射也无能为力. 因此下一节将介绍一些其他初等函数的映射特性,并将它们联合起来构成共形映射.

§6.4 几个初等函数构成的共形映射

§6.4.1 幂函数 $w=z^n$（$n\geqslant 2$ 且为整数）

函数 $w=z^n$ 在复平面上解析,且当 $z\neq 0$ 时其导数不为零,因此在复平面上除去原点外,函数 $w=z^n$ 所构成的映射是第一类保角映射,但它不一定构

两个典型区域间的映射举例

成共形映射. 例如, 对 $w=z^4$, 取 $z_1=\mathrm{e}^{\frac{\pi}{2}\mathrm{i}}$, $z_2=\mathrm{e}^{\pi\mathrm{i}}$, 则 $z_1^4=z_2^4$, 不是双方单值的. 那么它在什么情况下构成共形映射呢? 我们来简单地分析一下.

令 $z=r\mathrm{e}^{\mathrm{i}\theta}$, 则 $w=r^n\mathrm{e}^{\mathrm{i}n\theta}$. 即 z 的模被扩大到 n 次幂, 而辐角扩大 n 倍. 为方便起见, 我们仅对角形域(或扇形域)进行考虑. 设有角形域 $0<\theta<\theta_0$, 则对此域内任意一点 z, 经映射后其像点 w 的辐角 φ 满足 $0<\varphi<n\theta_0$, 因此要使双方单值, θ_0 应满足 $\theta_0 \leqslant \dfrac{2\pi}{n}$.

由此我们得到, 函数 $w=z^n$ 将角形域 $0<\theta<\theta_0\left(\theta_0 \leqslant \dfrac{2\pi}{n}\right)$ 共形映射为角形域 $0<\varphi<n\theta_0$(图 6.17). 因此通俗地讲, 幂函数的特点是扩大角形域. 相应地, 根式函数 $w=\sqrt[n]{z}$ 作为幂函数的逆映射, 则是将角形域 $0<\theta<n\theta_0\left(\theta_0 \leqslant \dfrac{2\pi}{n}\right)$ 共形映射为角形域 $0<\varphi<\theta_0$. 同样, 我们也通常说, 根式函数的特点是缩小角形域.

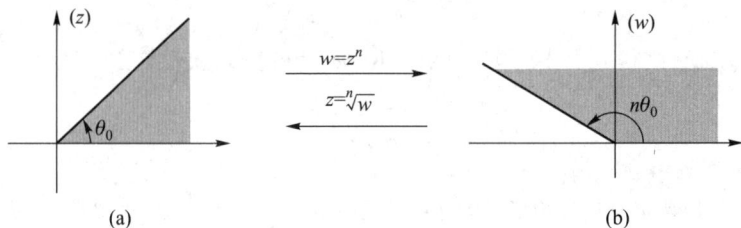

图 6.17

需要注意的是, 如果是扇形域(即模有限), 那么模要相应地扩大或缩小, 这一点往往容易忽略.

例 6.13　设区域 $D=\{z: |z|<1,\ \mathrm{Im}\,z>0,\ \mathrm{Re}\,z>0\}$, 求一共形映射, 将 D 变为上半平面.

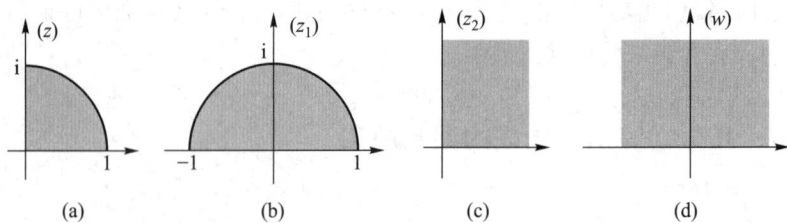

图 6.18

解　如图 6.18, 首先由 $z_1=z^2$ 将 D 变为上半单位圆域, 接着由分式线性

映射 $z_2 = \dfrac{1+z_1}{1-z_1}$ 将其变为第一象限,最后由映射 $w = z_2^2$ 将其变为上半平面. 因此所求映射为

$$w = \left(\frac{1+z^2}{1-z^2}\right)^2.$$

例 6.14　求一共形映射,将角形域 $D = \left\{z : 0 < \arg z < \dfrac{4}{5}\pi\right\}$ 变为单位圆内部 $|w| < 1$.

解　如图 6.19,首先由根式映射 $z_1 = \sqrt[4]{z}$ 将区域 D 变为角形域 $0 < \arg z < \dfrac{\pi}{5}$,

再由 $z_2 = z_1^5$ 变成上半平面,最后由 $w = \dfrac{z_2 - i}{z_2 + i}$ 变为 $|w| < 1$.因此所求映射为

$$w = \frac{(\sqrt[4]{z})^5 - i}{(\sqrt[4]{z})^5 + i}.$$

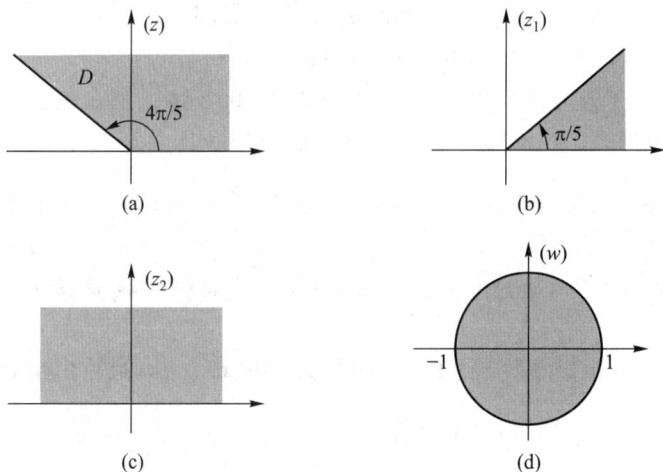

图 6.19

§6.4.2　指数函数 $w = e^z$

函数 $w = e^z$ 在复平面上解析且导数不为零,因此它在复平面上构成的映射是第一类保角映射. 注意到指数函数是周期函数,不是双方单值的,因而不一定构成共形映射.

令 $z = x + iy$,则 $w = e^x e^{iy}$,即 z 的实部通过指数关系构成 w 的模,而 z 的虚

部是 w 的辐角. 为了讨论方便, 我们仅对带形域(或者半带形域)进行考虑. 设有带形域 $0 < \operatorname{Im} z < h$, 则对此区域内的任意一点 z, 经映射后其像点 w 的辐角满足 $0 < \arg w < h$, 因此要使双方单值, h 应满足 $h \leqslant 2\pi$.

由此我们得到, 函数 $w = e^z$ 将带形域 $0 < \operatorname{Im} z < h$ ($h \leqslant 2\pi$) 共形映射为角形域 $0 < \arg w < h$ (图 6.20). 因此可以简单地说, 指数函数的特点是将带形域变成角形域. 相应地, 对数函数 $w = \ln z$ 作为指数函数的逆映射, 则是将角形域 $0 < \arg z < h$ ($h \leqslant 2\pi$) 变为带形域 $0 < \operatorname{Im} w < h$.

指数函数的
映射特点补充

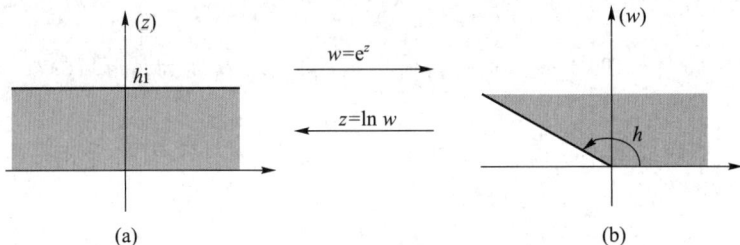

图 6.20

这里所提到的带形域的实部是取所有实数, 但若实部是在某范围内取值的话, 则应注意像区域内点的模的范围.

例如, 对于左半带形域 $D = \{z : \operatorname{Re} z < 0, 0 < \operatorname{Im} z < h\}$, 则在映射 $w = e^z$ 下的像区域为扇形域 $G = \{w : 0 < |w| < 1, 0 < \arg w < h\}$, 其中 $h \leqslant 2\pi$.

例 6.15 求一共形映射, 将带形域 $D = \left\{z : \dfrac{\pi}{2} < \operatorname{Im} z < \pi\right\}$ 映射为上半平面.

解 如图 6.21, 首先由平移映射 $z_1 = z - \dfrac{\pi}{2}i$ 将带形域 D 变为带形域 $0 < \operatorname{Im} z_1 < \dfrac{\pi}{2}$, 再由相似映射 $z_2 = 2z_1$ 变为带形域 $0 < \operatorname{Im} z_2 < \pi$, 最后由指数函数 $w = e^{z_2}$ 变为上半平面. 因此所求的映射为

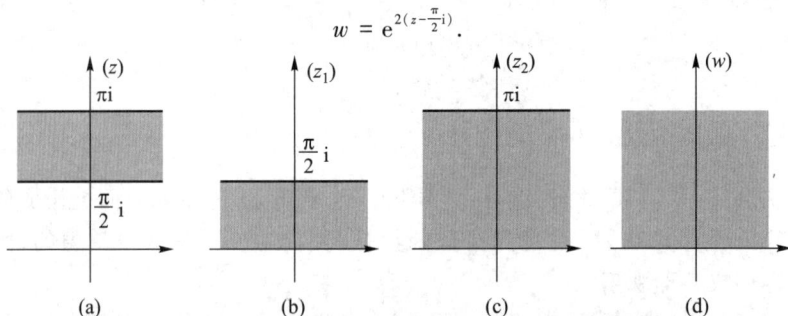

$$w = e^{2\left(z - \frac{\pi}{2}i\right)}.$$

图 6.21

§6.4.3　综合举例

在以下的例子中,为使行文简洁,将尽可能略去一些细节方面的叙述.

例 6.16　求一共形映射,将 $|z|<2$ 与 $|z-1|>1$ 所构成的区域映射为上半平面.

求共形映射
的一般方法
与主要步骤

解　如图 6.22,区域的边界为 $C_1:|z|=2$ 与 $C_2:|z-1|=1$.首先的一步(也是最重要的一步)是将 C_1 与 C_2 的公共点 $z=2$ 映射为无穷远点,从而使 C_1 与 C_2 都映射为直线,具体如下:

（1）$z_1=\dfrac{z}{z-2}$,使原区域成为带形域. 其中可利用保角性判断出 C_1 与 C_2 被映射为与实轴垂直的两条平行线,再由 $-2,0$ 与 -1 三点判断出映射后的区域的位置.

（2）$z_2=z_1 e^{\frac{\pi}{2}i}=iz_1$（旋转映射）.

（3）$z_3=2\pi z_2$（相似映射）.

（4）$w=e^{z_3}$（指数映射）.

因此所求的映射为

$$w=e^{2\pi i\cdot\frac{z}{z-2}}.$$

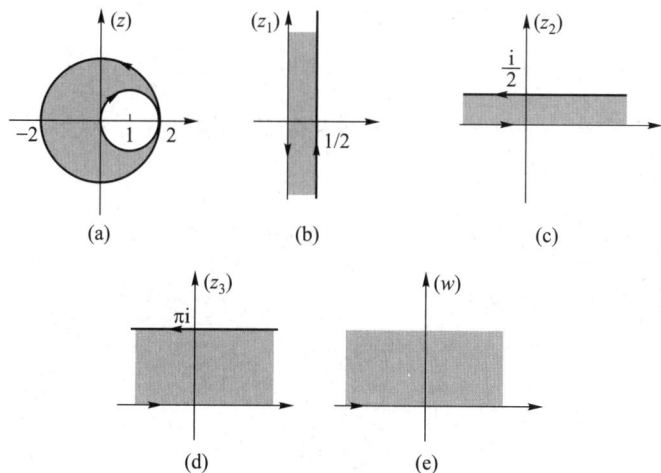

图 6.22

例 6.17　如图 6.23,区域 D 由两个圆弧围成,其中 $r>1$. 求一共形映射将其变成单位圆内部.

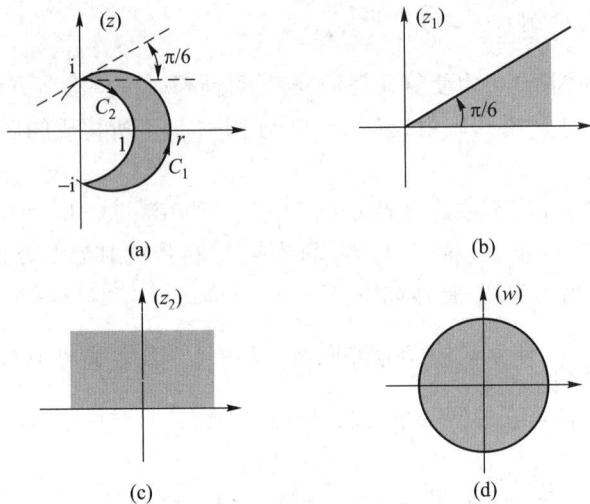

图 6.23

解 （1）令 $z_1 = k\dfrac{z-\mathrm{i}}{z+\mathrm{i}}$，再设它将 $z=1$ 映射为 $z_1 = 1$，则可求得 $k=\mathrm{i}$，即得

$z_1 = \dfrac{z-\mathrm{i}}{z+\mathrm{i}}\mathrm{i}$. 此步是最关键的一步，它包含三个方面的考虑：第一，将 C_1 与 C_2 的

一个公共点 $-\mathrm{i}$ 映射为无穷远点，从而使 C_1 与 C_2 变为两条直线；第二，将 i

点映射为原点，使 C_1 与 C_2 变成从原点出发且夹角为 $\dfrac{\pi}{6}$ 的射线；第三，将 1 映

射为 1，使 C_2 映射为右半实轴. 这样映射后的区域很容易就确定下来.

（2）由 $z_2 = (z_1)^6$ 变为上半平面.

（3）由 $w = \dfrac{z_2-\mathrm{i}}{z_2+\mathrm{i}}$ 变为单位圆内部（见例 6.10）.

最后得到所求映射为

$$w = \frac{\left(\mathrm{i}\dfrac{z-\mathrm{i}}{z+\mathrm{i}}\right)^6 - \mathrm{i}}{\left(\mathrm{i}\dfrac{z-\mathrm{i}}{z+\mathrm{i}}\right)^6 + \mathrm{i}}.$$

例 6.18 求一共形映射，使区域 $D = \{z : \operatorname{Im} z > 0,\ |z| < 1\}$ 映射为单位圆

内部（图 6.24）.

解 （1）参见例 6.13，映射 $z_1 = \left(\dfrac{1+z}{1-z}\right)^2$ 可将区域 D 变为上半平面.

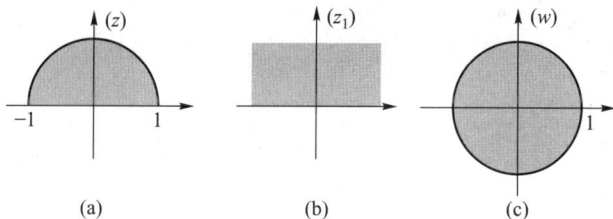

图 6.24

（2）$w=\dfrac{z_1-\mathrm{i}}{z_1+\mathrm{i}}$ 将上半平面变为单位圆内部.

因此所求映射为

$$w=\dfrac{\left(\dfrac{z+1}{z-1}\right)^2-\mathrm{i}}{\left(\dfrac{z+1}{z-1}\right)^2+\mathrm{i}}.$$

例 6.19 设区域 $D=\left\{z:-\dfrac{\pi}{2}<\operatorname{Re}z<\dfrac{\pi}{2},\ \operatorname{Im}z<0\right\}$，求一共形映射，使 D 映射为上半平面（图 6.25）.

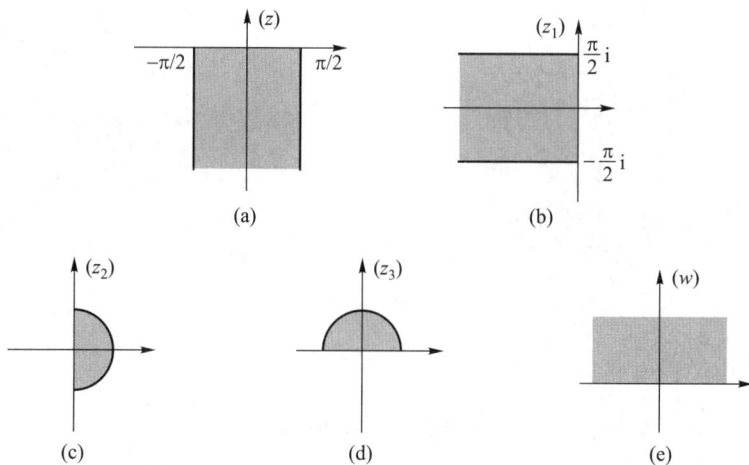

图 6.25

解 （1）由旋转映射 $z_1=z\mathrm{e}^{-\frac{\pi}{2}\mathrm{i}}=-\mathrm{i}z$ 将区域 D 变为左半带形域 $\left\{z_1:-\dfrac{\pi}{2}<\operatorname{Im}z_1<\dfrac{\pi}{2},\ \operatorname{Re}z_1<0\right\}$.

（2）由 $z_2 = e^{z_1}$ 变为右半单位圆域.

（3）由 $z_3 = e^{\frac{\pi}{2}i} z_2 = i z_2$ 变为上半单位圆域.

（4）由 $w = \left(\dfrac{1+z_3}{1-z_3}\right)^2$ 变为上半平面（参见例 6.13）.

因此所求映射为

$$w = \left(\frac{1 + ie^{-iz}}{1 - ie^{-iz}}\right)^2.$$

*例 6.20　设区域 $D = \left\{z: \operatorname{Im} z>0,\ \left|z-\dfrac{1}{2}\right| > \dfrac{1}{2},\ \left|z+\dfrac{1}{2}\right| > \dfrac{1}{2}\right\}$，求一共形映射，将 D 映射为上半平面.

解　如图 6.26，区域 D 的边界由 C_1,C_2,C_3 与 C_4 组成，考虑到 C_1 与 C_4 在实轴上，其延长线过原点，而 C_2 与 C_3 也过原点，因此首先使用反演映射使边界均变为直线（段）或者射线.

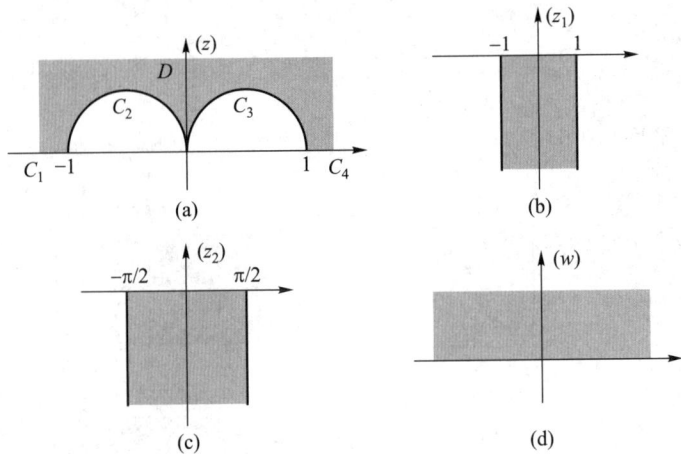

图 6.26

具体过程如下：

（1）由 $z_1 = \dfrac{1}{z}$ 使区域 D 映射为下半带形域.

（2）由相似映射 $z_2 = \dfrac{\pi}{2} z_1$ 变为区域 $D_1 = \left\{z_2: -\dfrac{\pi}{2} < \operatorname{Re} z_2 < \dfrac{\pi}{2},\ \operatorname{Im} z_2 < 0\right\}$.

（3）利用例 6.19 的结果，将 D_1 变为上半平面的映射为

$$w = \left(\frac{1 + ie^{-iz_2}}{1 - ie^{-iz_2}}\right)^2.$$

因此所求映射为

$$w = \left(\frac{1 + \mathrm{i} e^{-\frac{\pi \mathrm{i}}{2z}}}{1 - \mathrm{i} e^{-\frac{\pi \mathrm{i}}{2z}}} \right)^2.$$

本章小结

本章通过对导函数的几何特性的分析,引入共形映射的概念,并借助这一概念来进一步认识解析函数的映射特征与应用.

事实上,保形性是解析函数所特有的性质. 共形映射所研究的基本问题是构造解析函数使一个区域保形地映射到另一个区域,而要解决这一问题,必须首先从正面了解一个给定的解析函数会把一个给定的区域变成什么样的区域. 因此本章主要是围绕这两个问题展开,其中重点讨论由分式线性函数所构成的映射.

分式线性函数具有保形性、保对称点性以及保圆性等一些性质. 而其中保圆性最具特色. 当然,如果这里所说的圆只是一般意义上的半径有限的圆,则似乎还不能体现它的独到之处. 它最关键的地方在于能在直线与圆之间相互转换,这就使得我们在处理那些以直线和圆弧组成边界的区域时非常方便,而这样的区域又是最常见的. 因此从某种意义上也许可以这样说,分式线性映射最具魅力的特点在于它统一了直线和圆.

幂函数与根式函数、指数函数与对数函数也是在构造共形映射时非常有用的两对初等函数. 前者在角形域之间进行转换,而后者在角形域与带形域之间进行转换. 因此它们在使用上具有非常固定的模式.

单位圆域与上半平面是两个典型的区域,同时它们也是连接区域之间共形映射的纽带. 我们在构造一般区域之间的共形映射时,常常是先将区域都向上半平面或者单位圆域映射,再求出所要的共形映射函数.

第六章单元
自测题

习题六

6.1 试求映射 $w = z^2$ 在 z_0 处的旋转角与伸缩率:

(1) $z_0 = 1$;   (2) $z_0 = -\dfrac{1}{4}$;

(3) $z_0 = 1 + \mathrm{i}$;   (4) $z_0 = -3 + 4\mathrm{i}$.

6.2 在映射 $w = \dfrac{1}{z}$ 下,求下列曲线的像曲线:

(1) $x^2 + y^2 = 4$;   (2) $y = x$;

(3) $x = 1$;   (4) $(x-1)^2 + y^2 = 1$.

6.3 下列函数将下列区域映射成什么区域?

(1) $x > 0$, $y > 0$, $w = \dfrac{z - \mathrm{i}}{z + \mathrm{i}}$;

（2）$\mathrm{Im}\, z>0$，$w=(1+\mathrm{i})z$；

（3）$0<\arg z<\dfrac{\pi}{4}$，$w=\dfrac{z}{z-1}$；

（4）$\mathrm{Re}\, z>0$，$0<\mathrm{Im}\, z<1$，$w=\dfrac{\mathrm{i}}{z}$.

6.4 映射 $w=z^2$ 把上半单位圆域 $\{z:|z|<1,\mathrm{Im}\,z>0\}$ 映射成什么区域？

6.5 求将点 $-1,\infty,\mathrm{i}$ 分别依次映射为下列各点的分式线性映射：

（1）$\mathrm{i},1,1+\mathrm{i}$；   （2）$\infty,\mathrm{i},1$；   （3）$0,\infty,1$.

6.6 求以下各区域到上半平面的共形映射：

（1）$|z+\mathrm{i}|<2$，$\mathrm{Im}\,z>0$；   （2）$|z+\mathrm{i}|>\sqrt{2}$，$|z-\mathrm{i}|<\sqrt{2}$.

6.7 求分式线性映射 $w=f(z)$，使上半平面映射为单位圆内部并满足条件：

（1）$f(\mathrm{i})=0$，$f(-1)=1$；   （2）$f(\mathrm{i})=0$，$\arg f'(\mathrm{i})=0$；

（3）$f(1)=1$，$f(\mathrm{i})=\dfrac{1}{\sqrt{5}}$；   （4）$f(\mathrm{i})=0$，$\arg f'(\mathrm{i})=\dfrac{\pi}{2}$.

6.8 求将 $|z|<1$ 映射为 $|w|<1$ 的分式线性映射 $w=f(z)$，并满足条件：

（1）$f\left(\dfrac{1}{2}\right)=0$，$f(-1)=1$；   （2）$f\left(\dfrac{1}{2}\right)=0$，$\arg f'\left(\dfrac{1}{2}\right)=\dfrac{\pi}{2}$.

6.9 求将下列区域映射为上半平面的共形映射：

（1）$|z|<2$，$\mathrm{Im}\,z>1$；   （2）$0<\arg z<\dfrac{\pi}{2}$，$|z|<2$；

（3）$a<\mathrm{Re}\,z<b$；   （4）$|z|>2$，$0<\arg z<\dfrac{3\pi}{2}$；

（5）$|z|<1$，沿 0 到 1 有割缝.

*第七章 解析函数在平面场的应用

在历史上，复变函数论的发生与发展是和应用相联系的. 例如，达朗贝尔及欧拉由流体力学导出了著名的柯西–黎曼方程；茹科夫斯基应用复变函数证明了关于飞机翼升力的公式，并且这一重要结果反过来推动了复变函数的研究. 复变函数论的发展还和电磁学、热学、弹性力学等学科以及数学中其他分支联系着. 在这里，我们只讲述解析函数对平面场的应用，特别是对稳定平面流场及静电场的应用.

§7.1 复势的概念

§7.1.1 用复变函数表示平面向量场

物理上许多种不同的稳定平面场都可以用解析函数来描述. 这种平面场的物理现象，可由相应解析函数的性质来描述.

设有向量场

$$\boldsymbol{A} = A_x(x,y,z,t)\boldsymbol{i} + A_y(x,y,z,t)\boldsymbol{j} + A_z(x,y,z,t)\boldsymbol{k},$$

其中 $\boldsymbol{i},\boldsymbol{j},\boldsymbol{k}$ 是沿坐标轴的单位向量，t 是时间. 如果这个向量场中所有向量都与某个平面 P 平行，而且在垂直于平面 P 的直线上每一点处，于任一固定时刻 t，场中向量彼此相等，我们称此向量场为平面平行向量场(图7.1).

我们设 Oxy 平面平行于平面 P. 于是有 $A_z(x,y,z,t) = 0$，并且

$$\boldsymbol{A} = A_x(x,y,t)\boldsymbol{i} + A_y(x,y,t)\boldsymbol{j}.$$

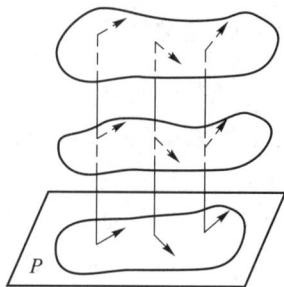

图 7.1

因此，对于平面平行向量场的研究，可简化为对 P 平面或与 P 平行的任一平面上的平面向量场的研究.

如果平面平行向量场不随时间变化，我们称为平面定常向量场. 本节只讨论平面定常向量场

$$\boldsymbol{A} = A_x(x,y)\boldsymbol{i} + A_y(x,y)\boldsymbol{j}. \tag{7.1}$$

由于场中的点可用复数 $z=x+iy$ 表示,则向量 $\boldsymbol{A}=A_x(x,y)\boldsymbol{i}+A_y(x,y)\boldsymbol{j}$ 可用 $w=A_x(x,y)+iA_y(x,y)$ 表示. 所以,如果给定了二个实函数 $A_x(x,y)$ 和 $A_y(x,y)$ 或给定了一个复变函数 $w=\varphi(z)=A_x(x,y)+iA_y(x,y)$,则向量场(7.1)就给定了.

例如,一个平面定常流速场(如河水的表面)

$$\boldsymbol{v}=v_x(x,y)\boldsymbol{i}+v_y(x,y)\boldsymbol{j}$$

可以用复变函数

$$v=v(z)=v_x(x,y)+iv_y(x,y)$$

表示.

又如,垂直于均匀带电的无限长直导线的所有平面上,电场的分布是相同的,因而可以取其中某一平面为代表,当作平面电场来研究. 由于电场强度向量为

$$\boldsymbol{E}=E_x(x,y)\boldsymbol{i}+E_y(x,y)\boldsymbol{j},$$

所以该平面电场也可用一个复变函数

$$E=E(z)=E_x(x,y)+iE_y(x,y)$$

来表示.

平面向量场与复变函数的这种密切关系,不仅说明了复变函数具有明确的物理意义,而且使我们可以利用复变函数的方法来研究平面向量场的有关问题.

§7.1.2 复势

应用数学研究实际问题时,往往需要把问题适当予以简化,化为数学问题;解决数学问题所得的结果还需要回到实际中进行检验. 现考虑不可压缩流体的平面稳定流动. 所谓**不可压缩流体**是指密度不因压力而改变的流体. 一般液体可以看作是不可压缩的. 所谓流体的**平面流动**就是指在这种流动中,垂直于某一平面的每一垂线上所有各质点的速度相同,且与已给平面平行. 要研究这种流动,只要研究在这个平面上的流动就可以了. 所谓流体的**稳定流动**就是指在这种流动中,各质点的速度只与各质点的位置有关,不随时间而改变.

由于解析函数的发展是与流体力学密切联系的,因此,在下面讲授的内容中我们所采用的流体力学中的术语,都是与各种不同物理特性的向量场相联系的. 首先复习场论中的一些概念,以便研究复势函数的构造.

定义 7.1 曲线积分

$$N_C = \int_C A_n \mathrm{d}s$$

称为向量场 A 通过闭或不闭的曲线 C 的流量,其中 $\mathrm{d}s$ 是曲线 C 的弧元素,A_n 是向量 $A(x,y)$ 在曲线 C 上点 (x,y) 处法线的正方向上的投影.

设 $\mathrm{d}n$ 为向量,其方向与曲线 C 上点 (x,y) 处的法线一致,大小等于切线方向向量 $\mathrm{d}s = i\mathrm{d}x + j\mathrm{d}y$ 的模,则有

$$\mathrm{d}n = \pm(i\mathrm{d}y - j\mathrm{d}x),$$

将这等式右边括号前的两个符号选定一个之后,我们就规定了法线的正方向,以后我们规定选取"+"号.在这种规定下,对于逆时针方向绕行的闭路 C 来说,向量 $\mathrm{d}n$ 指向闭路 C 的外法线方向(图 7.2).

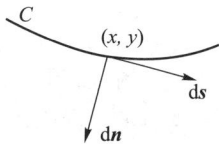

图 7.2

由于 $A_n\mathrm{d}s = A \cdot \mathrm{d}n = A_x(x,y)\mathrm{d}y - A_y(x,y)\mathrm{d}x$,所以

$$N_C = \int_C A_n \mathrm{d}s = \int_C A \cdot \mathrm{d}n = \int_C A_x(x,y)\mathrm{d}y - A_y(x,y)\mathrm{d}x.$$

当流入 C 的内部的流体少于流出的流体时,即 $N_C > 0$ 时,有**源**;当流入 C 的内部的流体多于流出的流体时,即 $N_C < 0$ 时,有**汇**.

假定闭曲线 C 在区域 D 内,并且在 D 内的流体既无源又无汇,即在 D 内任何部分,都无流体放出,也无流体吸入,这时通过 C 的流量为

$$N_C = \int_C A_x(x,y)\mathrm{d}y - A_y(x,y)\mathrm{d}x = 0.$$

对于在 D 内的任意简单闭曲线 C 成立.

假定 D 是单连通区域,且假定 A_x 及 A_y 在 D 内有连续的偏导数.由微积分所学内容知

$$\operatorname{div} A = \frac{\partial A_x}{\partial x} + \frac{\partial A_y}{\partial y} = 0,$$

即

$$\frac{\partial A_x}{\partial x} = -\frac{\partial A_y}{\partial y}. \tag{7.2}$$

从而可知 $-A_y(x,y)\mathrm{d}x + A_x(x,y)\mathrm{d}y$ 是某一个二元函数 $v(x,y)$ 的全微分,即

$$\mathrm{d}[v(x,y)] = -A_y\mathrm{d}x + A_x\mathrm{d}y.$$

由此得

$$\frac{\partial v}{\partial x} = -A_y, \qquad \frac{\partial v}{\partial y} = A_x.$$

因为沿等值线 $v(x,y) = C_1$ 有

$$d[v(x,y)] = -A_y dx + A_x dy = 0,$$

所以 $\dfrac{dy}{dx} = \dfrac{A_y}{A_x}$. 也就是说,向量场 $\boldsymbol{A}$ 在等值线 $v(x,y) = C_1$ 上每一点处的向量 $\boldsymbol{A}$ 都与等值线相切,因而在流速场中等值线 $v(x,y) = C_1$ 就是流线,所以 $v(x,y)$ 称为向量场 $\boldsymbol{A}$ 的流函数.

定义 7.2　曲线积分

$$\varGamma_C = \int_C A_s(x,y)\,ds$$

称为向量场 $\boldsymbol{A}$ 沿闭曲线 C 的**环量**,其中 A_s 是向量 $\boldsymbol{A}$ 在曲线 C 上点 (x,y) 处的切线的正方向上的投影(切线的正方向对应着曲线 C 绕行的正方向),ds 是曲线 C 的弧元素.

若引用向量 $ds = \boldsymbol{i}dx + \boldsymbol{j}dy$(或写为 $ds = dx + idy$),则

$$\boldsymbol{A} \cdot ds = A_s ds = A_x(x,y)dx + A_y(x,y)dy,$$

而

$$\varGamma_C = \int_C \boldsymbol{A} \cdot ds = \int_C A_x(x,y)dx + A_y(x,y)dy.$$

如果沿 C 的环量 $\varGamma_C \neq 0$,假如 $\varGamma_C > 0$,取正值的 A_s 的一部分积分,其数值大于另一部分,即流体好像沿着 C "旋转".

若在单连通域 D 内沿任一简单闭曲线 C 的环量为零,即 $\varGamma_C = 0$,这个流体的流动是无旋的,即 $\mathrm{rot}_n\boldsymbol{A} = 0$.因而

$$\frac{\partial A_y}{\partial x} = \frac{\partial A_x}{\partial y}, \tag{7.3}$$

说明 $A_x dx + A_y dy$ 是某一个二元函数 $u(x,y)$ 的全微分,即

$$d[u(x,y)] = A_x dx + A_y dy.$$

由此得

$$\frac{\partial u}{\partial x} = A_x, \quad \frac{\partial u}{\partial y} = A_y,$$

所以

$$\mathrm{grad}\ u = \boldsymbol{A}.$$

$u(x,y)$ 称为向量场 $\boldsymbol{A}$ 的**势函数**(或位函数),等值线 $u(x,y) = C_2$ 称为**等势线**(或**等位线**).

根据以上讨论可知:如果在单连通域 D 内,向量场 $\boldsymbol{A}$ 是无源无旋场,则

(7.2)式和(7.3)式同时成立,将它们比较一下,即得

$$\frac{\partial u}{\partial x} = A_x(x,y) = \frac{\partial v}{\partial y}, \qquad \frac{\partial u}{\partial y} = A_y(x,y) = -\frac{\partial v}{\partial x}.$$

而这就是 C-R 方程. 所以,在无源无旋场中,流函数 $v(x,y)$ 是势函数 $u(x,y)$ 的共轭调和函数,因此可作一解析函数

$$w = f(z) = u(x,y) + iv(x,y),$$

称此解析函数 $w=f(z)$ 为向量场 **A** 的**复势函数**,简称**复势**.

如果已知复势函数 $f(z)=u(x,y)+iv(x,y)$,那么它所对应的向量场 **A** $= A_x(x,y)+iA_y(x,y)$ 就很容易求出来. 因为

$$A_x(x,y) = \frac{\partial u}{\partial x}\left(\text{或} \frac{\partial v}{\partial y}\right), \qquad A_y(x,y) = \frac{\partial u}{\partial y}\left(\text{或} -\frac{\partial v}{\partial x}\right).$$

由于

$$f'(z) = \frac{\partial u}{\partial x} + i\frac{\partial v}{\partial x} = A_x(x,y) - iA_y(x,y),$$

所以

$$A = A_x(x,y) + iA_y(x,y) = \overline{f'(z)}.$$

于是 $|A(x,y)| = |f'(z)|$,而向量 $A(x,y)$ 的辐角与向量 $f'(z)$ 的辐角只差一符号,因为 $\arg \overline{f'(z)} = -\arg f'(z)$. 函数 u 与 v 的等值线

$$u(x,y) = C_1, \qquad v(x,y) = C_2.$$

易知这两曲线的斜率分别为 $\frac{-u_x}{u_y}$ 与 $\frac{-v_x}{v_y}$,且 u,v 满足 C-R 方程,则有

$$\left(\frac{-u_x}{u_y}\right)\left(\frac{-v_x}{v_y}\right) = \left(\frac{-v_y}{u_y}\right)\left(\frac{u_y}{v_y}\right) = -1,$$

即 $u(x,y)=C_1$ 与 $v(x,y)=C_2$ 彼此正交.

对稳定平面流场情形,由于向量 w 与流线的切线方向一致,流线恰好是流体质点运动的路线.

这样,设在单连通区域 D 内给定一稳定平面场,对于 D 内任一条简单闭曲线 C,通过 C 的流量及沿 C 的环量都是零,那么这一平面场对应一个在 D 内的解析函数,即场的复势. 反之,给定一个在单连通区域 D 内的解析函数,就决定了一个满足上述条件的稳定平面场,以已给函数作为复势.

如果 D 是多连通区域,并且在 D 内任一个单连通区域内,平面场满足上

述条件,那么在每一个这样的单连通区域内可以从 $u-iv$ 出发确定复势. 在整个区域 D 内,对流场情形,流函数及势函数既可能是单值的,也可能是多值的;而对静电场情形,力函数可能是多值的,而势函数一定是单值的. 这是因为保持静电场,不需要消耗能,所以单位正电荷沿着场内任一条简单闭曲线移动时,电场力所作的功是零. 因此在 D 是多连通区域时,无论对流场或静电场情形,复势既可能是单值函数,即(单值)解析函数;也可能是多值函数,即多值解析函数. 如果复势是多值解析函数,那么在整个区域 D 内,平面场或者不再是同时无源、无汇及无旋的,或者不再是无电荷的.

反之,设在多连通区域 D 内给定一多值解析函数,并设其各解析分支在 D 内任一点有相同的导数,就确定一个平面场,以已给函数作为复势.

§7.2 复势的应用

§7.2.1 在流体力学中的复势

设在无源又无汇的流体域内,有不可压缩的流体作稳恒的平面平行的运动,我们来讨论它的速度场 $\boldsymbol{v}(x,y)=v_x(x,y)\boldsymbol{i}+v_y(x,y)\boldsymbol{j}$.在这种情形下,速度向量 $\boldsymbol{v}(x,y)$ 通过某曲线 C 的流量 $N_C=\int_C v_n\mathrm{d}s$ 的绝对值以适当的单位来计算就等于流体在单位时间内流过曲线 C 的量(更精确地说,是流体通过高度为 1,母线平行于 z 轴,且在 Oxy 平面上的投影为 C 的柱面的量). 若在闭曲线 C 所围的区域 D 内,没有源也没有汇,那么,由于该流体的不可压缩性,在 C 内部的量是不变的. 从而可知,流体流入域 D 的量等于流出的量,即速度向量通过闭路 C 的流量为零.

如果速度场 $\boldsymbol{v}$ 又是无旋场,那么在此区域内可以构成一个解析函数 $w=f(z)=\varphi(x,y)+\mathrm{i}\psi(x,y)$,即复势,向量曲线 $\psi(x,y)=c$ 就是流体的流线,因为切于它的向量 $\boldsymbol{v}$ 是流体流动的速度向量.

例 7.1 试研究一平面流速场的复势为 $f(z)=az(a>0)$ 的速度、流函数和势函数.

解 因 $f(z)=az$ 在全平面内解析,所以可作为没有涡点、没有源、没有汇,也没有其他奇点的平面流速场的复势.

因为 $f'(z)=a$,所以场中任一点的速度 $v=\overline{f'(z)}=a>0$,方向指向 x 轴正向.

流函数 $\psi(x,y)=ay$,所以流线是直线 $y=c_1$;势函数 $\varphi(x,y)=ax$,所以等

势线是直线 $x = c_2$.

该场的流动图像如图 7.3,它刻画了流体以等速度从左向右流动的情况.

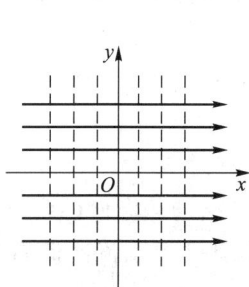 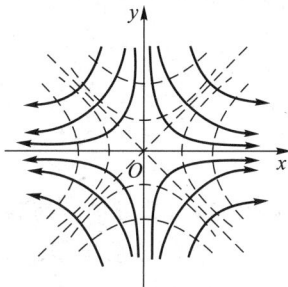

图 7.3　　　　　　　　　　　图 7.4

例 7.2　试研究以 $w = f(z) = z^2$ 为复势的平面定常流速场.

解　在任一点 $z \neq 0$ 的速度为 $\overline{f'(z)} = 2\bar{z}$,流函数是 $\psi(x,y) = 2xy$,所以流线为 $2xy = c_1$;势函数是 $\varphi(x,y) = x^2 - y^2$,所以等势线为 $x^2 - y^2 = c_2$.

两坐标轴属于流线,它们的交点(即原点)速度为零(图 7.4).

若不考虑全平面,只考虑一个象限(比如第一象限)可得结论:这个函数表示包含在第一象限内的流体运动的复势. 这时象限的边表示流体在其中运动的器皿的壁.

例 7.3　试研究以 $w = f(z) = i\mathrm{Ln}\, z$ 为复势的平面定常速度场.

解　$z = 0$ 为 $w = i\mathrm{Ln}\, z$ 的唯一奇点. 在任一点 $z(z \neq 0)$ 的速度为

$$v = \overline{f'(z)} = -\frac{i}{\bar{z}},$$

大小 $|\overline{f'(z)}| = \left| -\dfrac{i}{\bar{z}} \right| = \dfrac{1}{|z|}$,$a = -\mathrm{Arg}\, \dfrac{i}{z} = -\dfrac{\pi}{2} + \mathrm{Arg}\, z$. 流函数 $\psi(x,y) = \ln|z|$,所以流线为 $|z| = c$.

势函数 $\varphi(x,y) = -\mathrm{Arg}\, z$,所以等势线为 $\mathrm{Arg}\, z = c_1$(图 7.5),坐标原点 $z = 0$ 是涡点,要想算出速度向量 A 沿着围绕涡点的闭路 C 的环量,最好是取中心在原点、任意半径 r 的圆周作为 C,则速度向量切于此圆,且

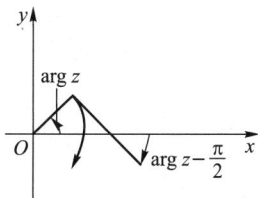

图 7.5

$$A_s = -|A| = -\frac{1}{r} \quad (\text{因为运动是逆时针方向}),$$

$$\Gamma = \int_C A_s \mathrm{d}s = -\int_C \frac{1}{r} \mathrm{d}s = -2\pi.$$

§7.2.2 热流场的复势

在热力学的热传导理论中,已经证明:介质传导的热量与温度梯度成正比,即

$$Q = - k\mathrm{grad}\ \varphi(x,y,z)$$

或平面情形

$$Q = - k\mathrm{grad}\ \varphi(x,y),$$

其中,Q 是热流向量,其方向与等温面(线)正交,与等温面(线)的法线方向同向;k 为介质的热传导系数;取"$-$"号是因为热由高温流向低温时,与温度梯度 $\mathrm{grad}\ \varphi$ 的方向相反.

平面定常热流场在其单连通域 D 内通常是无源无旋的,即

$$\mathrm{div}\ Q = 0, \qquad \mathrm{rot}_n Q = \mathbf{0}.$$

因此有

$$\frac{\partial Q_x}{\partial x} + \frac{\partial Q_y}{\partial y} = 0, \qquad \frac{\partial Q_y}{\partial x} - \frac{\partial Q_x}{\partial y} = 0.$$

类似于复势的讨论,同样可构造一解析函数

$$w = f(z) = \varphi(x,y) + \mathrm{i}\psi(x,y),$$

其中

$$\frac{\partial \varphi}{\partial x} = \frac{\partial \psi}{\partial y} = -\frac{1}{k}Q_x, \qquad \frac{\partial \varphi}{\partial y} = -\frac{\partial \psi}{\partial x} = -\frac{1}{k}Q_y.$$

$w = f(z)$ 称为热流场的复势. $\varphi(x,y)$ 称为温度函数(或势函数),$\varphi(x,y) = c_1$(常数)称为等温线;$\psi(x,y)$ 称为热流函数,$\psi(x,y) = c_2$(常数)是 Q 的向量线(即热量流动所沿曲线). 热流向量

$$Q = - k\mathrm{grad}\ \varphi = Q_x + \mathrm{i}Q_y = - k\frac{\partial \varphi}{\partial x} - \mathrm{i}k\frac{\partial \varphi}{\partial y}$$

$$= - k\left(\frac{\partial \varphi}{\partial x} - \mathrm{i}\frac{\partial \psi}{\partial x}\right) = - k\overline{f'(z)}.$$

上式说明热流场可用复变函数 $Q(z) = -k\overline{f'(z)}$ 表示.

由上可见在流体的流速场与热流场之间,有着完全的类似性. 其区别仅在于:在流速场的情形,复势的两个部分可能是多值函数,而在热流场的情形,复势的实部即温度总是单值的(不考虑公式中无关紧要的差异).

§7.2.3 静电场的复势

在空间静电场中,由于许多电场具有对称性质,或关于轴对称,或关于平面对称,故只要掌握静电场中某一平面上的性质,即可得到整个电场的情况. 所以这种电场又叫平面电场或二维电场.

平面静电场即强度向量场 $\boldsymbol{E} = E_x(x,y)\boldsymbol{i} + E_y(x,y)\boldsymbol{j}$ 是梯度场:
$$\boldsymbol{E} = -\operatorname{grad}\psi(x,y),$$
其中 ψ 是静电场的势函数,也可称为场的**电势**或**电位**. 我们知道,只要场内没有带电物体,即没有电荷(电荷相当于流体力学中源和汇的作用),静电场既是无源场,又是无旋场. 故我们可构造复势
$$w = f(z) = \varphi(x,y) + \mathrm{i}\psi(x,y),$$
其中
$$\mathrm{d}\psi = -\left[E_x(x,y)\mathrm{d}x + E_y(x,y)\mathrm{d}y\right], \quad \mathrm{d}\varphi = -E_y(x,y)\mathrm{d}x + E_x(x,y)\mathrm{d}y.$$
函数 $\varphi(x,y)$ 称为**力函数**. 而 $w = f(z) = \varphi(x,y) + \mathrm{i}\psi(x,y)$ 称为静电场的复势,是一个解析函数.

因此场 $\boldsymbol{E}$ 可用复势表示为
$$\boldsymbol{E} = E(z) = -\frac{\partial\psi}{\partial x} - \mathrm{i}\frac{\partial\varphi}{\partial x} = -\mathrm{i}\left(\frac{\partial\varphi}{\partial x} - \mathrm{i}\frac{\partial\psi}{\partial x}\right) = -\mathrm{i}\,\overline{f'(z)},$$
而
$$f'(z) = \frac{\partial\varphi}{\partial x} + \mathrm{i}\frac{\partial\psi}{\partial x} = -E_y - \mathrm{i}E_x = -\mathrm{i}(E_x + \mathrm{i}E_y),$$
因此可见静电场的复势和流速场的复势相差一个因子 $-\mathrm{i}$,这是电工学的习惯用法. 并有
$$|E| = |f'(z)|, \quad \operatorname{Arg} E(z) = -\left[\frac{\pi}{2} + \arg f'(z)\right].$$
势函数 $\psi(x,y)$ 的等值线叫做**等位线**,力函数 $\varphi(x,y)$ 的等值线叫做**力线**.

强度向量 $\boldsymbol{E}$ 沿闭路 C 的环量
$$\Gamma_C = \int_C E_s \mathrm{d}s$$
等于单位电荷沿闭路移动时所作的功,并且永远等于 0.

根据著名的高斯(Gauss)定理,强度向量通过闭路 C 的流量
$$N_C = \int_C E_n \mathrm{d}s,$$
等于分布在 C 内部的电荷的代数和乘以 2π.

例 7.4   求 $w=f(z)=z^2$ 所表示的电场.

解   电力线方程为 $\varphi(x,y)=x^2-y^2=$ 常数,是双曲线族(图7.4).等势线的方程为 $\psi(x,y)=2xy$, 它也是双曲线族.

这是由两个互相正交的甚大的带电平面所产生的电场,这两个带电平面都和 z 平面垂直,与 z 平面的交线是 x 轴和 y 轴.

例 7.5   说明复势函数 $f(z)=\mathrm{i}\mathrm{Ln}\, z$ 所对应的静电场的性质.

解

$$\varphi(x,y)=-\mathrm{Arg}\, z,\quad \psi(x,y)=\ln|z|,$$

等势线是圆周 $|z|=c_1$,力线是射线 $\mathrm{Arg}\, z=c_2$.

$$|E|=|f'(z)|=\left|\frac{1}{z}\right|=\frac{1}{|z|},$$

$$\mathrm{Arg}\, E=-\left(\frac{\pi}{2}+\mathrm{Arg}\,\frac{\mathrm{i}}{z}\right)=-\left(\frac{\pi}{2}+\frac{\pi}{2}-\mathrm{Arg}\, z\right)=\mathrm{Arg}\, z-\pi.$$

这就是说,强度向量的方向沿着射线 $\mathrm{Arg}\, z=c$(沿着力线)指向原点.

唯一的奇点是 $z=0$,在这个点处有电荷.要求出这个电荷的值,只需算出向量 E 通过绕点 $z=0$ 一周的闭曲线 C 的流量就可得到.选取圆周 $|z|=r$ 作为这个闭路,就可得到

$$E_n=-|E|=-\frac{1}{|z|}=-\frac{1}{r},$$

由此得

$$N_C=-\int_C\frac{1}{r}\mathrm{d}s=-2\pi.$$

根据高斯定理,可知电荷的值等于 $-\dfrac{2\pi}{2\pi}=-1$.由此可知,在点 $z=0$ 处对应电荷为 $+1$ 的复势函数是

$$f(z)=-\mathrm{i}\mathrm{Ln}\, z\quad \text{或}\quad f(z)=\mathrm{i}\mathrm{Ln}\,\frac{1}{z}.$$

§7.3   用共形映射的方法研究平面场

在速度场、热流场和静电场等平面场中,常用共形映射的方法求得复势函数.方法是将已给的平面区域映照为典型区域(或称为标准区域).而这些典型区域各自对应着所考虑问题的类型.如速度场映射为上半平面或带形区域,静电场映射为圆域或带形区域等.现举例加以说明.

例 7.6   设曲线由射线 $-\infty<x\leqslant -R$、中心在点 $z=0$、半径为 R 上的半圆周

以及射线 $R \leqslant |x| < +\infty$ 所组成, 不可压缩流体(无源也无汇)在域 G

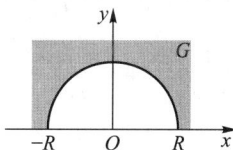

(图 7.6)内做无旋流动, 又设无穷远点的速度为给定的 v_∞(实数), 且 $f(\infty) = \infty$, 求所产生的流速场.

解 求流速场的复势 $w = f(z)$, 就要把域 G 的边界映射为实轴, 把域 G 映射为上半平面. 可通过下述映射来完成(图 7.7).

图 7.6

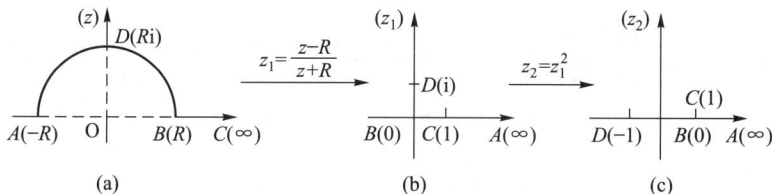

图 7.7

由于此映射不唯一, 为了满足假设条件, 我们知道上半平面映射为上半平面, 应有

$$w = \frac{az_2 + b}{cz_2 + d} = \frac{a\left(\dfrac{z-R}{z+R}\right)^2 + b}{c\left(\dfrac{z-R}{z+R}\right)^2 + d} = \frac{a(z-R)^2 + b(z+R)^2}{c(z-R)^2 + d(z+R)^2}$$

$$= \frac{(a+b)z^2 + 2(b-a)Rz + (a+b)R^2}{(c+d)z^2 + 2(d-c)Rz + (c+d)R^2},$$

这里 a, b, c, d 是实常量.

因为 $z = \infty$ 时, $\dfrac{\mathrm{d}w}{\mathrm{d}z} = v_\infty \neq 0$, 所以分母中多项式的次数应该低于分子中多项式的次数, 于是 $c + d = 0$.

另外, 当 $c + d = 0$, $a + b \neq 0$ 时, 则条件 $f(\infty) = \infty$ 就被满足, 因此

$$w = \frac{(a+b)z^2 + 2(b-a)Rz + (a+b)R^2}{2(d-c)Rz} = \alpha z + \beta + \frac{\alpha R^2}{z},$$

这里 $\alpha = \dfrac{a+b}{2(d-c)R}$, $\beta = \dfrac{b-a}{d-c}$, 由此可得

$$\frac{\mathrm{d}w}{\mathrm{d}z} = \alpha - \frac{\alpha R^2}{z^2},$$

且因为 $z=\infty$ 时，$\dfrac{\mathrm{d}w}{\mathrm{d}z}=v_\infty$，所以 $\alpha=v_\infty$.

因为流动速度是由复势函数的导数确定的，所以确定复势时差一个常数项是没有关系的. 于是可取 $\beta=0$，最后得到

$$w = v_\infty\left(z + \frac{R^2}{z}\right). \tag{7.4}$$

由于 $\dfrac{\mathrm{d}w}{\mathrm{d}z}=v_\infty\left(1-\dfrac{R^2}{z^2}\right)$，所以速度向量的模由等式

$$|A| = v_\infty\left(1 - \frac{R^2}{z^2}\right)$$

确定. 在点 $z=\pm R$ 处速度为零，这种点称为**临界点**.

将 (7.4) 式的实部与虚部分出来之后，就确定了流函数.

$$u + \mathrm{i}v = v_\infty\left(x + \mathrm{i}y + \frac{R^2}{x+\mathrm{i}y}\right) = v_\infty\left[x + \mathrm{i}y + \frac{R^2(x-\mathrm{i}y)}{x^2+y^2}\right],$$

由此得到

$$v = y - \frac{R^2 y}{x^2+y^2},$$

于是流线方程为

$$v = c = y - \frac{R^2 y}{x^2+y^2},$$

或由 $(x^2+y^2-R^2)y=c(x^2+y^2)$ 确定.

例 7.7　设在射线 $x=0$，$y\geqslant a(>0)$ 上电势为 v_0，而在实轴上为零，求所产生的静电势.

解　求静电场的复势，就是找一函数 $w=f(z)$，使已知区域 D 共形映射为 w 平面上的带形区域 $0<\mathrm{Im}\,w<v_0$，而使射线、实轴分别与 $\mathrm{Im}\,w=v_0$，$\mathrm{Im}\,w=0$ 相对应. 此过程可按图 7.8 来完成.

所以，$w=\dfrac{v_0}{\pi}\ln\dfrac{\sqrt{z^2+a^2}-z}{\sqrt{z^2+a^2}+z}$ 为所求的复势，它是区域 D 内的单值函数，用它可求出静电场中的各量.

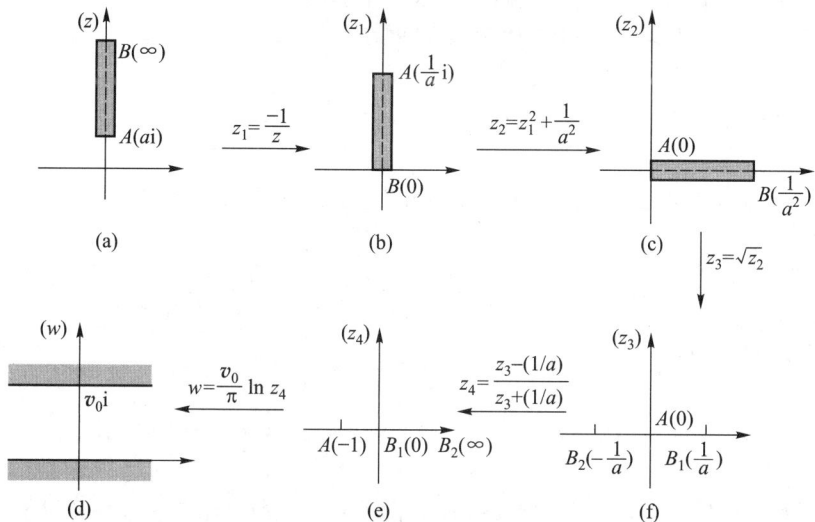

图 7.8

本章小结

复变函数的理论和方法,对于物理和许多其他科学技术领域的研究,都起着重要的作用,并且是解决有关问题的有效工具. 本章介绍了解析函数在平面场中的一些应用(平面场的复势及其应用). 通过本章的学习应认识到:

1. 由于可用复数表示平面向量,因而能用复变函数表示平面向量场.

2. 对于某单连通域内给定的平面无源无旋场,可以作出一个解析函数 $w=f(z)$ 统一研究该场的分布和变化情况,这个解析函数称为该场的复势. 在平面流速场中,复势的实部就是势函数,虚部就是流函数,并且流速 $v=\overline{f'(z)}$;在平面静电场中,复势的实部是力函数,虚部是势函数,并且电场强度 $E=-\mathrm{i}\,\overline{f'(z)}$. 由此可以画出等势线(或电力线)与流线(或电位线)的图形,得到该场的流动图像.

3. 共形映射的方法也常用来研究平面场,以求得复势函数.

思考题

7.1　怎样从流体流动的客观现象抽象出解析函数的概念?

7.2　平面运动、稳定流动、不可压缩的流体的意义是怎样的?

7.3　在流体流动的区域内,没有流源和旋涡是指区域中每一点的散量和旋量都等于 0 吗? 这种现象对于速度的共轭函数(复速度)来说,它的实部和虚部满足什么条件?

7.4　流函数和复速度是不是流体流动区域内的解析函数？

7.5　复势和复速度是不是流体流动区域内的解析函数？

目　习题七

7.1　根据下列已给的复势，确定流速场的速度，并求出流函数、势函数、流线与等势线：

(1) $w=(z+\mathrm{i})^2$;　　　　　(2) $w=\dfrac{1}{z^2+1}$;

(3) $w=z+\dfrac{1}{z}$;　　　　　(4) $w=(1+\mathrm{i})\,\mathrm{Ln}\,z$.

7.2　某流动的复势为 $w=f(z)=\dfrac{1}{z^2-1}$，试分别求出沿下列圆周的流量与环量：

(1) $\left|z-1\right|=\dfrac{1}{2}$;　　　　(2) $\left|z+1\right|=\dfrac{1}{2}$;　　　　(3) $\left|z\right|=3$.

7.3　已知扇形域 $0<\arg z<\dfrac{\pi}{2}$，$\left|z\right|>1$ 的射线边界上电位为 0，圆周段上的电位为 1 (连接处绝缘)．求此静电场的复势．

7.4　平面静电场的等势线为圆 $x^2+y^2=2ax$（a 为实数）．求在点 $(2a,0)$ 与点 (a,a) 的电场强度的大小之比．

7.5　有一条很深的河流．河底有一高度为 h 的河堤，在远离河堤的流源处的流速 $V_\infty>0$ 是已知的，问此河流中，流速的分布情况如何？

第八章　傅里叶变换

　　人们在处理与分析工程实际中的一些问题时，常常采取某种手段将问题进行转换，从另一个角度进行处理与分析，这就是所谓的**变换**. 为此，变换的目的无非有两个：第一，使问题的性质更清楚，更便于分析问题；第二，使问题的求解更方便，更便于解决问题. 但变换不同于化简，它必须是可逆的，即必须有与之匹配的逆变换. 由于工程实际中的问题往往是复杂的，因此变换是一种常用的手法. 而数学上则更是如此，直角坐标与极坐标之间是一种变换，它使我们能更灵活、更方便地处理一些问题；对数也是一种变换，它能将乘法运算化为加法运算，从而能用来求解一些复杂的代数方程. 本章将要介绍的傅里叶(Fourier)变换，则是一种对连续时间函数的积分变换，即通过某种积分运算，把一个函数化为另一个函数，同时还具有对称形式的逆变换. 它既能简化计算，如求解微分方程、化卷积为乘积等，又具有非常特殊的物理意义，因而在许多领域被广泛地应用. 而在此基础上发展起来的离散傅里叶变换，在当今数字时代更是显得尤为重要.

§8.1　傅里叶变换的概念

　　在讨论傅里叶变换之前，我们有必要先来回顾一下傅里叶级数展开.

§8.1.1　傅里叶级数

　　1804 年，傅里叶首次提出"在有限区间上由任意图形定义的任意函数都可以表示为单纯的正弦与余弦之和"，但并没有给出严格的证明. 1829 年，由德国数学家狄利克雷(Dirichlet)证明了下面的定理，为傅里叶级数奠定了理论基础.

　　定理 8.1　设 $f_T(t)$ 是以 T 为周期的实值函数，且在 $\left[-\dfrac{T}{2}, \dfrac{T}{2}\right]$ 上满足狄利克雷条件(简称狄氏条件)，即 $f_T(t)$ 在 $\left[-\dfrac{T}{2}, \dfrac{T}{2}\right]$ 上满足

　　(1) 连续或只有有限个第一类间断点；

　　(2) 只有有限个极值点，

则在 $f_T(t)$ 的连续点处有

$$f_T(t) = \frac{a_0}{2} + \sum_{n=1}^{+\infty} (a_n \cos n\omega_0 t + b_n \sin n\omega_0 t), \qquad (8.1)$$

其中

$$\omega_0 = \frac{2\pi}{T},$$

$$a_n = \frac{2}{T} \int_{-T/2}^{T/2} f_T(t) \cos n\omega_0 t \mathrm{d}t \quad (n = 0, 1, 2, \cdots),$$

$$b_n = \frac{2}{T} \int_{-T/2}^{T/2} f_T(t) \sin n\omega_0 t \mathrm{d}t \quad (n = 1, 2, \cdots).$$

在 $f_T(t)$ 的间断点处, (8.1) 式左端为 $\frac{1}{2}[f_T(t+0) + f_T(t-0)]$.

由于正弦函数与余弦函数可以统一地由指数函数表出,因此我们可以得到另外一种更为简洁的形式. 根据欧拉公式可知(其中 $j^{①} = \sqrt{-1}$):

$$\cos n\omega_0 t = \frac{1}{2}(\mathrm{e}^{jn\omega_0 t} + \mathrm{e}^{-jn\omega_0 t}), \quad \sin n\omega_0 t = \frac{j}{2}(\mathrm{e}^{-jn\omega_0 t} - \mathrm{e}^{jn\omega_0 t}).$$

代入 (8.1) 式得

$$f_T(t) = \frac{a_0}{2} + \sum_{n=1}^{+\infty} \left(\frac{a_n - jb_n}{2} \mathrm{e}^{jn\omega_0 t} + \frac{a_n + jb_n}{2} \mathrm{e}^{-jn\omega_0 t} \right).$$

令

$$c_0 = \frac{a_0}{2}, \quad c_n = \frac{a_n - jb_n}{2}, \quad c_{-n} = \frac{a_n + jb_n}{2} \quad (n = 1, 2, \cdots),$$

可得

$$f_T(t) = \sum_{n=-\infty}^{+\infty} c_n \mathrm{e}^{jn\omega_0 t}, \qquad (8.2)$$

$$c_n = \frac{1}{T} \int_{-T/2}^{T/2} f_T(t) \mathrm{e}^{-jn\omega_0 t} \mathrm{d}t \quad (n = 0, \pm 1, \pm 2, \cdots). \qquad (8.3)$$

这里系数 c_n 既可直接由 (8.2) 式以及函数族 $\{\mathrm{e}^{jn\omega_0 t}\}$ 的正交性得到,也可根据 c_n 与 a_n, b_n 的关系以及 a_n, b_n 的计算公式得到,且 c_n 具有唯一性.

①　数学中按国家标准规定用"i"表示虚数单位,这里用"j"是按照工程中通常的习惯.

我们称(8.1)式为**傅里叶级数的三角形式**,而称(8.2)式为**傅里叶级数的复指数形式**.工程上一般采用后一种形式.

傅里叶级数有非常明确的物理含义.事实上,在(8.1)式中,令

$$A_0 = \frac{a_0}{2}, \; A_n = \sqrt{a_n^2 + b_n^2}, \quad \cos \theta_n = \frac{a_n}{A_n}, \; \sin \theta_n = \frac{-b_n}{A_n} \quad (n = 1, 2, \cdots),$$

则(8.1)式变为

$$f_T(t) = A_0 + \sum_{n=1}^{+\infty} A_n (\cos \theta_n \cos n \omega_0 t - \sin \theta_n \sin n \omega_0 t)$$

$$= A_0 + \sum_{n=1}^{+\infty} A_n \cos (n \omega_0 t + \theta_n).$$

如果以 $f_T(t)$ 代表信号,则上式说明,一个周期为 T 的信号可以分解为简谐波之和.这些谐波的(角)频率分别为一个**基频** ω_0 的倍数.换句话说,信号 $f_T(t)$ 并不含有各种频率成分,而仅由一系列具有离散频率的谐波所构成,其中 A_n 反映了频率为 $n \omega_0$ 的谐波在 $f_T(t)$ 中所占的份额,称为**振幅**;θ_n 则反映了频率为 $n \omega_0$ 的谐波沿时间轴移动的大小,称为**相位**.这两个指标完全刻画了信号 $f_T(t)$ 的性态.

再来看看(8.2)式,由 c_n 与 a_n 及 b_n 的关系可得(图8.1)

$$c_0 = A_0, \; \arg c_n = - \arg c_{-n} = \theta_n,$$

$$|c_n| = |c_{-n}| = \frac{1}{2} \sqrt{a_n^2 + b_n^2} = \frac{A_n}{2} \quad (n = 1, 2, \cdots).$$

因此 c_n 作为一个复数,其模与辐角正好反映了信号 $f_T(t)$ 中频率为 $n \omega_0$ 的简谐波的振幅与相位,其中振幅 A_n 被平均分配到正负频率上,而

图 8.1

负频率的出现则完全是为了数学表示的方便,它与正频率一起构成同一个简谐波.由此可见,仅由系数 c_n 就可以完全刻画信号 $f_T(t)$ 的频率特性.因此,称 c_n 为周期函数 $f_T(t)$ 的**离散频谱**,$|c_n|$ 为**离散振幅谱**,$\arg c_n$ 为**离散相位谱**.为了进一步明确 c_n 与频率 $n \omega_0$ 的对应关系,常常记 $F(n \omega_0) = c_n$.

例8.1　求以 T 为周期的函数

$$f_T(t) = \begin{cases} 0, & -T/2 < t < 0, \\ 2, & 0 < t < T/2 \end{cases}$$

关于傅里叶级数的几点说明

傅里叶级数的物理意义

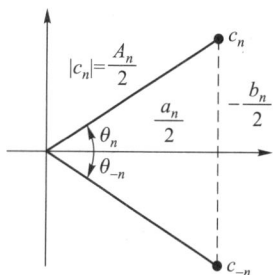

的离散频谱和它的傅里叶级数的复指数形式.

解   令 $\omega_0 = 2\pi/T$, 当 $n = 0$ 时,

$$c_0 = F(0) = \frac{1}{T}\int_{-T/2}^{T/2} f_T(t)\,\mathrm{d}t = \frac{1}{T}\int_0^{T/2} 2\mathrm{d}t = 1;$$

当 $n \neq 0$ 时,

$$c_n = F(n\,\omega_0) = \frac{1}{T}\int_{-T/2}^{T/2} f_T(t)\,\mathrm{e}^{-\mathrm{j}n\,\omega_0 t}\mathrm{d}t$$

$$= \frac{2}{T}\int_0^{T/2} \mathrm{e}^{-\mathrm{j}n\,\omega_0 t}\mathrm{d}t = \frac{\mathrm{j}}{n\pi}(\mathrm{e}^{-\mathrm{j}n\frac{\omega_0 T}{2}} - 1)$$

$$= \frac{\mathrm{j}}{n\pi}(\mathrm{e}^{-\mathrm{j}n\pi} - 1) = \begin{cases} 0, & \text{当 } n \text{ 为偶数,} \\ -\dfrac{2\mathrm{j}}{n\pi}, & \text{当 } n \text{ 为奇数.} \end{cases}$$

$f_T(t)$ 的傅里叶级数的复指数形式为

$$f_T(t) = 1 + \sum_{n=-\infty}^{+\infty} \frac{-2\mathrm{j}}{(2n-1)\pi}\mathrm{e}^{\mathrm{j}(2n-1)\omega_0 t}.$$

振幅谱为

$$|F(n\,\omega_0)| = \begin{cases} 1, & n = 0, \\ 0, & n = \pm 2,\ \pm 4, \cdots, \\ \dfrac{2}{|n|\pi}, & n = \pm 1,\ \pm 3, \cdots. \end{cases}$$

相位谱为

$$\arg F(n\,\omega_0) = \begin{cases} 0, & n = 0,\ \pm 2,\ \pm 4, \cdots, \\ -\dfrac{\pi}{2}, & n = 1, 3, 5, \cdots, \\ \dfrac{\pi}{2}, & n = -1,\ -3,\ -5, \cdots. \end{cases}$$

其图形如图 8.2 所示.

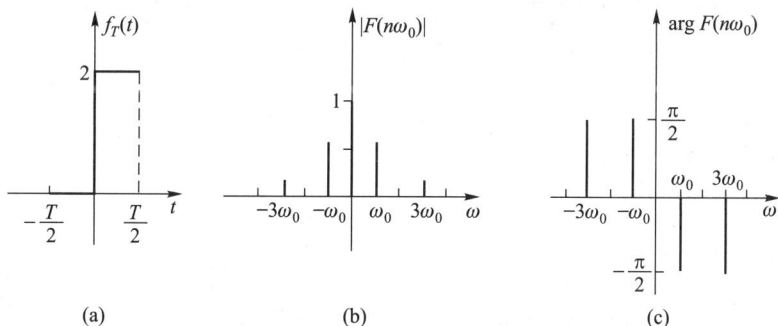

图 8.2

§8.1.2　傅里叶积分与傅里叶变换

通过前面的讨论,我们知道了一个周期函数可以展开为傅里叶级数,那么,对非周期函数是否同样适合呢? 下面先直观地分析一下. 从物理意义上讲,傅里叶级数展开说明了周期为 T 的函数 $f_T(t)$ 仅包含离散的频率成分,即它可由一系列以 $\omega_0 = \dfrac{2\pi}{T}$ 为间隔的离散频率所形成的简谐波合成(求和),因而其频谱以 ω_0 为间隔离散取值. 当 T 越来越大时,取值间隔 ω_0 越来越小;当 T 趋向于无穷大时,周期函数变成了非周期函数,其频谱将在 ω 上连续取值,即一个非周期函数将包含所有的频率成分. 这样离散函数的求和就变成连续函数的积分了.

1. 傅里叶积分公式

我们按照上面的分析方式(即令 $T \to +\infty$),由周期函数的傅里叶级数来推导非周期函数的傅里叶积分公式. 这里只是形式推导,并不是严格的证明. 有关严格证明可参考数学分析方面的相关教材.

将非周期函数 $f(t)$ 看成是由周期函数 $f_T(t)$ 当 $T \to +\infty$ 时转化来的,由(8.2)式与(8.3)式有

$$f(t) = \lim_{T \to +\infty} f_T(t) = \lim_{T \to +\infty} \sum_{n=-\infty}^{+\infty} \left[\frac{1}{T} \int_{-T/2}^{T/2} f_T(\tau) \mathrm{e}^{-\mathrm{j}n\,\omega_0 \tau} \mathrm{d}\tau \right] \mathrm{e}^{\mathrm{j}n\,\omega_0 t}.$$

将间隔 ω_0 记为 $\Delta\omega$,节点 $n\omega_0$ 记为 ω_n,并由 $T = \dfrac{2\pi}{\omega_0} = \dfrac{2\pi}{\Delta\omega}$,得

$$f(t) = \frac{1}{2\pi} \lim_{\Delta\omega \to 0} \sum_{n=-\infty}^{+\infty} \left[\int_{-\frac{\pi}{\Delta\omega}}^{\frac{\pi}{\Delta\omega}} f_T(\tau) \mathrm{e}^{-\mathrm{j}\omega_n \tau} \mathrm{d}\tau \cdot \mathrm{e}^{\mathrm{j}\omega_n t} \right] \Delta\omega.$$

这是一个和式的极限,按照积分定义,在一定条件下,上式可写为

$$f(t) = \frac{1}{2\pi} \int_{-\infty}^{+\infty} \left[\int_{-\infty}^{+\infty} f(\tau) e^{-j\omega\tau} d\tau \right] e^{j\omega t} d\omega. \tag{8.4}$$

由此得到下面的定理.

定理 8.2(傅里叶积分定理)　如果 $f(t)$ 在 $(-\infty, +\infty)$ 上的任一有限区间满足狄氏条件,且在 $(-\infty, +\infty)$ 上绝对可积(即 $\int_{-\infty}^{+\infty} |f(t)| dt < +\infty$),那么(8.4)式成立. 在 $f(t)$ 的间断点处,(8.4)式的左端应为 $\frac{1}{2}[f(t+0)+f(t-0)]$.

称(8.4)式为**傅里叶积分公式**或者**傅氏积分表达式**.

2. 傅里叶变换

从(8.4)式出发,令

$$F(\omega) = \int_{-\infty}^{+\infty} f(t) e^{-j\omega t} dt, \tag{8.5}$$

则有

$$f(t) = \frac{1}{2\pi} \int_{-\infty}^{+\infty} F(\omega) e^{j\omega t} d\omega. \tag{8.6}$$

上面两式中的反常积分是柯西意义下的主值,在 $f(t)$ 的间断点处,(8.6)式左端应为 $[f(t+0)+f(t-0)]/2$.

可以看出,由(8.5)式与(8.6)式定义了一个变换对,即对于任一已知函数 $f(t)$,通过特定的积分运算,可以得到一个与之对应的函数 $F(\omega)$,而由 $F(\omega)$ 通过类似的积分运算,可以回复到 $f(t)$. 它们具有非常优美的对称形式. 后面我们将会看到,它们还具有明确的物理含义和极好的数学性质. 由于它们是从傅氏级数得来的,因此我们给出如下定义.

定义 8.1　称(8.5)式为**傅里叶变换**(简称**傅氏变换**),其中函数 $F(\omega)$ 称为 $f(t)$ 的**像函数**,记为 $F(\omega) = \mathscr{F}[f(t)]$;称(8.6)式为**傅里叶逆变换**(简称**傅氏逆变换**),其中函数 $f(t)$ 称为 $F(\omega)$ 的**像原函数**,记为 $f(t) = \mathscr{F}^{-1}[F(\omega)]$.

这样,$f(t)$ 与 $F(\omega)$ 构成一个傅氏变换对. 与傅氏级数一样,傅氏变换也有明确的物理含义. 由(8.6)式,可以说明非周期函数与周期函数一样,也是由许多不同频率的正、余弦分量合成,所不同的是,非周期函数包含了从零到无穷大的所有频率分量. 而 $F(\omega)$ 是 $f(t)$ 中各频率分量的分布密度,因此称 $F(\omega)$ 为**频谱密度函数**(简称**频谱**或者**连续频谱**),称 $|F(\omega)|$ 为**振幅谱**,$\arg F(\omega)$ 为**相位谱**. 由于傅氏变换这种特殊的物理含义,因而在工程实际中得到广泛的应用.

例 8.2　求矩形脉冲函数 $f(t) = \begin{cases} 1, & |t| \leqslant \delta, \\ 0, & |t| > \delta \end{cases}$ $(\delta > 0)$ 的傅氏变换及傅氏积分表达式.

解　由(8.5)式有

$$\mathscr{F}[f(t)] = F(\omega) = \int_{-\infty}^{+\infty} f(t)\,\mathrm{e}^{-\mathrm{j}\omega t}\mathrm{d}t = \int_{-\delta}^{\delta} \mathrm{e}^{-\mathrm{j}\omega t}\mathrm{d}t$$

$$= \frac{1}{-\mathrm{j}\omega}\mathrm{e}^{-\mathrm{j}\omega t}\Big|_{-\delta}^{\delta} = -\frac{1}{\mathrm{j}\omega}(\mathrm{e}^{-\mathrm{j}\omega\delta} - \mathrm{e}^{\mathrm{j}\omega\delta})$$

$$= 2\frac{\sin\delta\omega}{\omega} = 2\delta\frac{\sin\delta\omega}{\delta\omega}.$$

振幅谱为

$$|F(\omega)| = 2\delta\left|\frac{\sin\delta\omega}{\delta\omega}\right|.$$

相位谱为

$$\arg F(\omega) = \begin{cases} 0, & \dfrac{2n\pi}{\delta} \leqslant |\omega| \leqslant \dfrac{(2n+1)\pi}{\delta}, \\[3mm] \pi, & \dfrac{(2n+1)\pi}{\delta} < |\omega| < \dfrac{(2n+2)\pi}{\delta}, \end{cases}$$

$$n = 0,1,2,\cdots.$$

其图形如图 8.3 所示.

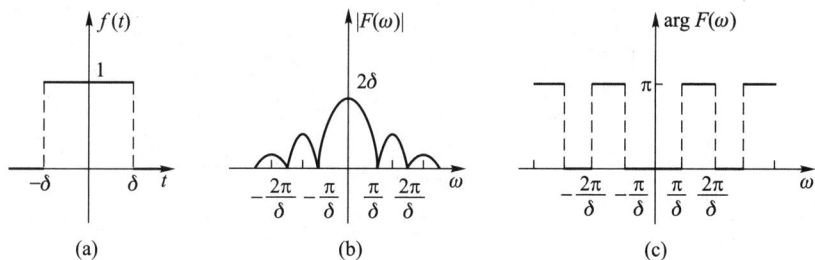

图 8.3

再根据(8.6)式(注意其中间断点的取值)可得到傅氏逆变换,即 $f(t)$ 的傅氏积分表达式为

$$f(t) = \frac{1}{2\pi} \int_{-\infty}^{+\infty} \frac{2\sin\delta\,\omega}{\omega} e^{j\omega t}\,d\omega$$

$$= \frac{1}{2\pi} \int_{-\infty}^{+\infty} \frac{2\sin\delta\,\omega}{\omega}\cos\omega\,t d\omega + \frac{j}{2\pi}\int_{-\infty}^{+\infty}\frac{2\sin\delta\,\omega}{\omega}\sin\omega\,t d\omega$$

$$= \frac{2}{\pi}\int_{0}^{+\infty}\frac{\sin\delta\,\omega}{\omega}\cos\omega\,t d\omega = \begin{cases} 1, & |t| < \delta, \\ 1/2, & |t| = \delta, \\ 0, & |t| > \delta. \end{cases}$$

上式中令 $t=0$ 可得重要积分公式

$$\int_{0}^{+\infty}\frac{\sin x}{x}dx = \frac{\pi}{2}.$$

例 8.3　已知 $f(t)$ 的频谱为 $F(\omega) = \begin{cases} 1, & |\omega| \leq \alpha \\ 0, & |\omega| > \alpha, \end{cases}$ $(\alpha>0)$，求 $f(t)$.

解　$$f(t) = \mathscr{F}^{-1}[F(\omega)] = \frac{1}{2\pi}\int_{-\infty}^{+\infty}F(\omega)e^{j\omega t}d\omega$$

$$= \frac{1}{2\pi}\int_{-\alpha}^{\alpha}e^{j\omega t}d\omega = \frac{\sin\alpha t}{\pi t} = \frac{\alpha}{\pi}\cdot\frac{\sin\alpha t}{\alpha t}.$$

记 $Sa(t) = \frac{\sin t}{t}$，则 $f(t) = \frac{\alpha}{\pi}Sa(\alpha t)$，当 $t=0$ 时，定义 $f(0) = \frac{\alpha}{\pi}$. 信号 $\frac{\alpha}{\pi}Sa(\alpha t)$（或者 $Sa(t)$）称为**抽样信号，**由于它具有非常特殊的频谱形式，因而在连续时间信号的离散化、离散时间信号的恢复以及信号滤波中发挥了重要的作用. 其图形如图 8.4 所示.

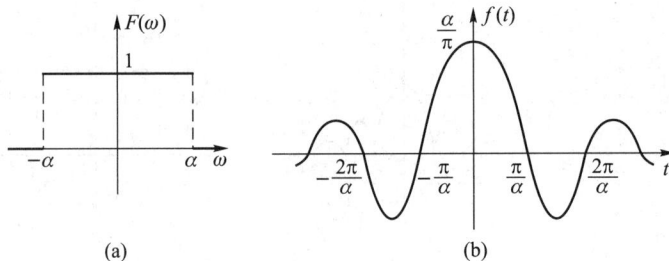

图 8.4

例 8.4　求单边指数衰减函数 $f(t) = \begin{cases} e^{-\alpha t}, & t\geq 0, \\ 0, & t<0 \end{cases}$ $(\alpha>0)$ 的傅氏变换，并

画出频谱图.

解
$$F(\omega) = \mathscr{F}[f(t)] = \int_{-\infty}^{+\infty} f(t)\, e^{-j\omega t} dt$$

$$= \int_{0}^{+\infty} e^{-(\alpha+j\omega)t} dt = \frac{1}{\alpha + j\omega} = \frac{\alpha - j\omega}{\alpha^2 + \omega^2}.$$

振幅谱为

$$|F(\omega)| = \frac{1}{\sqrt{\alpha^2 + \omega^2}},$$

相位谱为

$$\arg F(\omega) = -\arctan(\omega/\alpha),$$

其图形如图 8.5 所示.

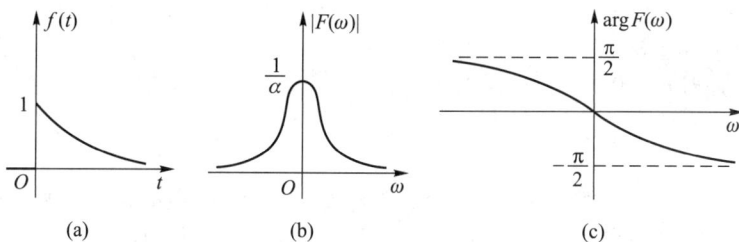

图 8.5

§8.2 单位冲激函数(δ 函数)

傅里叶级数与傅里叶变换以不同的形式反映了周期函数与非周期函数的频谱特性,是否可以借助某种手段将它们统一起来呢？更具体地说,是否能够将离散频谱以连续频谱的方式表现出来呢？这就需要引入下面将要介绍的单位冲激函数与广义傅氏变换,其中单位冲激函数本身有其实际背景.在工程实际问题中,有许多物理现象具有一种脉冲特征,它们仅在某一瞬间或者某一点出现,如瞬时冲击力、脉冲电流、质点的质量等,这些物理量都不能用通常的函数形式去描述.

例 8.5 设有长度为 ε 的均匀细杆放在 x 轴的 $[0, \varepsilon]$ 上,其质量为 m,用 $\rho_\varepsilon(x)$ 表示它的线密度,则有

$$\rho_\varepsilon(x) = \begin{cases} \dfrac{m}{\varepsilon}, & 0 \le x \le \varepsilon, \\ 0, & \text{其他.} \end{cases} \tag{8.7}$$

单位冲激函数的引入

若有一个质量为 m 的质点放置在坐标原点,则可以认为它相当于上面的细杆取 $\varepsilon \to 0$ 的结果,按(8.7)式,则质点的密度函数 $\rho(x)$ 为

$$\rho(x) = \lim_{\varepsilon \to 0} \rho_\varepsilon(x) = \begin{cases} \infty, & x = 0, \\ 0, & x \neq 0. \end{cases} \tag{8.8}$$

显然,仅用(8.8)式这种"常规"的函数表示方式,并不能反映出质点本身的质量,必须附加一个条件 $\int_{-\infty}^{+\infty} \rho(x)\mathrm{d}x = m$,为此我们需要引入一个新的函数,即所谓的**单位冲激函数**,又称为**狄拉克(Dirac)函数**或者 **δ 函数**.

§8.2.1　单位冲激函数的概念及其性质

依照上面的例子,我们可以简单地定义单位冲激函数 $\delta(t)$ 是满足下面两个条件的函数:

(1) 当 $t \neq 0$ 时, $\delta(t) = 0$;

(2) $\int_{-\infty}^{+\infty} \delta(t)\mathrm{d}t = 1$.

这是由狄拉克给出的一种直观的定义方式,按照此定义,则例 8.5 中的质点的密度函数为 $\rho(x) = m\delta(x)$.

这里需要指出的是,上述定义方式在理论上是不严格的,它只是对 δ 函数的某种描述. 事实上,δ 函数并不是经典意义上的函数,而是一个广义函数,因此,关于 δ 函数的严格定义可参阅有关广义函数方面的书籍. 另外,δ 函数在现实生活中也是不存在的,它是数学抽象的结果. 有时人们将 δ 函数直观的理解为 $\delta(t) = \lim_{\varepsilon \to 0} \delta_\varepsilon(t)$,其中 $\delta_\varepsilon(t)$ 是宽度为 ε,高度为 $1/\varepsilon$ 的矩形冲激函数(图 8.6).

下面我们不加证明地直接给出 δ 函数的几个基本性质.

性质 8.1　设 $f(t)$ 是定义在实数域 **R** 上的有界函数,且在 $t = 0$ 处连续,则

$$\int_{-\infty}^{+\infty} \delta(t)f(t)\mathrm{d}t = f(0). \tag{8.9}$$

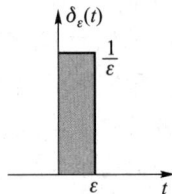

图 8.6

一般地,若 $f(t)$ 在 $t = t_0$ 点连续,则

$$\int_{-\infty}^{+\infty} \delta(t - t_0)f(t)\mathrm{d}t = f(t_0). \tag{8.10}$$

此性质称为**筛选性质**. 其中(8.9)式给出了 δ 函数与其他函数的运算关

系,它也常常被人们用来定义 δ 函数,即采用检验的方式来考察某个函数是否为 δ 函数.

性质 8.2　δ 函数为偶函数,即 $\delta(t)=\delta(-t)$.

性质 8.3　设 $u(t)$ 为**单位阶跃函数**,即

$$u(t)=\begin{cases}1, & t>0,\\ 0, & t<0,\end{cases}$$

则有 $\displaystyle\int_{-\infty}^{t}\delta(t)\,\mathrm{d}t=u(t),\dfrac{\mathrm{d}[u(t)]}{\mathrm{d}t}=\delta(t)$.

在图形上,人们常常采用一个从原点出发长度为 1 的有向线段来表示 δ 函数(图 8.7),其中有向线段的长度代表 δ 函数的积分值,称为**冲激强度**. 图 8.8(a)与图 8.8(b)则分别为函数 $A\delta(t)$ 与 $\delta(t-t_0)$ 的图形表示,其中 A 为 $A\delta(t)$ 的冲激强度.

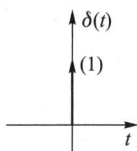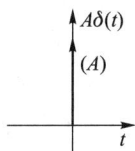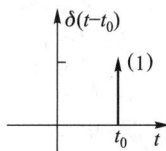

图 8.7　　　　　　　　　　图 8.8

例 8.6　给出函数 $F(\omega)=\pi[\delta(\omega-\omega_0)-\delta(\omega+\omega_0)]$ 的图形表示,其中 $\omega_0>0$.

解　函数 $F(\omega)=\pi[\delta(\omega-\omega_0)-\delta(\omega+\omega_0)]$ 在 ω_0 与 $-\omega_0$ 的冲激强度分别为 π 和 $-\pi$,其图形如图 8.9 所示.

本例显示,利用单位冲激函数可以将离散值以连续形式表达,从而可以统一地进行处理.

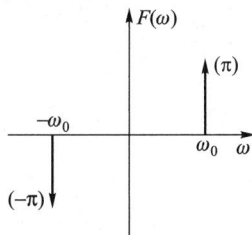

图 8.9

§8.2.2　δ 函数的傅里叶变换

根据 δ 函数的定义,我们可以容易地得出 δ 函数的傅氏变换为

$$\mathscr{F}[\delta(t)]=\int_{-\infty}^{+\infty}\delta(t)\mathrm{e}^{-\mathrm{j}\omega t}\mathrm{d}t=\mathrm{e}^{-\mathrm{j}\omega t}\bigg|_{t=0}=1.$$

即单位冲激函数包含各种频率分量且它们具有相等的幅度,称此为**均匀频谱**或**白色频谱**. 由此得出,$\delta(t)$ 与 1 构成傅氏变换对,按逆变换公式有

$$\mathscr{F}^{-1}[1] = \frac{1}{2\pi}\int_{-\infty}^{+\infty} e^{j\omega t}d\omega = \delta(t). \tag{8.11}$$

这是一个关于 δ 函数的重要公式.

　　需要注意的是,这里 $\delta(t)$ 的傅里叶变换仍采用傅里叶变换的古典定义,但此时的反常积分是根据 δ 函数的定义和运算性质直接给出的,而不是普通意义下的积分值,故称 $\delta(t)$ 的傅里叶变换是一种**广义的傅里叶变换**. 运用这一概念,可以对一些常用的函数,如常数函数、单位阶跃函数以及正、余弦函数进行傅氏变换,尽管它们并不满足绝对可积条件. 下面通过几个例子给予说明.

　　例 8.7　分别求函数 $f_1(t)=1$ 与 $f_2(t)=e^{j\omega_0 t}$ 的傅氏变换.

　　解　由傅氏变换的定义以及(8.11)式有

$$F_1(\omega) = \mathscr{F}[f_1(t)] = \int_{-\infty}^{+\infty} e^{-j\omega t}dt = \int_{-\infty}^{+\infty} e^{j\omega\tau}d\tau = 2\pi\delta(\omega),$$

$$F_2(\omega) = \mathscr{F}[f_2(t)] = \int_{-\infty}^{+\infty} e^{j\omega_0 t}e^{-j\omega t}dt = \int_{-\infty}^{+\infty} e^{j(\omega_0-\omega)t}dt = 2\pi\delta(\omega_0 - \omega) = 2\pi\delta(\omega - \omega_0).$$

　　例 8.8　证明:单位阶跃函数 $u(t)$ 的傅氏变换为 $\frac{1}{j\omega}+\pi\delta(\omega)$.

　　证　设 $F(\omega)=\frac{1}{j\omega}+\pi\delta(\omega)$, $f(t)=\mathscr{F}^{-1}[F(\omega)]$,则

$$f(t) = \frac{1}{2\pi}\int_{-\infty}^{+\infty}\left[\frac{1}{j\omega} + \pi\delta(\omega)\right]e^{j\omega t}d\omega$$

$$= \frac{1}{2}\int_{-\infty}^{+\infty}\delta(\omega)e^{j\omega t}d\omega + \frac{1}{2\pi}\int_{-\infty}^{+\infty}\frac{1}{j\omega}e^{j\omega t}d\omega$$

$$= \frac{1}{2} + \frac{1}{\pi}\int_{0}^{+\infty}\frac{\sin\omega t}{\omega}d\omega,$$

由例 8.2 知 $\int_{0}^{+\infty}\frac{\sin x}{x}dx = \frac{\pi}{2}$,所以有

$$f(t) = u(t) = \begin{cases} 1, & t > 0, \\ 0, & t < 0. \end{cases}$$

　　例 8.9　求 $f(t)=\cos\omega_0 t$ 的傅氏变换.

　　解　由傅氏变换的定义有

$$F(\omega) = \mathscr{F}[f(t)] = \int_{-\infty}^{+\infty} e^{-j\omega t}\cos\omega_0 t dt$$

$$= \int_{-\infty}^{+\infty} \frac{1}{2} (e^{j\omega_0 t} + e^{-j\omega_0 t}) e^{-j\omega t} dt$$

$$= \frac{1}{2} \int_{-\infty}^{+\infty} [e^{-j(\omega-\omega_0)t} + e^{-j(\omega+\omega_0)t}] dt$$

$$= \pi[\delta(\omega-\omega_0) + \delta(\omega+\omega_0)].$$

本例显示,在广义傅氏变换意义下,周期函数也可以进行傅氏变换,其频谱仍是离散的(图 8.10),这一点与傅氏级数展开是一致的. 所不同的是,这里是用冲激强度来表示各频率分量的幅值的相对大小.

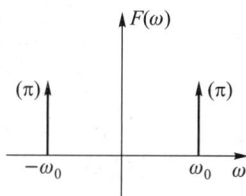

图 8.10

事实上,对周期函数而言,有下面的定理.

定理 8.3 设 $f(t)$ 是以 T 为周期的实值函数,且在 $\left[-\frac{T}{2}, \frac{T}{2}\right]$ 上满足狄氏条件,则 $f(t)$ 和 $F(\omega) = \sum_{n=-\infty}^{+\infty} 2\pi F(n\omega_0)\delta(\omega - n\omega_0)$ 是一对傅氏变换,其中,$\omega_0 = \frac{2\pi}{T}$,$F(n\omega_0)$ 是 $f(t)$ 的离散频谱.

证 按傅氏级数展开式有

$$f(t) = \sum_{n=-\infty}^{+\infty} F(n\omega_0) e^{jn\omega_0 t},$$

因此

$$\mathscr{F}[f(t)] = \int_{-\infty}^{+\infty} f(t) e^{-j\omega t} dt = \sum_{n=-\infty}^{+\infty} F(n\omega_0) \int_{-\infty}^{+\infty} e^{jn\omega_0 t} e^{-j\omega t} dt$$

$$= \sum_{n=-\infty}^{+\infty} 2\pi F(n\omega_0)\delta(\omega - n\omega_0) = F(\omega),$$

$$\mathscr{F}^{-1}[F(\omega)] = \frac{1}{2\pi} \int_{-\infty}^{+\infty} F(\omega) e^{j\omega t} d\omega = \sum_{n=-\infty}^{+\infty} F(n\omega_0) \int_{-\infty}^{+\infty} \delta(\omega - n\omega_0) e^{j\omega t} d\omega$$

$$= \sum_{n=-\infty}^{+\infty} F(n\omega_0) e^{jn\omega_0 t} = f(t),$$

即得 $f(t)$ 与 $F(\omega)$ 是一对傅氏变换.

§8.3 傅里叶变换的性质

为了叙述方便,假定在以下性质中,所涉及的函数的傅氏变换均存在,且对一些运算(如求导、积分、求和等)的次序交换,均不另作说明.

§8.3.1　基本性质

1. 线性性质

设 $F(\omega) = \mathscr{F}[f(t)]$, $G(\omega) = \mathscr{F}[g(t)]$, α, β 为常数,则

$$\mathscr{F}[\alpha f(t) + \beta g(t)] = \alpha F(\omega) + \beta G(\omega),$$

$$\mathscr{F}^{-1}[\alpha F(\omega) + \beta G(\omega)] = \alpha f(t) + \beta g(t).$$

本性质可直接由积分的线性性质推出.

2. 位移性质

设 $F(\omega) = \mathscr{F}[f(t)]$, t_0, ω_0 为实常数,则

$$\mathscr{F}[f(t - t_0)] = e^{-j\omega t_0} F(\omega), \tag{8.12}$$

$$\mathscr{F}^{-1}[F(\omega - \omega_0)] = e^{j\omega_0 t} f(t). \tag{8.13}$$

证　由定义有

$$\mathscr{F}[f(t - t_0)] = \int_{-\infty}^{+\infty} f(t - t_0) e^{-j\omega t} dt,$$

作变量代换 $t_1 = t - t_0$ 得

$$\mathscr{F}[f(t - t_0)] = \int_{-\infty}^{+\infty} f(t_1) e^{-j\omega t_1} e^{-j\omega t_0} dt_1 = e^{-j\omega t_0} \mathscr{F}[f(t)] = e^{-j\omega t_0} F(\omega).$$

类似可证(8.13)式.

傅氏变换的这一性质有很好的物理意义.其中(8.12)式说明,当一个函数(或信号)沿时间轴移动后,它的各频率成分的大小不发生改变,但相位发生变化;而(8.13)式则被用来进行频谱搬移,这一技术在通信系统中得到了广泛应用.

例 8.10　已知 $G(\omega) = \dfrac{1}{\beta + j(\omega + \omega_0)}$ ($\beta > 0, \omega_0$ 为实常数),求 $g(t) = \mathscr{F}^{-1}[G(\omega)]$.

解　由(8.13)式并利用例 8.4 的结果,有

$$g(t) = \mathscr{F}^{-1}[G(\omega)] = e^{-j\omega_0 t} \cdot \mathscr{F}^{-1}\left[\frac{1}{\beta + j\omega}\right] = \begin{cases} e^{-(\beta + j\omega_0)t}, & t \geqslant 0, \\ 0, & t < 0. \end{cases}$$

3. 相似性质

设 $F(\omega) = \mathscr{F}[f(t)]$, a 为非零常数,则

$$\mathscr{F}[f(at)] = \frac{1}{|a|}F\left(\frac{\omega}{a}\right). \tag{8.14}$$

证 $\mathscr{F}[f(at)] = \displaystyle\int_{-\infty}^{+\infty}f(at)\,\mathrm{e}^{-j\omega t}\mathrm{d}t$，令 $x = at$，则有：当 $a > 0$ 时，

$$\mathscr{F}[f(at)] = \frac{1}{a}\int_{-\infty}^{+\infty}f(x)\,\mathrm{e}^{-j\frac{\omega}{a}x}\mathrm{d}x = \frac{1}{a}F\left(\frac{\omega}{a}\right);$$

当 $a < 0$ 时，

$$\mathscr{F}[f(at)] = \frac{1}{a}\int_{+\infty}^{-\infty}f(x)\,\mathrm{e}^{-j\frac{\omega}{a}x}\mathrm{d}x = -\frac{1}{a}F\left(\frac{\omega}{a}\right).$$

综合上述两种情况，得

$$\mathscr{F}[f(at)] = \frac{1}{|a|}F\left(\frac{\omega}{a}\right).$$

此性质的物理意义非常明显. 它说明，若函数（或信号）被压缩（$a > 1$），则其频谱被扩展；反之，若函数被扩展（$a < 1$），则其频谱被压缩.

例 8.11 已知抽样信号 $f(t) = \dfrac{\sin 2t}{\pi t}$ 的频谱为

$$F(\omega) = \begin{cases} 1, & |\omega| \leqslant 2, \\ 0, & |\omega| > 2. \end{cases}$$

求信号 $g(t) = f\left(\dfrac{t}{2}\right)$ 的频谱 $G(\omega)$.

解 由（8.14）式可得

$$G(\omega) = \mathscr{F}[g(t)] = \mathscr{F}\left[f\left(\frac{t}{2}\right)\right] = 2F(2\omega) = \begin{cases} 2, & |\omega| \leqslant 1, \\ 0, & |\omega| > 1. \end{cases}$$

从图 8.11 中可以看出，由 $f(t)$ 扩展后的信号 $g(t)$ 变得平缓，频率变低，即频率范围由原来的 $|\omega| < 2$ 变为 $|\omega| < 1$.

(a)

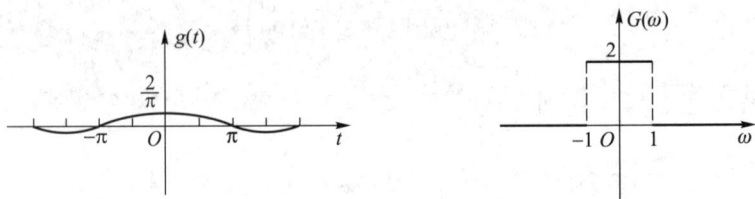

(b)

图 8.11

4. 微分性质

若 $\lim\limits_{|t| \mapsto +\infty} f(t) = 0$，则

$$\mathscr{F}[f'(t)] = \mathrm{j}\omega \mathscr{F}[f(t)], \tag{8.15}$$

一般地，若 $\lim\limits_{|t| \mapsto +\infty} f^{(k)}(t) = 0 \ (k = 0, 1, 2, \cdots, n-1)$，则

$$\mathscr{F}[f^{(n)}(t)] = (\mathrm{j}\omega)^n \mathscr{F}[f(t)]. \tag{8.16}$$

证 当 $|t| \to +\infty$ 时，$|f(t)\mathrm{e}^{-\mathrm{j}\omega t}| = |f(t)| \to 0$，可得 $f(t)\mathrm{e}^{-\mathrm{j}\omega t} \to 0$. 因而

$$\mathscr{F}[f'(t)] = \int_{-\infty}^{+\infty} f'(t)\mathrm{e}^{-\mathrm{j}\omega t}\mathrm{d}t$$

$$= f(t)\mathrm{e}^{-\mathrm{j}\omega t}\Big|_{-\infty}^{+\infty} + \mathrm{j}\omega \int_{-\infty}^{+\infty} f(t)\mathrm{e}^{-\mathrm{j}\omega t}\mathrm{d}t$$

$$= \mathrm{j}\omega \mathscr{F}[f(t)].$$

反复运用上式即得(8.16)式.

同样，还能得到像函数的导数公式为

$$\frac{\mathrm{d}}{\mathrm{d}\omega}F(\omega) = -\mathrm{j}\mathscr{F}[tf(t)],$$

一般地，有

$$\frac{\mathrm{d}^n F(\omega)}{\mathrm{d}\omega^n} = (-\mathrm{j})^n \mathscr{F}[t^n f(t)].$$

当 $f(t)$ 的傅氏变换已知时，上式可用来求 $t^n f(t)$ 的傅氏变换.

5. 积分性质

设 $g(t) = \int_{-\infty}^{t} f(t)\mathrm{d}t$，若 $\lim\limits_{t \to +\infty} g(t) = 0$，则

$$\mathscr{F}[g(t)] = \frac{1}{\mathrm{j}\omega}\mathscr{F}[f(t)].$$

证　由于 $g'(t)=f(t)$，根据 (8.15) 式有

$$\mathscr{F}[f(t)]=\mathscr{F}[g'(t)]=\mathrm{j}\omega\mathscr{F}[g(t)],$$

即 $\mathscr{F}[g(t)]=\dfrac{1}{\mathrm{j}\omega}\mathscr{F}[f(t)]$.

6. 帕塞瓦尔 (Parseval) 等式

设 $F(\omega)=\mathscr{F}[f(t)]$，则有

$$\int_{-\infty}^{+\infty}f^2(t)\,\mathrm{d}t=\frac{1}{2\pi}\int_{-\infty}^{+\infty}|F(\omega)|^2\mathrm{d}\omega. \tag{8.17}$$

证　由 $F(\omega)=\mathscr{F}[f(t)]=\displaystyle\int_{-\infty}^{+\infty}f(t)\mathrm{e}^{-\mathrm{j}\omega t}\mathrm{d}t$，有

$$\overline{F(\omega)}=\int_{-\infty}^{+\infty}f(t)\mathrm{e}^{\mathrm{j}\omega t}\mathrm{d}t.$$

所以

$$\frac{1}{2\pi}\int_{-\infty}^{+\infty}|F(\omega)|^2\mathrm{d}\omega=\frac{1}{2\pi}\int_{-\infty}^{+\infty}F(\omega)\,\overline{F(\omega)}\mathrm{d}\omega$$

$$=\frac{1}{2\pi}\int_{-\infty}^{+\infty}F(\omega)\left[\int_{-\infty}^{+\infty}f(t)\mathrm{e}^{\mathrm{j}\omega t}\mathrm{d}t\right]\mathrm{d}\omega$$

$$=\int_{-\infty}^{+\infty}f(t)\left[\frac{1}{2\pi}\int_{-\infty}^{+\infty}F(\omega)\mathrm{e}^{\mathrm{j}\omega t}\mathrm{d}\omega\right]\mathrm{d}t$$

$$=\int_{-\infty}^{+\infty}f^2(t)\mathrm{d}t.$$

例 8.12　求积分 $\displaystyle\int_0^{+\infty}\frac{\sin^2\omega}{\omega^2}\mathrm{d}\omega$ 的值.

解　由例 8.2 可知函数

$$f(t)=\begin{cases}1, & |t|\leqslant\delta,\\0, & |t|>\delta\end{cases}\quad(\delta>0)$$

所对应的像函数为 $F(\omega)=2\delta\dfrac{\sin\delta\omega}{\delta\omega}$. 令 $\delta=1$，并由 (8.17) 式得

$$\int_{-\infty}^{+\infty}\left(\frac{2\sin\omega}{\omega}\right)^2\mathrm{d}\omega=2\pi\int_{-1}^1 1^2\mathrm{d}t=4\pi,$$

由于被积函数为偶函数，故

$$\int_0^{+\infty}\frac{\sin^2\omega}{\omega^2}\mathrm{d}\omega=\frac{\pi}{2}.$$

§8.3.2 卷积与卷积定理

1. 卷积

定义 8.2 设实值函数 $f_1(t)$ 与 $f_2(t)$ 在 $(-\infty, +\infty)$ 内有定义. 若反常积分 $\int_{-\infty}^{+\infty} f_1(\tau) f_2(t-\tau) d\tau$ 对任何实数 t 收敛, 则它定义了一个自变量为 t 的函数, 称此函数为 $f_1(t)$ 与 $f_2(t)$ 的**卷积**, 记为 $f_1(t) * f_2(t)$, 即

$$f_1(t) * f_2(t) = \int_{-\infty}^{+\infty} f_1(\tau) f_2(t - \tau) d\tau.$$

根据定义, 很容易知道卷积满足

$$f_1(t) * f_2(t) = f_2(t) * f_1(t), \qquad \text{(交换律)}$$
$$f_1(t) * [f_2(t) * f_3(t)] = [f_1(t) * f_2(t)] * f_3(t), \qquad \text{(结合律)}$$
$$f_1(t) * [f_2(t) + f_3(t)] = f_1(t) * f_2(t) + f_1(t) * f_3(t). \quad \text{(分配律)}$$

例 8.13 求下列函数的卷积:

$$f(t) = \begin{cases} e^{-\alpha t}, & t \geq 0, \\ 0, & t < 0; \end{cases} \qquad g(t) = \begin{cases} e^{-\beta t}, & t \geq 0, \\ 0, & t < 0. \end{cases}$$

其中 $\alpha > 0, \beta > 0$ 且 $\alpha \neq \beta$.

如何计算卷积——举例与解释

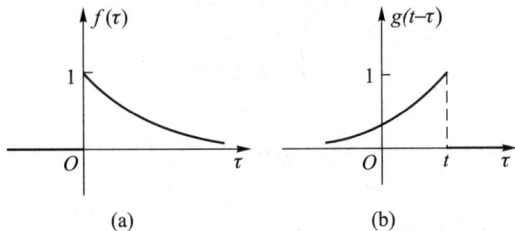

图 8.12

解 由定义有

$$f(t) * g(t) = \int_{-\infty}^{+\infty} f(\tau) g(t - \tau) d\tau,$$

由图 8.12, 可得: 当 $t < 0$ 时, $f(t) * g(t) = 0$; 当 $t \geq 0$ 时,

$$f(t) * g(t) = \int_0^t f(\tau) g(t - \tau) d\tau = \int_0^t e^{-\alpha \tau} e^{-\beta(t-\tau)} d\tau$$

$$= e^{-\beta t} \int_0^t e^{-(\alpha-\beta)\tau} d\tau = \frac{1}{\alpha - \beta} (e^{-\beta t} - e^{-\alpha t}).$$

综合得

$$f(t) * g(t) = \begin{cases} 0, & t < 0, \\ \dfrac{1}{\alpha - \beta}(\mathrm{e}^{-\beta t} - \mathrm{e}^{-\alpha t}), & t \geqslant 0. \end{cases}$$

例 8.14 求下列函数的卷积

$$f(t) = t^2 u(t), \quad g(t) = \begin{cases} 1, & |t| \leqslant 1, \\ 0, & |t| > 1. \end{cases}$$

解 由定义有

$$f(t) * g(t) = \int_{-\infty}^{+\infty} f(\tau) g(t - \tau) \mathrm{d}\tau = \int_{-\infty}^{+\infty} g(\tau) f(t - \tau) \mathrm{d}\tau,$$

由图 8.13,可得:当 $t < -1$ 时,

$$f(t) * g(t) = 0;$$

当 $-1 \leqslant t \leqslant 1$ 时,

$$f(t) * g(t) = \int_{-1}^{t} 1 \cdot (t - \tau)^2 \mathrm{d}\tau = \frac{1}{3}(t + 1)^3;$$

当 $t > 1$ 时,

$$f(t) * g(t) = \int_{-1}^{1} 1 \cdot (t - \tau)^2 \mathrm{d}\tau = \frac{1}{3}(6t^2 + 2).$$

利用交换律
计算卷积举例

综合得

$$f(t) * g(t) = \begin{cases} 0, & t < -1, \\ (t + 1)^3/3, & -1 \leqslant t \leqslant 1, \\ (6t^2 + 2)/3, & t > 1. \end{cases}$$

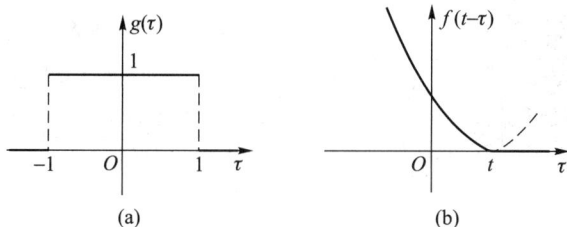

图 8.13

通过上述例子可知,卷积由反褶、平移、相乘、积分几个部分组成. 即将 $g(\tau)$ 反褶平移得 $g(t-\tau) = g(-(\tau-t))$,再与 $f(\tau)$ 相乘求积分,因此卷积又称为褶积或卷乘. 若采用图解方式,则很容易确定积分限.

2. 卷积定理

定理 8.4 设 $F_1(\omega) = \mathscr{F}[f_1(t)]$, $F_2(\omega) = \mathscr{F}[f_2(t)]$,则有

$$\mathscr{F}[f_1(t) * f_2(t)] = F_1(\omega) \cdot F_2(\omega),$$

$$\mathscr{F}[f_1(t) \cdot f_2(t)] = \frac{1}{2\pi} F_1(\omega) * F_2(\omega). \tag{8.18}$$

证 由卷积与傅氏变换定义有

$$\mathscr{F}[f_1(t) * f_2(t)] = \int_{-\infty}^{+\infty} f_1(t) * f_2(t) e^{-j\omega t} dt$$

$$= \int_{-\infty}^{+\infty} \left[\int_{-\infty}^{+\infty} f_1(\tau) f_2(t - \tau) d\tau \right] e^{-j\omega t} dt$$

$$= \int_{-\infty}^{+\infty} f_1(\tau) \left[\int_{-\infty}^{+\infty} f_2(t - \tau) e^{-j\omega t} dt \right] d\tau$$

$$= \int_{-\infty}^{+\infty} f_1(\tau) e^{-j\omega \tau} \left[\int_{-\infty}^{+\infty} f_2(t - \tau) e^{-j\omega(t-\tau)} dt \right] d\tau$$

$$= F_1(\omega) \cdot F_2(\omega).$$

同理可得(8.18)式.

利用卷积定理可以简化卷积计算及某些函数的傅氏变换.

例 8.15 求下列函数的卷积

$$f(t) = \frac{\sin \alpha t}{\pi t}, \qquad g(t) = \frac{\sin \beta t}{\pi t},$$

其中 $\alpha > 0, \beta > 0$.

解 设 $F(\omega) = \mathscr{F}[f(t)]$, $G(\omega) = \mathscr{F}[g(t)]$,由例 8.3 知

$$F(\omega) = \begin{cases} 1, & |\omega| \leqslant \alpha, \\ 0, & |\omega| > \alpha; \end{cases} \qquad G(\omega) = \begin{cases} 1, & |\omega| \leqslant \beta, \\ 0, & |\omega| > \beta. \end{cases}$$

因此有

$$F(\omega) \cdot G(\omega) = \begin{cases} 1, & |\omega| \leqslant \gamma, \\ 0, & |\omega| > \gamma \end{cases} \quad (\text{其中 } \gamma = \min(\alpha, \beta)),$$

由卷积定理有

$$f(t) * g(t) = \mathscr{F}^{-1}[F(\omega) \cdot G(\omega)] = \frac{\sin \gamma t}{\pi t}.$$

例 8.16 设 $f(t) = e^{-\beta t}u(t)\cos \omega_0 t \ (\beta > 0)$，求 $\mathscr{F}[f(t)]$.

解 由 (8.18) 式得

$$\mathscr{F}[f(t)] = \frac{1}{2\pi}\mathscr{F}[e^{-\beta t}u(t)] * \mathscr{F}[\cos \omega_0 t].$$

又由例 8.4 与例 8.9 可知

$$\mathscr{F}[e^{-\beta t}u(t)] = \frac{1}{\beta + j\omega},$$

$$\mathscr{F}[\cos \omega_0 t] = \pi[\delta(\omega + \omega_0) + \delta(\omega - \omega_0)].$$

因此有

$$\mathscr{F}[f(t)]$$

$$= \frac{1}{2\pi}\int_{-\infty}^{+\infty}\frac{\pi}{\beta + j\tau}[\delta(\omega + \omega_0 - \tau) + \delta(\omega - \omega_0 - \tau)]d\tau$$

$$= \frac{1}{2}\left[\frac{1}{\beta + j(\omega + \omega_0)} + \frac{1}{\beta + j(\omega - \omega_0)}\right] = \frac{\beta + j\omega}{(\beta + j\omega)^2 + \omega_0^2}.$$

§8.3.3 综合举例

例 8.17 设 $f(t)$ 是以 T 为周期的实值函数，且在 $\left[-\dfrac{T}{2}, \dfrac{T}{2}\right]$ 上满足狄利克雷条件，证明

$$\frac{1}{T}\int_0^T f^2(t)\,dt = \sum_{n=-\infty}^{+\infty}|F(n\omega_0)|^2.$$

其中，$\omega_0 = \dfrac{2\pi}{T}$，$F(n\omega_0)$ 为 $f(t)$ 的离散频谱.

证 由题意有

$$f(t) = \sum_{n=-\infty}^{+\infty}F(n\omega_0)e^{jn\omega_0 t}, \quad F(n\omega_0) = \frac{1}{T}\int_{-T/2}^{T/2}f(t)e^{-jn\omega_0 t}dt.$$

由上式有

$$\overline{F(n\omega_0)} = \frac{1}{T}\int_{-T/2}^{T/2} f(t)\,e^{jn\omega_0 t}\,dt = \frac{1}{T}\int_{-T/2}^{0} f(t)\,e^{jn\omega_0 t}\,dt + \frac{1}{T}\int_{0}^{T/2} f(t)\,e^{jn\omega_0 t}\,dt.$$

对上式中右端第一个积分作变量代换 $t_1 = t + T$，并利用 $f(t)$ 与 $e^{jn\omega_0 t}$ 的周期性有

$$\overline{F(n\omega_0)} = \frac{1}{T}\int_{T/2}^{T} f(t_1)\,e^{jn\omega_0 t_1}\,dt_1 + \frac{1}{T}\int_{0}^{T/2} f(t)\,e^{jn\omega_0 t}\,dt = \frac{1}{T}\int_{0}^{T} f(t)\,e^{jn\omega_0 t}\,dt.$$

从而有

$$\frac{1}{T}\int_{0}^{T} f^2(t)\,dt = \frac{1}{T}\int_{0}^{T} f(t) \sum_{n=-\infty}^{+\infty} F(n\omega_0)\,e^{jn\omega_0 t}\,dt$$

$$= \sum_{n=-\infty}^{+\infty} F(n\omega_0) \cdot \frac{1}{T}\int_{0}^{T} f(t)\,e^{jn\omega_0 t}\,dt$$

$$= \sum_{n=-\infty}^{+\infty} F(n\omega_0) \cdot \overline{F(n\omega_0)} = \sum_{n=-\infty}^{+\infty} |F(n\omega_0)|^2.$$

例 8.18   设 $f(t)$ 是定义在 $(-\infty, +\infty)$ 上的实值函数，且存在傅氏变换 $F(\omega) = \mathscr{F}[f(t)]$，证明：

$$\int_{0}^{+\infty} \frac{|F(\omega)|^2}{|\omega|}\,d\omega = \int_{-\infty}^{0} \frac{|F(\omega)|^2}{|\omega|}\,d\omega.$$

证   由 $F(\omega) = \mathscr{F}[f(t)] = \int_{-\infty}^{+\infty} f(t)\,e^{-j\omega t}\,dt$，有

$$F(-\omega) = \int_{-\infty}^{+\infty} f(t)\,e^{j\omega t}\,dt = \overline{F(\omega)}.$$

因此

$$\int_{0}^{+\infty} \frac{|F(\omega)|^2}{|\omega|}\,d\omega = \int_{0}^{+\infty} \frac{F(\omega)\cdot\overline{F(\omega)}}{|\omega|}\,d\omega = \int_{0}^{+\infty} \frac{F(\omega)\cdot F(-\omega)}{|\omega|}\,d\omega$$

$$\xrightarrow{\text{令}\,\omega_1=-\omega} \int_{-\infty}^{0} \frac{F(-\omega_1)\cdot F(\omega_1)}{|\omega_1|}\,d\omega_1 = \int_{-\infty}^{0} \frac{|F(\omega)|^2}{|\omega|}\,d\omega.$$

例 8.19   试证明：

$$\frac{2}{\pi}\int_{0}^{+\infty} \frac{\omega^2+2}{\omega^4+4}\cos\omega t\,d\omega = e^{-|t|}\cos t.$$

证   令 $f(t) = e^{-|t|}\cos t$，$F(\omega) = \mathscr{F}[f(t)]$，则

$$F(\omega) = \int_{-\infty}^{+\infty} f(t)\,\mathrm{e}^{-\mathrm{j}\omega t}\mathrm{d}t = \int_{-\infty}^{+\infty} \mathrm{e}^{-|t|}\cos t\,\mathrm{e}^{-\mathrm{j}\omega t}\mathrm{d}t$$

$$= \int_{0}^{+\infty} \mathrm{e}^{-t}\cos t\,\mathrm{e}^{-\mathrm{j}\omega t}\mathrm{d}t + \int_{-\infty}^{0} \mathrm{e}^{t}\cos t\,\mathrm{e}^{-\mathrm{j}\omega t}\mathrm{d}t.$$

对上式第二个积分作变量代换 $t_1 = -t$，有

$$F(\omega) = \int_{0}^{+\infty} \mathrm{e}^{-t}\cos t\,\mathrm{e}^{-\mathrm{j}\omega t}\mathrm{d}t + \int_{0}^{+\infty} \mathrm{e}^{-t_1}\cos t_1\,\mathrm{e}^{-\mathrm{j}(-\omega)t_1}\mathrm{d}t_1$$

$$= \int_{-\infty}^{+\infty} \mathrm{e}^{-t}u(t)\cos t\,\mathrm{e}^{-\mathrm{j}\omega t}\mathrm{d}t + \int_{-\infty}^{+\infty} \mathrm{e}^{-t}u(t)\cos t\,\mathrm{e}^{\mathrm{j}\omega t}\mathrm{d}t.$$

令 $f_1(t) = \mathrm{e}^{-t}u(t)\cos t$，$F_1(\omega) = \mathscr{F}[f_1(t)]$，则

$$F(\omega) = F_1(\omega) + \overline{F_1(\omega)} = 2\mathrm{Re}\,F_1(\omega).$$

由例 8.16 可知

$$F_1(\omega) = \frac{1 + \mathrm{j}\omega}{(1 + \mathrm{j}\omega)^2 + 1},$$

因此，$F(\omega) = 2\mathrm{Re}\,F_1(\omega) = 2\dfrac{\omega^2 + 2}{\omega^4 + 4}$. 对 $F(\omega)$ 求逆变换有

$$\mathscr{F}^{-1}[F(\omega)] = \frac{1}{2\pi}\int_{-\infty}^{+\infty} 2\frac{\omega^2 + 2}{\omega^4 + 4}\mathrm{e}^{\mathrm{j}\omega t}\mathrm{d}\omega.$$

$$= \frac{1}{\pi}\int_{-\infty}^{+\infty} \frac{\omega^2 + 2}{\omega^4 + 4}(\cos\omega t + \mathrm{j}\sin\omega t)\mathrm{d}\omega$$

$$= \frac{1}{\pi}\int_{-\infty}^{+\infty} \frac{\omega^2 + 2}{\omega^4 + 4}\cos\omega t\,\mathrm{d}\omega = f(t).$$

即得

$$\frac{2}{\pi}\int_{0}^{+\infty} \frac{\omega^2 + 2}{\omega^4 + 4}\cos\omega t\,\mathrm{d}\omega = \mathrm{e}^{-|t|}\cos t.$$

例 8.20 已知 $\int_{-\infty}^{+\infty} \mathrm{e}^{-t^2}\mathrm{d}t = \sqrt{\pi}$，求 $f(t) = \mathrm{e}^{-t^2}$ 的傅氏变换.

解 设 $F(\omega) = \mathscr{F}[f(t)]$，则

$$F(2\omega) = \int_{-\infty}^{+\infty} \mathrm{e}^{-t^2}\mathrm{e}^{-2\mathrm{j}\omega t}\mathrm{d}t = \mathrm{e}^{-\omega^2}\int_{-\infty}^{+\infty} \mathrm{e}^{-(t+\mathrm{j}\omega)^2}\mathrm{d}t,$$

令 $z = \iota + j\omega$，得

$$F(2\omega) = e^{-\omega^2} \int_{-\infty + j\omega}^{+\infty + j\omega} e^{-z^2} dz = e^{-\omega^2} \lim_{\beta \to +\infty} \int_{-\beta + j\omega}^{\beta + j\omega} e^{-z^2} dz. \quad (8.19)$$

如图 8.14，矩形闭曲线 $C = C_1 + C_2 + C_3 + C_4$，由于 e^{-z^2} 在 z 平面上解析，有

$$\oint_C e^{-z^2} dz = \oint_{C_1 + C_2 + C_3 + C_4} e^{-z^2} dz = 0.$$

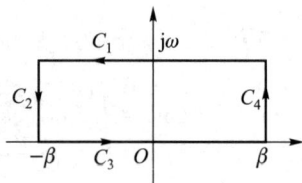

图 8.14

其中

$$\int_{C_4} e^{-z^2} dz = \int_0^\omega e^{-(\beta + jy)^2} j dy$$

$$= e^{-\beta^2} \int_0^\omega e^{y^2} e^{-2jy\beta} j dy \to 0 \quad (当 \beta \to +\infty 时),$$

同理 $\int_{C_2} e^{-z^2} dz \to 0$（当 $\beta \to +\infty$ 时）. 又由已知条件，有

$$\int_{C_3} e^{-z^2} dz = \int_{-\beta}^\beta e^{-x^2} dx \to \sqrt{\pi} \quad (\beta \to +\infty),$$

因此

$$\lim_{\beta \to +\infty} \int_{C_1} e^{-z^2} dz + \sqrt{\pi} = 0.$$

即

$$\lim_{\beta \to +\infty} \int_{\beta + j\omega}^{-\beta + j\omega} e^{-z^2} dz = -\sqrt{\pi}.$$

代入 (8.19) 式得 $F(2\omega) = e^{-\omega^2} \sqrt{\pi}$，故

$$\mathscr{F}[e^{-\iota^2}] = F(\omega) = \sqrt{\pi} e^{-\omega^2/4}.$$

本章小结

　　本章从周期函数的傅氏级数出发，导出非周期函数的傅氏积分公式，并由此得到傅氏变换，进而讨论了傅氏变换的一些基本性质及应用.

　　傅氏级数展开被称为是最辉煌、最大胆的思想. 从分析角度看，它是用简单函数去逼近（或代替）复杂函数；从几何观点看，它是以一族正交函数为基向量，将函数空间进行正交分解，相应的系数即为坐标；从变换角度看，它建立了周期函数与序列之间的对应关系；

而从物理意义上看,它将信号分解为一系列简谐波的复合,从而建立了频谱理论.

　　傅氏变换是傅氏级数由周期函数向非周期函数的演变,它通过特定形式的积分建立了函数之间的对应关系. 一方面,它仍然具有明确的物理含义;另一方面,它成为一种非常有用的数学工具. 因此它既能从频谱的角度来描述函数(或信号)的特征,又能简化运算,方便问题的求解. 傅里叶变换一般要求函数绝对可积,但在引入了 δ 函数并提出了广义傅氏积分的概念后,放宽了对函数的要求. 特别是周期函数也可以进行傅氏变换,从而使傅氏级数与傅氏变换统一起来,前者成为后者的一个特例.

　　需要指出的是,本章所讨论的傅氏变换均是针对实值函数的. 事实上,傅氏变换对于复值函数也是成立的. 这时,我们可以将傅氏变换写成如下的对称形式:

$$\overline{F(\omega)} = \frac{1}{\sqrt{2\pi}} \int_{-\infty}^{+\infty} \overline{f(t)}\, \mathrm{e}^{j\omega t}\, \mathrm{d}t,$$

$$f(t) = \frac{1}{\sqrt{2\pi}} \int_{-\infty}^{+\infty} F(\omega)\, \mathrm{e}^{j\omega t}\, \mathrm{d}\omega.$$

这种优美的数学形式,加上真实的物理含义以及极好的变换性质,使之被誉为"一首优美的数学诗".

　　随着信息数字化的发展,在傅氏变换之后,又出现了用于处理离散时间函数的离散傅氏变换及有限离散傅氏变换(DFT). 特别是 20 世纪 60 年代出现的针对 DFT 的快速算法(FFT),使得傅氏变换在数字领域也同样发挥着巨大的作用.

第八章单元
自测题

目 习题八

8.1 根据(8.4)式,推出函数 $f(t)$ 的傅氏积分公式的三角形式:

$$f(t) = \frac{1}{\pi} \int_0^{+\infty} \left[\int_{-\infty}^{+\infty} f(\tau) \cos \omega(t-\tau)\mathrm{d}\tau \right] \mathrm{d}\omega.$$

8.2 试证:若 $f(t)$ 满足傅氏积分定理的条件,则有

$$f(t) = \int_0^{+\infty} A(\omega)\cos \omega t\,\mathrm{d}\omega + \int_0^{+\infty} B(\omega)\sin \omega t\,\mathrm{d}\omega,$$

其中

$$A(\omega) = \frac{1}{\pi}\int_{-\infty}^{+\infty} f(\tau)\cos \omega \tau\,\mathrm{d}\tau, \quad B(\omega) = \frac{1}{\pi}\int_{-\infty}^{+\infty} f(\tau)\sin \omega \tau\,\mathrm{d}\tau.$$

8.3 试求 $f(t) = |\sin t|$ 的离散频谱和它的傅里叶级数的复指数形式.

8.4 求下列函数的傅氏变换:

(1) $f(t) = \begin{cases} -1, & -1<t<0, \\ 1, & 0<t<1, \\ 0, & \text{其他}; \end{cases}$ (2) $f(t) = \begin{cases} \mathrm{e}^t, & t \leqslant 0, \\ 0, & t>0; \end{cases}$

(3) $f(t) = \begin{cases} 1-t^2, & |t| \leqslant 1, \\ 0, & |t| >1; \end{cases}$ (4) $f(t) = \begin{cases} \mathrm{e}^{-t}\sin 2t, & t \geqslant 0, \\ 0, & t<0. \end{cases}$

8.5   求下列函数的傅氏变换,并证明所列的积分等式.

(1) $f(t) = \begin{cases} 1, & |t| \leqslant 1, \\ 0, & |t| > 1, \end{cases}$ 证明

$$\int_0^{+\infty} \frac{\sin \omega \cos \omega t}{\omega} d\omega = \begin{cases} \pi/2, & |t| < 1, \\ \pi/4, & |t| = 1, \\ 0, & |t| > 1; \end{cases}$$

(2) $f(t) = \begin{cases} \sin t, & |t| \leqslant \pi, \\ 0, & |t| > \pi, \end{cases}$ 证明

$$\int_0^{+\infty} \frac{\sin \omega \pi \sin \omega t}{1 - \omega^2} d\omega = \begin{cases} \dfrac{\pi}{2} \sin t, & |t| \leqslant \pi, \\ 0, & |t| > \pi. \end{cases}$$

8.6   求下列函数的傅氏变换:

(1) $\operatorname{sgn} t = \begin{cases} -1, & t < 0, \\ 1, & t > 0; \end{cases}$ (2) $f(t) = \cos t \sin t$;

(3) $f(t) = \sin^3 t$;   (4) $f(t) = \sin\left(5t + \dfrac{\pi}{3}\right)$.

8.7   画出单位阶跃函数 $u(t)$ 的频谱图.

8.8   证明:若 $\mathscr{F}[e^{j\varphi(t)}] = F(\omega)$,其中 $\varphi(t)$ 为一实函数,则

$$\mathscr{F}[\cos \varphi(t)] = \frac{1}{2}[F(\omega) + \overline{F(-\omega)}],$$

$$\mathscr{F}[\sin \varphi(t)] = \frac{1}{2j}[F(\omega) - \overline{F(-\omega)}].$$

8.9   设 $F(\omega) = \mathscr{F}[f(t)]$,证明:

$$f(\pm \omega) = \frac{1}{2\pi} \int_{-\infty}^{+\infty} F(\mp t) e^{-j\omega t} dt.$$

8.10   试求如图 8.15 与图 8.16 所示的周期函数的频谱.

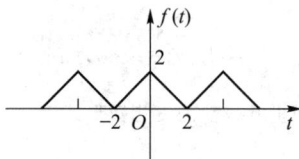

图 8.15   三角形脉冲波   图 8.16   锯齿波

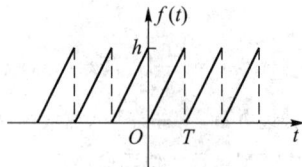

8.11   已知 $F(\omega) = \pi[\delta(\omega + \omega_0) + \delta(\omega - \omega_0)]$ 为函数 $f(t)$ 的傅氏变换,求 $f(t)$.

8.12   求函数

$$f(t) = \frac{1}{2}\left[\delta(t+a) + \delta(t-a) + \delta\left(t + \frac{a}{2}\right) + \delta\left(t - \frac{a}{2}\right)\right]$$

的傅氏变换.

8.13 证明下列各式：

(1) $f_1(t) * f_2(t) = f_2(t) * f_1(t)$；

(2) $a[f_1(t) * f_2(t)] = [af_1(t)] * f_2(t)$（$a$ 为常数）；

(3) $\dfrac{\mathrm{d}}{\mathrm{d}t}[f_1(t) * f_2(t)] = \dfrac{\mathrm{d}}{\mathrm{d}t}f_1(t) * f_2(t) = f_1(t) * \dfrac{\mathrm{d}}{\mathrm{d}t}f_2(t)$.

8.14 设

$$f_1(t) = \begin{cases} 0, & t < 0, \\ 1, & t \geqslant 0; \end{cases} \qquad f_2(t) = \begin{cases} 0, & t < 0, \\ \mathrm{e}^{-t}, & t \geqslant 0, \end{cases}$$

求 $f_1(t) * f_2(t)$.

8.15 设 $F_1(\omega) = \mathscr{F}[f_1(t)]$，$F_2(\omega) = \mathscr{F}[f_2(t)]$，证明：

$$\mathscr{F}[f_1(t) \cdot f_2(t)] = \frac{1}{2\pi}F_1(\omega) * F_2(\omega).$$

8.16 求下列函数的傅氏变换：

(1) $f(t) = \sin \omega_0 t \cdot u(t)$；   (2) $f(t) = \mathrm{e}^{\mathrm{j}\omega_0 t} t u(t)$.

第九章　拉普拉斯变换

上一章介绍的傅里叶变换在许多领域中发挥了重要作用. 特别是在信号处理领域, 直到今天它仍然是最基本的分析和处理工具, 甚至可以说信号分析本质上即是傅氏分析. 但任何东西总有它的局限性, 傅氏变换也是如此, 因而人们针对傅氏变换的一些不足进行了各种改进. 这些改进大体上分为两个方面, 其一是提高它对问题的刻画能力, 如窗口傅氏变换、小波变换等; 其二是扩大它本身的适用范围. 本章要介绍的拉普拉斯 (Laplace) 变换正是后面这种情况, 它是从英国工程师赫维赛德(Heaviside)所发明的算子法发展而来的, 而其数学根源则来自拉普拉斯.

§9.1　拉普拉斯变换的概念

我们已经知道, 傅氏变换是建立在傅氏积分基础上的, 一个函数除要满足狄氏条件外, 还要在$(-\infty, +\infty)$上绝对可积, 才有古典意义下的傅氏变换. 而绝对可积是一个相当强的条件, 即使是一些很简单的函数(如线性函数、正弦与余弦函数等)都不满足此条件. 引入 δ 函数后, 傅氏变换的适用范围被拓宽了许多, 使得"缓增"函数也能进行傅氏变换, 但对于以指数级增长的函数仍无能为力. 另外, 傅氏变换必须在整个实轴上有定义, 但在工程实际问题中, 许多以时间 t 作为自变量的函数在 $t<0$ 时是无意义的, 或者是不需要考虑的. 因此在使用傅氏变换处理问题时, 具有一定的局限性.

能否找到一种变换, 既具有类似于傅氏变换的性质, 又能克服以上的不足呢? 回答是肯定的.

§9.1.1　拉普拉斯变换的定义

定义 9.1　设函数 $f(t)$ 是定义在 $[0, +\infty)$ 上的实值函数, 如果对于复参数 $s=\beta+j\omega$, 积分

$$F(s) = \int_0^{+\infty} f(t)\,e^{-st}\,dt \tag{9.1}$$

在复平面 s 的某一区域内收敛, 则称 $F(s)$ 为 $f(t)$ 的**拉普拉斯变换**(简称**拉氏变换**), 记为 $F(s) = \mathscr{L}[f(t)]$; 相应地, 称 $f(t)$ 为 $F(s)$ 的**拉普拉斯逆变换**(简

称拉氏逆变换),记为 $f(t) = \mathscr{L}^{-1}[F(s)]$. 有时也称 $f(t)$ 与 $F(s)$ 分别为**像原函数**和**像函数**.

拉氏变换与傅氏变换到底有什么关系呢? 或者说拉氏变换是如何对傅氏变换进行改造的呢? 由(9.1)式有

$$\mathscr{L}[f(t)] = \int_0^{+\infty} f(t) e^{-st} dt = \int_0^{+\infty} f(t) e^{-\beta t} \cdot e^{-j\omega t} dt$$

$$= \int_{-\infty}^{+\infty} f(t) u(t) e^{-\beta t} e^{-j\omega t} dt = \mathscr{F}[f(t) u(t) e^{-\beta t}].$$

可见函数 $f(t)$ 的拉氏变换就是 $f(t) u(t) e^{-\beta t}$ 的傅氏变换. 其基本想法是:首先通过单位阶跃函数 $u(t)$ 使函数 $f(t)$ 在 $t<0$ 的部分充零(或者补零);其次对函数 $f(t)$ 在 $t>0$ 的部分乘上一个衰减的指数函数 $e^{-\beta t}$ 以降低其"增长"速度,这样就有希望使函数 $f(t) u(t) e^{-\beta t}$ 满足傅氏积分条件,从而对它进行傅氏积分.

例 9.1 分别求单位阶跃函数 $u(t)$、符号函数 $\operatorname{sgn} t$ 以及函数 $f(t) = 1$ 的拉氏变换.

解 由(9.1)式有

$$\mathscr{L}[u(t)] = \int_0^{+\infty} u(t) e^{-st} dt = \int_0^{+\infty} e^{-st} dt = \frac{1}{s} \quad (\operatorname{Re} s > 0),$$

$$\mathscr{L}[\operatorname{sgn} t] = \int_0^{+\infty} (\operatorname{sgn} t) e^{-st} dt = \int_0^{+\infty} e^{-st} dt = \frac{1}{s} \quad (\operatorname{Re} s > 0),$$

$$\mathscr{L}[1] = \int_0^{+\infty} 1 \cdot e^{-st} dt = \frac{1}{s} \quad (\operatorname{Re} s > 0).$$

例子显示,这三个函数的像函数是一样的,这一点应不难理解. 现在的问题是对于像函数 $F(s) = \dfrac{1}{s}$ ($\operatorname{Re} s > 0$),其像原函数到底是哪一个呢?

原则上讲,所有在 $t>0$ 时为 1 的函数均可作为像原函数,这是因为在拉氏变换所应用的场合,并不需要关心函数 $f(t)$ 在 $t<0$ 时的取值情况. 但为了描述方便,一般约定:在拉氏变换中所提到的函数 $f(t)$ 均理解为当 $t<0$ 时取零值. 例如,对于函数 $f(t) = \sin t$,可直接理解为 $f(t) = u(t) \sin t$. 这样一来,像函数 $F(s) = \dfrac{1}{s}$ ($\operatorname{Re} s > 0$) 的像原函数可写为 $f(t) = 1$,即 $\mathscr{L}^{-1}\left[\dfrac{1}{s}\right] = 1$.

关于求像原函数,这里还需要说明的是,定义 9.1 中只给出了拉氏逆变换的概念,但并没有给出具体的逆变换公式,前面这种反推的办法可以作为方法之一,而具体的求取公式由于需要专门的计算方法,因此放在后面作为一节单独介绍.

例 9.2　分别求函数 $e^{\alpha t}, e^{-\alpha t}, e^{j\omega t}$ 的拉氏变换(其中 α, ω 为实常数且 $\alpha > 0$).

解　由(9.1)式有

$$\mathscr{L}[e^{\alpha t}] = \int_0^{+\infty} e^{\alpha t} e^{-st} dt = \frac{1}{\alpha - s} e^{(\alpha - s)t} \Big|_{t=0}^{+\infty} = \frac{1}{s - \alpha} \quad (\mathrm{Re}\, s > \alpha),$$

同样有

$$\mathscr{L}[e^{-\alpha t}] = \frac{1}{s - (-\alpha)} \quad (\mathrm{Re}\, s > -\alpha), \quad \mathscr{L}[e^{j\omega t}] = \frac{1}{s - j\omega} \quad (\mathrm{Re}\, s > 0).$$

从这些例子已经可以明显地看出,拉氏变换的确扩大了傅氏变换的使用范围.那么到底哪些类型的函数存在拉氏变换呢?若存在,**收敛域**(或者**存在域**)又是什么呢?这个问题也许难以给出一个非常精确的回答,但下面的定理可以部分地回答这个问题.

§9.1.2　拉普拉斯变换存在定理

定理 9.1　设函数 $f(t)$ 满足:

(1) 在 $t \geqslant 0$ 的任何有限区间上分段连续;

(2) 当 $t \to +\infty$ 时, $f(t)$ 具有有限的增长性,即存在常数 $M > 0$ 及 c,使得

$$|f(t)| \leqslant Me^{ct} \quad (0 \leqslant t < +\infty) \tag{9.2}$$

其中 c 称为 $f(t)$ 的**增长指数**.则像函数 $F(s)$ 在半平面 $\mathrm{Re}\, s > c$ 上一定存在,且是解析的.

证　设 $s = \beta + j\omega$,则 $|e^{-st}| = e^{-\beta t}$,由不等式(9.2)可得

$$|F(s)| = \left| \int_0^{+\infty} f(t) e^{-st} dt \right| \leqslant M \int_0^{+\infty} e^{-(\beta - c)t} dt.$$

由 $\mathrm{Re}\, s = \beta > c$,即 $\beta - c > 0$,可知上式右端积分收敛,因此 $F(s)$ 在半平面 $\mathrm{Re}\, s > c$ 上存在.关于 $F(s)$ 的解析性证明涉及更深一些的有关理论,故从略.

对于定理 9.1,我们可以这样简单地去理解,如果一个函数,即使它的绝对值随着 t 的增大而增大,但只要不比某个指数函数增长得快,则它的拉氏变换存在,这可以从拉氏变换与傅氏变换的关系中得到一种直观的解释.常见的大部分函数都是满足的,如三角函数、指数函数以及幂函数等.而函数 e^{t^2} 则不满足,因为无论取多大的 M 与 c,对足够大的 t,总会出现 $e^{t^2} > Me^{ct}$,因此其拉氏变换不存在.但必须注意的是,定理 9.1 的条件是充分的,而不是必

要的.

另外,关于存在域,定理 9.1 中所给的只是一个充分性的结论,一般说来还会大一些,但从形式上看,它往往是一个半平面. 更具体地说,对任何一个函数 $f(t)$,其拉氏变换 $F(s)$ 为下列三种情况之一:

(1) $F(s)$ 不存在;

(2) $F(s)$ 处处存在,即存在域是全平面;

(3) 存在实数 s_0,当 Re $s>s_0$ 时,$F(s)$ 存在;当 Re $s<s_0$ 时,$F(s)$ 不存在,即存在域为 Re $s>s_0$.

对于上面的第三种情况,在应用时,我们常常略去 Re $s>s_0$,只有在非常必要时才特别注明. 如 $f(t)=1$ 的拉氏变换就是 $F(s)=\dfrac{1}{s}$,而不再附注条件 Re $s>0$. 其他函数也同样处理.

例 9.3 求函数 $f(t)=\mathrm{e}^{at}$ 的拉氏变换(a 为复常数).

解 由 $|\mathrm{e}^{at}|=\mathrm{e}^{\mathrm{Re}\,at}$,可知 e^{at} 的增长指数为 Re a,因此 $\mathscr{L}[\mathrm{e}^{at}]$ 在 Re $s>$ Re a 内解析. 由定义有

$$\mathscr{L}[\mathrm{e}^{at}]=\int_0^{+\infty}\mathrm{e}^{at}\mathrm{e}^{-st}\mathrm{d}t=\int_0^{+\infty}\mathrm{e}^{-(s-a)t}\mathrm{d}t=\frac{1}{s-a}.$$

§9.2 拉普拉斯变换的性质

为了叙述方便,在下面的性质中,均假设所涉及的拉氏变换存在,且满足定理 9.1 中的条件.

§9.2.1 线性性质与相似性质

1. 线性性质

设 α,β 为常数,且有 $\mathscr{L}[f(t)]=F(s)$,$\mathscr{L}[g(t)]=G(s)$,则有

$$\mathscr{L}[\alpha f(t)+\beta g(t)]=\alpha F(s)+\beta G(s),$$

$$\mathscr{L}^{-1}[\alpha F(s)+\beta G(s)]=\alpha f(t)+\beta g(t).$$

例 9.4 求 $\cos\omega t$ 的拉氏变换.

解 由 $\cos\omega t=\dfrac{1}{2}(\mathrm{e}^{\mathrm{j}\omega t}+\mathrm{e}^{-\mathrm{j}\omega t})$ 及 $\mathscr{L}[\mathrm{e}^{\mathrm{j}\omega t}]=\dfrac{1}{s-\mathrm{j}\omega}$,有

$$\mathscr{L}[\cos\omega t]=\frac{1}{2}(\mathscr{L}[\mathrm{e}^{\mathrm{j}\omega t}]+\mathscr{L}[\mathrm{e}^{-\mathrm{j}\omega t}])$$

几个常用函数的拉普拉斯变换

$$= \frac{1}{2} \left(\frac{1}{s - j\omega} + \frac{1}{s + j\omega} \right) = \frac{s}{s^2 + \omega^2}.$$

同样可得 $\mathscr{L}[\sin \omega t] = \dfrac{\omega}{s^2 + \omega^2}.$

例 9.5　已知 $F(s) = \dfrac{5s-1}{(s+1)(s-2)}$，求 $\mathscr{L}^{-1}[F(s)]$.

解　由 $F(s) = \dfrac{5s-1}{(s+1)(s-2)} = 2\dfrac{1}{s+1} + 3\dfrac{1}{s-2}$ 及 $\mathscr{L}[e^{at}] = \dfrac{1}{s-a}$，有

$$\mathscr{L}^{-1}[F(s)] = 2\mathscr{L}^{-1}\left[\frac{1}{s+1}\right] + 3\mathscr{L}^{-1}\left[\frac{1}{s-2}\right] = 2e^{-t} + 3e^{2t}.$$

2. 相似性质

设 $\mathscr{L}[f(t)] = F(s)$，则对任一常数 $a > 0$ 有

$$\mathscr{L}[f(at)] = \frac{1}{a}F\left(\frac{s}{a}\right).$$

证　$$\mathscr{L}[f(at)] = \int_0^{+\infty} f(at) e^{-st} dt$$

$$\xlongequal{\diamondsuit x = at} \frac{1}{a}\int_0^{+\infty} f(x) e^{-(\frac{s}{a})x} dx = \frac{1}{a}F\left(\frac{s}{a}\right).$$

§9.2.2　微分性质

1. 导数的像函数

设 $\mathscr{L}[f(t)] = F(s)$，则有

$$\mathscr{L}[f'(t)] = sF(s) - f(0); \tag{9.3}$$

一般地，有

$$\mathscr{L}[f^{(n)}(t)] = s^n F(s) - s^{n-1}f(0) - s^{n-2}f'(0) - \cdots - f^{(n-1)}(0), \tag{9.4}$$

其中，$f^{(k)}(0)$ 应理解为 $\lim\limits_{t \to 0^+} f^{(k)}(t)$.

证　根据拉氏变换定义和分部积分法，得

$$\mathscr{L}[f'(t)] = \int_0^{+\infty} f'(t) e^{-st} dt$$

$$= f(t) e^{-st} \Big|_0^{+\infty} + s \int_0^{+\infty} f(t) e^{-st} dt.$$

由于 $|f(t)e^{-st}| \leqslant Me^{-(\beta-c)t}$，$\mathrm{Re}\, s = \beta > c$，故 $\lim\limits_{t \to +\infty} f(t) e^{-st} = 0$. 因此

$$\mathscr{L}[f'(t)] = sF(s) - f(0).$$

再利用数学归纳法,则可得(9.4)式.

拉氏变换的这一性质可用来求解常微分方程(组)的初值问题.

例 9.6 求解常微分方程

$$y''(t) + \omega^2 y(t) = 0, \quad y(0) = 0, \quad y'(0) = \omega.$$

解 对方程两边取拉氏变换,并利用线性性质及(9.4)式有

$$s^2 Y(s) - sy(0) - y'(0) + \omega^2 Y(s) = 0,$$

其中 $Y(s) = \mathscr{L}[y(t)]$,代入初值即得

$$Y(s) = \frac{\omega}{s^2 + \omega^2}.$$

根据例 9.4 的结果,有 $y(t) = \mathscr{L}^{-1}[Y(s)] = \sin \omega t$.

例 9.7 求 $f(t) = t^m$ 的拉氏变换($m \geq 1$ 且为正整数).

解法一 直接利用定义求解.

$$\mathscr{L}[t^m] = \int_0^{+\infty} t^m e^{-st} dt = -\frac{1}{s} \int_0^{+\infty} t^m d(e^{-st})$$

$$= -\frac{1}{s} t^m e^{-st} \Big|_0^{+\infty} + \frac{1}{s} \int_0^{+\infty} e^{-st} m t^{m-1} dt,$$

可得递推关系 $\mathscr{L}[t^m] = \dfrac{m}{s} \mathscr{L}[t^{m-1}]$,又由 $\mathscr{L}[1] = \dfrac{1}{s}$ 有

$$\mathscr{L}[t^m] = \frac{m!}{s^{m+1}}.$$

解法二 利用导数的像函数性质求解.

设 $f(t) = t^m$,则 $f^{(m)}(t) = m!$ 且 $f(0) = f'(0) = \cdots = f^{(m-1)}(0) = 0$,由(9.4)式有 $\mathscr{L}[f^{(m)}(t)] = s^m \mathscr{L}[f(t)]$,即

$$\mathscr{L}[t^m] = \frac{1}{s^m} \mathscr{L}[m!] = \frac{m!}{s^{m+1}}.$$

2. 像函数的导数

设 $\mathscr{L}[f(t)] = F(s)$,则有

$$F'(s) = -\mathscr{L}[tf(t)], \tag{9.5}$$

一般地,有

$$F^{(n)}(s) = (-1)^n \mathscr{L}[t^n f(t)]. \tag{9.6}$$

证 由 $F(s) = \int_0^{+\infty} f(t) e^{-st} dt$ 有

$$F'(s) = \frac{d}{ds} \int_0^{+\infty} f(t) e^{-st} dt = \int_0^{+\infty} \frac{\partial}{\partial s} [f(t) e^{-st}] dt$$

$$= - \int_0^{+\infty} tf(t) \mathrm{e}^{-st} \mathrm{d}t = - \mathscr{L}[tf(t)].$$

对 $F'(s)$ 施行同样步骤,反复进行则可得(9.6)式. 其中求导与积分的次序交换是有一定条件的,这里省略. 后面碰到类似的运算也同样处理.

例 9.8　求函数 $f(t) = t\sin \omega t$ 的拉氏变换.

解　由于已知 $\mathscr{L}[\sin \omega t] = \dfrac{\omega}{s^2 + \omega^2}$,根据(9.5)式有

$$\mathscr{L}[t\sin \omega t] = - \frac{\mathrm{d}}{\mathrm{d}s}\left(\frac{\omega}{s^2 + \omega^2}\right) = \frac{2\omega s}{(s^2 + \omega^2)^2}.$$

例 9.9　求函数 $f(t) = t^2\cos^2 t$ 的拉氏变换.

解　$$\mathscr{L}[t^2\cos^2 t] = \frac{1}{2}\mathscr{L}[t^2(1+\cos 2t)] = \frac{1}{2}\frac{\mathrm{d}^2}{\mathrm{d}s^2}\left(\frac{1}{s} + \frac{s}{s^2 + 4}\right)$$

$$= \frac{2(s^6 + 24s^2 + 32)}{s^3(s^2 + 4)^3}.$$

§9.2.3　积分性质

1. 积分的像函数

设 $\mathscr{L}[f(t)] = F(s)$,则有

$$\mathscr{L}\left[\int_0^t f(t)\mathrm{d}t\right] = \frac{1}{s}F(s); \tag{9.7}$$

一般地,有

$$\mathscr{L}\left[\underbrace{\int_0^t \mathrm{d}t \int_0^t \mathrm{d}t \cdots \int_0^t}_{n\ 次} f(t)\mathrm{d}t\right] = \frac{1}{s^n}F(s). \tag{9.8}$$

证　设 $g(t) = \int_0^t f(t)\mathrm{d}t$,则 $g'(t) = f(t)$ 且 $g(0) = 0.$ 再利用(9.3)式有

$$\mathscr{L}[g'(t)] = s\mathscr{L}[g(t)] - g(0),$$

即有 $\mathscr{L}\left[\int_0^t f(t)\mathrm{d}t\right] = \dfrac{1}{s}F(s).$ 反复利用上式即得(9.8)式.

2. 像函数的积分

设 $\mathscr{L}[f(t)] = F(s)$,则有

$$\int_s^\infty F(s)\mathrm{d}s = \mathscr{L}\left[\frac{f(t)}{t}\right], \tag{9.9}$$

一般地,有

$$\underbrace{\int_s^\infty \mathrm{d}s \int_s^\infty \mathrm{d}s \cdots \int_s^\infty}_{n\ \text{次}} F(s)\,\mathrm{d}s = \mathscr{L}\left[\frac{f(t)}{t^n}\right]. \qquad (9.10)$$

证 $\displaystyle\int_s^\infty F(s)\,\mathrm{d}s = \int_s^\infty \left[\int_0^{+\infty} f(t)\mathrm{e}^{-st}\mathrm{d}t\right]\mathrm{d}s = \int_0^{+\infty} f(t)\left[\int_s^\infty \mathrm{e}^{-st}\mathrm{d}s\right]\mathrm{d}t$

$$= \int_0^{+\infty} f(t) \cdot \left[-\frac{1}{t}\mathrm{e}^{-st}\right]\Big|_s^\infty \mathrm{d}t = \int_0^{+\infty} \frac{f(t)}{t}\mathrm{e}^{-st}\mathrm{d}t = \mathscr{L}\left[\frac{f(t)}{t}\right].$$

反复利用上式即可得(9.10)式.

例 9.10 求函数 $f(t) = \dfrac{\sin t}{t}$ 的拉氏变换.

解 由 $\mathscr{L}[\sin t] = \dfrac{1}{1+s^2}$ 及(9.9)式有

$$\mathscr{L}\left[\frac{\sin t}{t}\right] = \int_s^\infty \frac{1}{1+s^2}\mathrm{d}s = \operatorname{arccot} s,$$

即

$$\int_0^{+\infty} \frac{\sin t}{t}\mathrm{e}^{-st}\mathrm{d}t = \operatorname{arccot} s.$$

在上式中,如果令 $s=0$ 有

$$\int_0^{+\infty} \frac{\sin t}{t}\mathrm{d}t = \frac{\pi}{2}.$$

注 通过例 9.10 我们可以得到一种启示,即在拉氏变换及其一些性质中取 s 为某些特定值,就可以用来求一些函数的反常积分. 例如,取 $s=0$,则由(9.1)式、(9.5)式及(9.9)式有

$$\int_0^{+\infty} f(t)\,\mathrm{d}t = F(0), \quad \int_0^{+\infty} tf(t)\,\mathrm{d}t = -F'(0), \quad \int_0^{+\infty} \frac{f(t)}{t}\mathrm{d}t = \int_0^\infty F(s)\,\mathrm{d}s.$$

需要指出的是,在使用这些公式时必须谨慎,必要时应先考察一下反常积分的存在性.

例 9.11 计算下列积分.

(1) $\displaystyle\int_0^{+\infty} e^{-3t}\cos 2t \, dt$;　　　　(2) $\displaystyle\int_0^{+\infty} \frac{1-\cos t}{t} e^{-t} dt$.

解　(1) 由 $\mathscr{L}[\cos 2t] = \dfrac{s}{s^2+4}$, 有

$$\int_0^{+\infty} e^{-3t}\cos 2t \, dt = \frac{s}{s^2+4}\Big|_{s=3} = \frac{3}{13}.$$

(2) 由(9.9)式, 有

$$\mathscr{L}\left[\frac{1-\cos t}{t}\right] = \int_s^{\infty} \mathscr{L}[1-\cos t] \, ds$$

$$= \int_s^{\infty} \frac{1}{s(s^2+1)} ds = \frac{1}{2}\ln\frac{s^2}{s^2+1}\Big|_s^{\infty} = \frac{1}{2}\ln\frac{s^2+1}{s^2},$$

即

$$\int_0^{+\infty} \frac{1-\cos t}{t} e^{-st} dt = \frac{1}{2}\ln\frac{s^2+1}{s^2},$$

令 $s=1$ 得

$$\int_0^{+\infty} \frac{1-\cos t}{t} e^{-t} dt = \frac{1}{2}\ln 2.$$

§9.2.4　延迟性质与位移性质

1. 延迟性质

设 $\mathscr{L}[f(t)] = F(s)$, 当 $t<0$ 时, $f(t)=0$, 则对任一非负实数 τ 有

$$\mathscr{L}[f(t-\tau)] = e^{-s\tau}F(s). \tag{9.11}$$

证　由定义有

$$\mathscr{L}[f(t-\tau)] = \int_0^{+\infty} f(t-\tau)e^{-st}dt = \int_\tau^{+\infty} f(t-\tau)e^{-st}dt,$$

令 $t_1=t-\tau$ 有

$$\mathscr{L}[f(t-\tau)] = \int_0^{+\infty} f(t_1)e^{-s(t_1+\tau)}dt_1 = e^{-s\tau}F(s).$$

必须注意的是本性质对 $f(t)$ 的要求, 即当 $t<0$ 时 $f(t)=0$. 此时 $f(t-\tau)$ 在 $t<\tau$ 时为零, 故 $f(t-\tau)$ 应理解为 $f(t-\tau)u(t-\tau)$, 而不是 $f(t-\tau)u(t)$. 因此 (9.11)式完整的写法应为

$$\mathscr{L}[f(t-\tau)u(t-\tau)] = e^{-s\tau}F(s).$$

相应地就有 $\mathscr{L}^{-1}[e^{-s\tau}F(s)]=f(t-\tau)u(t-\tau)$.

例 9.12　设 $f(t)=\sin t$，求 $\mathscr{L}\left[f\left(t-\dfrac{\pi}{2}\right)\right]$.

解　由于 $\mathscr{L}[\sin t]=\dfrac{1}{s^2+1}$，根据（9.11）式有

$$\mathscr{L}\left[f\left(t-\frac{\pi}{2}\right)\right]=\mathscr{L}\left[\sin\left(t-\frac{\pi}{2}\right)\right]=e^{-\frac{\pi}{2}s}\mathscr{L}[\sin t]=\frac{1}{s^2+1}e^{-\frac{\pi}{2}s}.$$

按照前面的解释，则应有

$$\mathscr{L}^{-1}\left[\frac{1}{s^2+1}e^{-\frac{\pi}{2}s}\right]=\sin\left(t-\frac{\pi}{2}\right)u\left(t-\frac{\pi}{2}\right)$$

$$=\begin{cases}-\cos t, & t>\dfrac{\pi}{2},\\[2mm]0, & t<\dfrac{\pi}{2}.\end{cases}$$

试考虑，本题若直接用 $\sin\left(t-\dfrac{\pi}{2}\right)=-\cos t$ 来作拉氏变换会得到什么样的结果，并分析其原因.

例 9.13　求 $\mathscr{L}^{-1}\left[\dfrac{1}{s-1}e^{-s}\right]$.

解　由 $\mathscr{L}^{-1}\left[\dfrac{1}{s-1}\right]=e^t u(t)$，有

$$\mathscr{L}^{-1}\left[\frac{1}{s-1}e^{-s}\right]=e^{t-1}u(t-1)=\begin{cases}e^{t-1}, & t>1,\\[2mm]0, & t<1.\end{cases}$$

2. 位移性质

设 $\mathscr{L}[f(t)]=F(s)$，则有

$$\mathscr{L}[e^{at}f(t)]=F(s-a)\quad（a\text{ 为一复常数}）.$$

证　由定义有

$$\mathscr{L}[e^{at}f(t)]=\int_0^{+\infty}e^{at}f(t)e^{-st}\mathrm{d}t=\int_0^{+\infty}f(t)e^{-(s-a)t}\mathrm{d}t=F(s-a).$$

位移性质与
微分性质举例

§9.2.5　周期函数的像函数

设 $f(t)$ 是 $[0,+\infty)$ 内以 T 为周期的函数，且 $f(t)$ 在一个周期内逐段光滑，则

$$\mathscr{L}[f(t)] = \frac{1}{1 - e^{-sT}}\int_0^T f(t)e^{-st}dt.$$

证   由定义有

$$\mathscr{L}[f(t)] = \int_0^{+\infty} f(t)e^{-st}dt = \int_0^T f(t)e^{-st}dt + \int_T^{+\infty} f(t)e^{-st}dt,$$

对上式右端第二个积分作变量代换 $t_1 = t-T$,且由 $f(t)$ 的周期性,有

$$\mathscr{L}[f(t)] = \int_0^T f(t)e^{-st}dt + \int_0^{+\infty} f(t_1)e^{-st_1}e^{-sT}dt_1$$

$$= \int_0^T f(t)e^{-st}dt + e^{-sT}\mathscr{L}[f(t)],$$

故有

$$\mathscr{L}[f(t)] = \frac{1}{1 - e^{-sT}}\int_0^T f(t)e^{-st}dt.$$

例 9.14   求全波整流后的正弦波 $f(t) = |\sin \omega t|$ 的像函数.

解 $f(t)$ 的周期为 $T = \dfrac{\pi}{\omega}$,故有

$$\mathscr{L}[f(t)] = \frac{1}{1 - e^{-sT}}\int_0^T e^{-st}\sin \omega t \, dt$$

$$= \frac{1}{1 - e^{-sT}} \cdot \frac{e^{-st}(-s\sin \omega t - \omega \cos \omega t)}{s^2 + \omega^2}\bigg|_0^T$$

$$= \frac{\omega}{s^2 + \omega^2} \cdot \frac{1 + e^{-sT}}{1 - e^{-sT}} = \frac{\omega}{s^2 + \omega^2}\text{cth}\frac{s\pi}{2\omega}.$$

§9.2.6   卷积与卷积定理

1. 卷积

按照 §8.3.2 中卷积的定义,两个函数的卷积是指

$$f_1(t) * f_2(t) = \int_{-\infty}^{+\infty} f_1(\tau)f_2(t-\tau)d\tau. \tag{9.12}$$

如果 $f_1(t)$ 与 $f_2(t)$ 满足当 $t<0$ 时,$f_1(t) = f_2(t) = 0$,则有

$$\int_{-\infty}^{+\infty} f_1(\tau)f_2(t-\tau)d\tau = \int_0^{+\infty} f_1(\tau)f_2(t-\tau)d\tau = \int_0^t f_1(\tau)f_2(t-\tau)d\tau.$$

此时(9.12)式变成

$$f_1(t) * f_2(t) = \int_0^t f_1(\tau) f_2(t - \tau) \mathrm{d}\tau \quad (t \geqslant 0). \tag{9.13}$$

显然,由(9.13)式定义的卷积仍然满足交换律、结合律以及分配律等性质.

例 9.15 求函数 $f_1(t) = t$ 与 $f_2(t) = \sin t$ 的卷积.

解 由(9.13)式有

$$f_1(t) * f_2(t) = \int_0^t \tau \sin(t - \tau) \mathrm{d}\tau$$

$$= \tau \cos(t - \tau) \Big|_0^t - \int_0^t \cos(t - \tau) \mathrm{d}\tau = t - \sin t.$$

2. 卷积定理

设 $\mathscr{L}[f_1(t)] = F_1(s)$,$\mathscr{L}[f_2(t)] = F_2(s)$,则有

$$\mathscr{L}[f_1(t) * f_2(t)] = F_1(s) \cdot F_2(s).$$

证 由定义有

$$\mathscr{L}[f_1(t) * f_2(t)] = \int_0^{+\infty} [f_1(t) * f_2(t)] \mathrm{e}^{-st} \mathrm{d}t$$

$$= \int_0^{+\infty} \left[\int_0^t f_1(\tau) f_2(t - \tau) \mathrm{d}\tau \right] \mathrm{e}^{-st} \mathrm{d}t.$$

上面的积分可以看成是一个 t-τ 平面上区域 D 内(如图 9.1)的一个二次积分,交换积分次序,即得

$$\mathscr{L}[f_1(t) * f_2(t)]$$

$$= \int_0^{+\infty} f_1(\tau) \left[\int_\tau^{+\infty} f_2(t - \tau) \mathrm{e}^{-st} \mathrm{d}t \right] \mathrm{d}\tau,$$

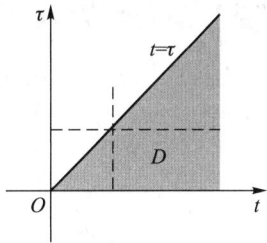

图 9.1

对内层积分作变量代换 $t_1 = t - \tau$,有

$$\mathscr{L}[f_1(t) * f_2(t)] = \int_0^{+\infty} f_1(\tau) \left[\int_0^{+\infty} f_2(t_1) \mathrm{e}^{-st_1} \mathrm{e}^{-s\tau} \mathrm{d}t_1 \right] \mathrm{d}\tau$$

$$= F_2(s) \int_0^{+\infty} f_1(\tau) \mathrm{e}^{-s\tau} \mathrm{d}\tau = F_1(s) \cdot F_2(s).$$

卷积定理可推广到多个函数的情形. 利用卷积定理可以求一些函数的

拉氏逆变换.

例 9.16　已知 $F(s) = \dfrac{s^2}{(s^2+1)^2}$，求 $f(t) = \mathscr{L}^{-1}[F(s)]$.

解　由于 $F(s) = \dfrac{s}{s^2+1} \cdot \dfrac{s}{s^2+1}$，$\mathscr{L}^{-1}\left[\dfrac{s}{s^2+1}\right] = \cos t$，故有

$$f(t) = \mathscr{L}^{-1}[F(s)] = \cos t * \cos t = \int_0^t \cos \tau \cos(t-\tau)\,\mathrm{d}\tau$$

$$= \frac{1}{2}\int_0^t [\cos t + \cos(2\tau - t)]\,\mathrm{d}\tau = \frac{1}{2}(t\cos t + \sin t).$$

§9.3　拉普拉斯逆变换

运用拉氏变换求解问题时，常常需要由像函数 $F(s)$ 求像原函数 $f(t)$. 从前面的讨论中，我们已经知道了可以利用拉氏变换的性质并根据一些已知的变换来求像原函数，其中对像函数 $F(s)$ 进行分解（或分离）是比较关键的一步，至于已知的变换则可以通过查表获得（见附录 2）. 这种方法在许多情况下不失为一种有效而简单的方法，因而常常被使用，但其使用范围毕竟是有限的. 下面介绍一种更一般性的方法，它直接用像函数表示出像原函数，即所谓的反演积分，再利用留数求出像原函数.

§9.3.1　反演积分公式

由拉氏变换与傅氏变换的关系可知，函数 $f(t)$ 的拉氏变换 $F(s) = F(\beta + \mathrm{j}\omega)$ 就是 $f(t)u(t)\mathrm{e}^{-\beta t}$ 的傅氏变换，即

$$F(\beta + \mathrm{j}\omega) = \int_{-\infty}^{+\infty} f(t)u(t)\mathrm{e}^{-\beta t} \cdot \mathrm{e}^{-\mathrm{j}\omega t}\,\mathrm{d}t.$$

因此当 $f(t)u(t)\mathrm{e}^{-\beta t}$ 满足傅氏积分定理的条件时，按傅氏逆变换，在 $f(t)$ 的连续点 t 处有

$$f(t)u(t)\mathrm{e}^{-\beta t} = \frac{1}{2\pi}\int_{-\infty}^{+\infty} F(\beta + \mathrm{j}\omega)\mathrm{e}^{\mathrm{j}\omega t}\,\mathrm{d}\omega. \tag{9.14}$$

事实上，这里仅要求 β 在 $F(s)$ 的存在域内即可. 将（9.14）式两边同乘 $\mathrm{e}^{\beta t}$，并令 $s = \beta + \mathrm{j}\omega$，则有

$$f(t)u(t) = \frac{1}{2\pi\mathrm{j}}\int_{\beta-\mathrm{j}\infty}^{\beta+\mathrm{j}\infty} F(s)\mathrm{e}^{st}\,\mathrm{d}s, \tag{9.15}$$

因此有

$$f(t) = \frac{1}{2\pi \mathrm{j}} \int_{\beta - \mathrm{j}\infty}^{\beta + \mathrm{j}\infty} F(s) \mathrm{e}^{st} \mathrm{d}s \quad (t > 0). \tag{9.16}$$

这就是由像函数 $F(s)$ 求像原函数的一般公式, 称为**反演积分公式**. 其中右端的积分称为**反演积分**, 其积分路径为 s 平面上的一条直线 $\mathrm{Re}\, s = \beta$, 该直线处于 $F(s)$ 的存在域中. 由于 $F(s)$ 在存在域中解析, 因而在此直线的右边不包含 $F(s)$ 的奇点. 另外, 从 (9.15) 式中可以看出, 由反演积分算出的结果当 $t<0$ 时为零, 这与我们的约定是一致的.

§9.3.2　利用留数计算反演积分

定理 9.2　设 $F(s)$ 除在半平面 $\mathrm{Re}\, s \leqslant c$ 内有限个孤立奇点 $s_1, s_2, \cdots, s_n$ 外是解析的, 且当 $s \to \infty$ 时, $F(s) \to 0$, 则有

$$\frac{1}{2\pi \mathrm{j}} \int_{\beta - \mathrm{j}\infty}^{\beta + \mathrm{j}\infty} F(s) \mathrm{e}^{st} \mathrm{d}s = \sum_{k=1}^{n} \mathrm{Res}[F(s) \mathrm{e}^{st}, s_k],$$

即

$$f(t) = \sum_{k=1}^{n} \mathrm{Res}[F(s) \mathrm{e}^{st}, s_k] \quad (t > 0). \tag{9.17}$$

证　如图 9.2, 曲线 $C = L + C_R$, L 在平面 $\mathrm{Re}\, s > c$ 内, C_R 是半径为 R 的半圆弧, 当 R 充分大时, 可使 s_k ($k=1, 2, \cdots, n$) 都在 C 内. 由于 $F(s) \mathrm{e}^{st}$ 除孤立奇点 $s_k (k=1, 2, \cdots, n)$ 外是解析的. 故由留数定理有

图 9.2

$$\oint_C F(s) \mathrm{e}^{st} \mathrm{d}s = 2\pi \mathrm{j} \sum_{k=1}^{n} \mathrm{Res}[F(s) \mathrm{e}^{st}, s_k],$$

即

$$\frac{1}{2\pi \mathrm{j}} \left[\int_{\beta - \mathrm{j}R}^{\beta + \mathrm{j}R} F(s) \mathrm{e}^{st} \mathrm{d}s + \int_{C_R} F(s) \mathrm{e}^{st} \mathrm{d}s \right] = \sum_{k=1}^{n} \mathrm{Res}[F(s) \mathrm{e}^{st}, s_k].$$

又由若尔当引理 (见第五章 §5.3.3), 当 $t>0$ 时有

$$\lim_{R \to +\infty} \int_{C_R} F(s) \mathrm{e}^{st} \mathrm{d}s = 0,$$

因此有 $\dfrac{1}{2\pi \mathrm{j}} \displaystyle\int_{\beta - \mathrm{j}\infty}^{\beta + \mathrm{j}\infty} F(s) \mathrm{e}^{st} \mathrm{d}s = \sum_{k=1}^{n} \mathrm{Res}[F(s) \mathrm{e}^{st}, s_k].$

例 9.17　已知 $F(s) = \dfrac{1}{(s-2)(s-1)^2}$, 求 $f(t) = \mathscr{L}^{-1}[F(s)]$.

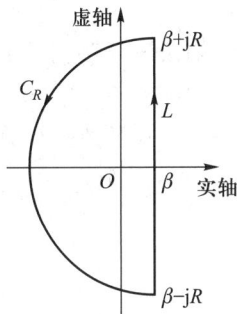

解法一　利用部分分式求解.

对 $F(s)$ 进行分解可得

$$F(s) = \frac{1}{s-2} - \frac{1}{s-1} - \frac{1}{(s-1)^2},$$

由于 $\mathscr{L}^{-1}\left[\dfrac{1}{s-a}\right] = \mathrm{e}^{at}$，$\mathscr{L}^{-1}\left[\dfrac{1}{(s-1)^2}\right] = t\mathrm{e}^t$（见附录 2），故

$$f(t) = \mathrm{e}^{2t} - \mathrm{e}^t - t\mathrm{e}^t.$$

解法二　利用卷积求解.

设 $F_1(s) = \dfrac{1}{s-2}$，$F_2(s) = \dfrac{1}{(s-1)^2}$，则 $F(s) = F_1(s) \cdot F_2(s)$. 又由于 $f_1(t) = \mathscr{L}^{-1}[F_1(s)] = \mathrm{e}^{2t}$，$f_2(t) = \mathscr{L}^{-1}[F_2(s)] = t\mathrm{e}^t$，根据卷积定理有

$$f(t) = f_1(t) * f_2(t) = \int_0^t \tau \mathrm{e}^\tau \cdot \mathrm{e}^{2(t-\tau)} \mathrm{d}\tau$$

$$= \mathrm{e}^{2t} \int_0^t \tau \mathrm{e}^{-\tau} \mathrm{d}\tau = \mathrm{e}^{2t}(1 - \mathrm{e}^{-t} - t\mathrm{e}^{-t})$$

$$= \mathrm{e}^{2t} - \mathrm{e}^t - t\mathrm{e}^t.$$

解法三　利用留数求解.

像函数 $F(s)$ 的奇点为 $s_1 = 2$，$s_2 = 1$，且分别为简单极点与二阶极点，应用 (9.17) 式及留数计算法则，有

$$f(t) = \mathrm{Res}[F(s)\mathrm{e}^{st}, 2] + \mathrm{Res}[F(s)\mathrm{e}^{st}, 1]$$

$$= \frac{\mathrm{e}^{st}}{(s-1)^2}\bigg|_{s=2} + \left(\frac{\mathrm{e}^{st}}{s-2}\right)'\bigg|_{s=1} = \mathrm{e}^{2t} - \mathrm{e}^t - t\mathrm{e}^t.$$

§9.4　拉普拉斯变换的应用及综合举例

§9.4.1　求解常微分方程（组）

许多工程实际问题可以用微分方程来描述，而拉氏变换对于求解常微分方程非常有效. 从例 9.6 中我们已经看出，其方法是：先通过拉氏变换将常微分方程化为像函数的代数方程，由代数方程求出像函数，再取拉氏逆变换，就得到微分方程的解.

例 9.18　求解常微分方程

$$x''(t) - 2x'(t) + 2x(t) = 2\mathrm{e}^t\cos t, \ x(0) = x'(0) = 0.$$

解 令 $X(s) = \mathscr{L}[x(t)]$,在方程两边取拉氏变换,并应用初始条件,得

$$s^2 X(s) - 2sX(s) + 2X(s) = \frac{2(s-1)}{(s-1)^2 + 1}.$$

求解此方程得

$$X(s) = \frac{2(s-1)}{[(s-1)^2 + 1]^2},$$

求拉氏逆变换,得

$$x(t) = \mathscr{L}^{-1}[X(s)] = \mathscr{L}^{-1}\left[\frac{2(s-1)}{[(s-1)^2 + 1]^2}\right]$$

$$= e^t \mathscr{L}^{-1}\left[\frac{2s}{(s^2+1)^2}\right] = e^t \mathscr{L}^{-1}\left[\left(\frac{-1}{s^2+1}\right)'\right]$$

$$= te^t \mathscr{L}^{-1}\left[\frac{1}{s^2+1}\right] = te^t \sin t.$$

例 9.19 求解常微分方程组

$$\begin{cases} x'(t) + x(t) - y(t) = e^t, \\ y'(t) + 3x(t) - 2y(t) = 2e^t, \end{cases} \quad x(0) = y(0) = 1.$$

解 令 $X(s) = \mathscr{L}[x(t)]$,$Y(s) = \mathscr{L}[y(t)]$,对方程两边取拉氏变换,并应用初始条件得

$$\begin{cases} sX(s) - 1 + X(s) - Y(s) = \dfrac{1}{s-1}, \\ sY(s) - 1 + 3X(s) - 2Y(s) = 2\dfrac{1}{s-1}. \end{cases}$$

求解得

$$X(s) = Y(s) = \frac{1}{s-1},$$

取拉氏逆变换得原方程组的解为

$$x(t) = y(t) = e^t.$$

例 9.20 设质量为 m 的物体静止在原点,在 $t = 0$ 时受到 x 方向上的冲击力 $F_0\delta(t)$ 的作用,其中 F_0 为常数,求物体的运动方程.

解 物体运动的微分方程初值问题为

$$m\frac{\mathrm{d}^2}{\mathrm{d}t^2}x(t) = F_0\delta(t), \quad x(0) = x'(0) = 0.$$

令 $X(s) = \mathscr{L}[x(t)]$,在方程两边取拉氏变换,得 $ms^2 X(s) = F_0$,即

$$X(s) = \frac{F_0}{ms^2}.$$

求拉氏逆变换得物体的运动方程为 $x(t) = \dfrac{F_0}{m}t.$

注　本例中关于 δ 函数的拉氏变换涉及拉氏变换本身的定义问题. 一般说来,若函数 $f(t)$ 在 $t=0$ 附近有界,则 $f(0)$ 的取值对拉氏变换没有影响,但若 $f(t)$ 在 $t=0$ 时刻包含了冲激函数,则有必要考察一下拉氏变换中积分限的设定. 对积分下限分别取 0^+ 和 0^-,可得下面两种形式的拉氏变换:

$$\mathscr{L}_+[f(t)] = \int_{0^+}^{+\infty} f(t)\,\mathrm{e}^{-st}\,\mathrm{d}t, \tag{9.18}$$

$$\mathscr{L}_-[f(t)] = \int_{0^-}^{+\infty} f(t)\,\mathrm{e}^{-st}\,\mathrm{d}t. \tag{9.19}$$

对于在 $t=0$ 不含冲激函数的 $f(t)$,有 $\mathscr{L}_+[f(t)] = \mathscr{L}_-[f(t)]$,因此以前的讨论不受影响. 但对于 δ 函数而言,则有 $\mathscr{L}_+[\delta(t)] = 0$,$\mathscr{L}_-[\delta(t)] = 1$. 考虑到 δ 函数的傅氏变换为 1,为统一起见,我们推荐使用后一种方式. 此时有关公式要作相应的修改.

比如在例 9.20 中,实际上是采用(9.19)式进行的拉氏变换,因而有 $\mathscr{L}_-[\delta(t)] = 1$,且 $\mathscr{L}_-[x''(t)] = s^2 X(s) - sx(0^-) - x'(0^-)$,初始条件为 $x(0^-) = x'(0^-) = 0$. 但若此例中采用(9.18)式进行拉氏变换,则 $\mathscr{L}_+[\delta(t)] = 0$,且 $\mathscr{L}_+[x''(t)] = s^2 X(s) - sx(0^+) - x'(0^+)$,此时的初始条件应为 $x(0^+) = 0$,$x'(0^+) = F_0/m$,这是因为在冲击力 $F_0\delta(t)$ 的作用下,冲量为 F_0,根据冲量定理,物体的初始速度瞬间由 0 变到 F_0/m. 其求解结果与前面是一致的.

§9.4.2　综合举例

例 9.21　求函数 $f(t) = \begin{cases} 1-t, & 0 \leqslant t \leqslant 1, \\ 0, & t < 0 \text{ 或 } t > 1 \end{cases}$ 的像函数.

解　如图 9.3,函数 $f(t)$ 可写为

$$\begin{aligned} f(t) &= (1-t)u(t) + (t-1)u(t-1) \\ &= u(t) - tu(t) + (t-1)u(t-1). \end{aligned}$$

由于

$$\mathscr{L}[u(t)] = \frac{1}{s}, \quad \mathscr{L}[tu(t)] = \frac{1}{s^2},$$

所以

$$\mathscr{L}[f(t)] = \frac{1}{s} - \frac{1}{s^2} + \frac{1}{s^2}\mathrm{e}^{-s}.$$

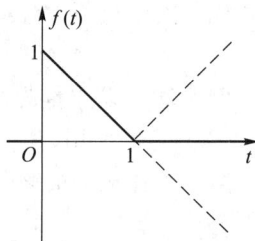

图 9.3

例 9.22 已知 $F(s) = \dfrac{2s^2+3s+3}{(s+1)(s+3)^3}$，求 $f(t) = \mathscr{L}^{-1}[F(s)]$。

解 由于 $s_1 = -1$，$s_2 = -3$ 分别为 $F(s)$ 的简单极点和三阶极点，因此有

$$f(t) = \text{Res}[F(s)e^{st}, -1] + \text{Res}[F(s)e^{st}, -3]$$

$$= \lim_{s \to -1} \frac{2s^2+3s+3}{(s+3)^3}e^{st} + \frac{1}{2!}\lim_{s \to -3}\left(\frac{2s^2+3s+3}{s+1}e^{st}\right)''$$

$$= \frac{1}{4}e^{-t} + \left(-3t^2 + \frac{3}{2}t - \frac{1}{4}\right)e^{-3t}.$$

例 9.23 求解常微分方程组

$$\begin{cases} x''(t) + y''(t) + x(t) + y(t) = 0, & x(0) = y(0) = 0, \\ 2x''(t) - y''(t) - x(t) + y(t) = \sin t, & x'(0) = y'(0) = -1. \end{cases}$$

解 令 $X(s) = \mathscr{L}[x(t)]$，$Y(s) = \mathscr{L}[y(t)]$，对方程两边取拉氏变换得

$$\begin{cases} s^2 X(s) + 1 + s^2 Y(s) + 1 + X(s) + Y(s) = 0, \\ 2s^2 X(s) + 2 - s^2 Y(s) - 1 - X(s) + Y(s) = \dfrac{1}{s^2+1}. \end{cases}$$

求解得

$$X(s) = Y(s) = -\frac{1}{s^2+1},$$

取拉氏逆变换得到原方程的解为

$$x(t) = y(t) = -\sin t.$$

例 9.24 求解积分方程

$$f(t) = at - \int_0^t \sin(x-t)f(x)\,\mathrm{d}x \quad (a \neq 0).$$

解 由于 $f(t) * \sin t = \displaystyle\int_0^t f(x)\sin(t-x)\,\mathrm{d}x$，所以原方程为

$$f(t) = at + f(t) * \sin t.$$

令 $F(s) = \mathscr{L}[f(t)]$，因 $\mathscr{L}[t] = \dfrac{1}{s^2}$，$\mathscr{L}[\sin t] = \dfrac{1}{s^2+1}$，所以对方程两边取拉氏变换得

$$F(s) = \frac{a}{s^2} + \frac{1}{s^2+1}F(s),$$

即

$$F(s) = a\left(\frac{1}{s^2} + \frac{1}{s^4}\right).$$

取拉氏逆变换得原方程的解为

$$f(t) = a\left(t + \frac{t^3}{6}\right).$$

例 9.25　设有如图 9.4 所示的 R 和 L 串联电路,在 $t = 0$ 时接到直流电势 E 上,求电流 $i(t)$.

解　由基尔霍夫定律知 $i(t)$ 满足方程

$$Ri(t) + L\frac{\mathrm{d}[i(t)]}{\mathrm{d}t} = E, \quad i(0) = 0.$$

令 $I(s) = \mathscr{L}[i(t)]$,在方程两边取拉氏变换得

$$RI(s) + LsI(s) = \frac{E}{s},$$

图 9.4

求解得

$$I(s) = \frac{E}{s(R + sL)} = \frac{E}{R}\left[\frac{1}{s} - \frac{1}{s + (R/L)}\right].$$

求拉氏逆变换得

$$i(t) = \frac{E}{R}(1 - \mathrm{e}^{-\frac{R}{L}t}).$$

拉氏变换作为一种数学工具,使得有关运算得以简化,同时它也是研究工程实际问题中线性系统特性的有力工具,而它最重要的贡献之一,则是从理论上建立起微积算子(即 D 算子)的基础,这些内容就不详述了.

本章小结

本章从傅氏变换引出拉氏变换的概念,讨论了拉氏变换的一些基本性质以及拉氏逆变换的求解方法,并介绍了它在求解微分方程等方面的应用.

拉氏变换在傅氏变换的基础上,引入了衰减指数函数 $\mathrm{e}^{-\beta t}$ 和单位阶跃函数 $u(t)$,从而放宽了对函数的限制并使之更适合工程实际.同时它仍保留了傅氏变换中一些好的性质,特别是其中有些性质(如微分性质、卷积等)比傅氏变换更实用、更方便.另外,拉氏变换仍具有明显的物理意义,它将频率 ω 变成复频率 s,从而不仅能刻画函数的振荡频率,而且还能描述振荡幅度的增长(或衰减)速率.

根据拉氏变换与傅氏变换的关系导出的反演积分公式,原则上讲,是一种求拉氏逆变换的通用方法.但有时应根据像函数的具体情况而灵活地采用其他方法,应充分利用拉氏

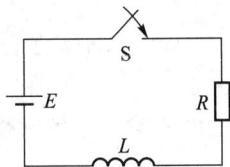

变换的各种性质. 通常是将像函数分解为一些基本函数的相加或相乘,再利用线性性质、位移性质、延迟性质、卷积定理等,并结合这些基本函数的像原函数求出总的像原函数.

　　拉氏变换的应用领域相当广泛,本章仅从数学角度,介绍了它在求解微分方程方面的应用. 由于拉氏变换能将微分变成乘法,将微分方程变为代数方程,而且初始条件包含在变换式中,因而能有效、简便地求解微分方程.

　　本章所介绍的拉氏变换应称为单边拉氏变换,相应地还有双边拉氏变换. 另外在数字领域,拉氏变换演变为用于处理离散时间函数或者数字信号的 z 变换,它是研究离散线性系统特性和求解差分方程的有力工具.

第九章单元
自测题

目 习题九

9.1　用定义求下列函数的拉氏变换:

$(1)\ f(t)=\begin{cases}3, & 0\leq t<2,\\ -1, & 2\leq t<4,\\ 0, & t>4;\end{cases}$　　$(2)\ f(t)=\begin{cases}3, & 0\leq t<\dfrac{\pi}{2},\\ \cos t, & t\geq\dfrac{\pi}{2};\end{cases}$

$(3)\ f(t)=e^{2t}+5\delta(t)$;　　　　　$(4)\ f(t)=\delta(t)\cos t-u(t)\sin t$.

9.2　用定义求下列函数的拉氏变换:

$(1)\ \sin\dfrac{t}{2}$;　　　　　$(2)\ e^{-2t}$;　　　　　$(3)\ t^{2}$;

$(4)\ |t|$;　　　　　$(5)\ \sin t\cos t$;　　　　　$(6)\ \cos^{2}t$.

9.3　求下列函数的拉氏变换:

$(1)\ t^{2}+3t+2$;　　　　　$(2)\ 1-te^{-t}$;

$(3)\ (t-1)^{2}e^{t}$;　　　　　$(4)\ 5\sin 2t-3\cos 2t$;

$(5)\ t\cos at$;　　　　　$(6)\ e^{-4t}\cos 4t$.

9.4　利用拉氏变换的性质,计算 $\mathscr{L}[f(t)]$:

$(1)\ f(t)=te^{-3t}\sin 2t$;　　　　　$(2)\ f(t)=t\displaystyle\int_{0}^{t}e^{-3t}\sin 2t\mathrm{d}t$.

9.5　利用拉氏变换性质,计算 $\mathscr{L}^{-1}[F(s)]$:

$(1)\ F(s)=\dfrac{1}{s+1}-\dfrac{1}{s-1}$;　　　　　$(2)\ F(s)=\ln\dfrac{s+1}{s-1}$;

$(3)\ F(s)=\dfrac{2s}{(s^{2}-1)^{2}}$;　　　　　$(4)\ F(s)=\dfrac{1}{(s^{2}-1)^{2}}$.

9.6　利用像函数的积分性质,计算 $\mathscr{L}[f(t)]$:

$(1)\ f(t)=\dfrac{\sin kt}{t}$;　　　　　$(2)\ \displaystyle\int_{0}^{t}\dfrac{e^{-3t}\sin 2t}{t}\mathrm{d}t$.

9.7　求下列积分的值:

$(1)\ \displaystyle\int_{0}^{+\infty}\dfrac{e^{-t}-e^{-2t}}{t}\mathrm{d}t$;　　　　　$(2)\ \displaystyle\int_{0}^{+\infty}te^{-2t}\mathrm{d}t$.

9.8　求下列像函数 $F(s)$ 的拉氏逆变换：

（1）$\dfrac{1}{s^2+a^2}$；

（2）$\dfrac{s}{(s-a)(s-b)}$；

（3）$\dfrac{s+c}{(s+a)(s+b)^2}$；

（4）$\dfrac{s}{(s^2+1)(s^2+4)}$；

（5）$\dfrac{1}{s^4+5s^2+4}$；

（6）$\dfrac{s+1}{9s^2+6s+5}$；

（7）$\dfrac{1+e^{-2s}}{s^2}$；

（8）$\ln\dfrac{s^2-1}{s^2}$.

9.9　设 $f(t)$ 是以 2π 为周期的函数，且在区间 $[0,2\pi]$ 上取值为

$$f(t)=\begin{cases}\sin t, & 0\leqslant t<\pi,\\ 0, & \pi\leqslant t\leqslant 2\pi,\end{cases}$$

求 $\mathscr{L}[f(t)]$.

9.10　求下列函数在区间 $[0,+\infty)$ 上的卷积：

（1）$1*u(t)$；

（2）t^m*t^n（m,n 为正整数）；

（3）$\sin kt*\sin kt$（$k\neq 0$）；

（4）$t*\sinh t$；

（5）$u(t-a)*f(t)$（$a\geqslant 0$）；

（6）$\delta(t-a)*f(t)$（$a\geqslant 0$）.

9.11　利用卷积定理证明下列等式：

（1）$\mathscr{L}\left[\displaystyle\int_0^t f(t)\,\mathrm{d}t\right]=\mathscr{L}[f(t)*u(t)]=\dfrac{F(s)}{s}$；

（2）$\mathscr{L}^{-1}\left[\dfrac{s}{(s^2+a^2)^2}\right]=\dfrac{t}{2a}\sin at$（$a\neq 0$）.

9.12　解下列微分方程：

（1）$y''-2y'+y=e^t$，$y(0)=y'(0)=0$；

（2）$y'''-3y''+3y'-y=-1$，$y''(0)=y'(0)=1$，$y(0)=2$；

（3）$y''+3y'+y=3\cos t$，$y(0)=0$，$y'(0)=1$；

（4）$y''+3y'+2y=u(t-1)$，$y(0)=0$，$y'(0)=1$；

（5）$y^{(4)}+y'''=\cos t$，$y(0)=y'(0)=y'''(0)=0$，$y''(0)=c$（常数）.

9.13　解下列微分方程组：

（1）$\begin{cases}y''-x''+x'-y=e^t-2, & x(0)=x'(0)=0,\\ 2y''-x''-2y'+x=-t, & y(0)=y'(0)=0;\end{cases}$

（2）$\begin{cases}x'+y''=\delta(t-1), & x(0)=y(0)=0,\\ 2x+y'''=2u(t-1), & y'(0)=y''(0)=0.\end{cases}$

附录 1 傅里叶变换简表

	$f(t)$	$F(\omega)$
1	$\cos \omega_0 t$	$\pi[\delta(\omega+\omega_0)+\delta(\omega-\omega_0)]$
2	$\sin \omega_0 t$	$j\pi[\delta(\omega+\omega_0)-\delta(\omega-\omega_0)]$
3	$\dfrac{\sin \omega_0 t}{\pi t}$	$\begin{cases} 1, & \|\omega\| \leqslant \omega_0, \\ 0, & \|\omega\| > \omega_0 \end{cases}$
4	$u(t)$	$\dfrac{1}{j\omega}+\pi\delta(\omega)$
5	$u(t-c)$	$\dfrac{1}{j\omega}e^{-j\omega c}+\pi\delta(\omega)$
6	$u(t)\cdot t$	$-\dfrac{1}{\omega^2}+\pi j\delta'(\omega)$
7	$u(t)\cdot t^n$	$\dfrac{n!}{(j\omega)^{n+1}}+\pi j^n\delta^{(n)}(\omega)$
8	$u(t)\sin at$	$\dfrac{a}{a^2-\omega^2}+\dfrac{\pi}{2j}[\delta(\omega-a)-\delta(\omega+a)]$
9	$u(t)\cos at$	$\dfrac{j\omega}{a^2-\omega^2}+\dfrac{\pi}{2}[\delta(\omega-a)+\delta(\omega+a)]$
10	$u(t)e^{-\beta t} \quad (\beta>0)$	$\dfrac{1}{\beta+j\omega}$
11	$u(t)e^{jat}$	$\dfrac{1}{j(\omega-a)}+\pi\delta(\omega-a)$
12	$u(t-c)e^{jat}$	$\dfrac{1}{j(\omega-a)}e^{-j(\omega-a)c}+\pi\delta(\omega-a)$
13	$u(t)e^{jat}t^n$	$\dfrac{n!}{[j(\omega-a)]^{n+1}}+\pi j^n\delta^{(n)}(\omega-a)$
14	$e^{a\|t\|} \quad (\operatorname{Re} a<0)$	$\dfrac{-2a}{\omega^2+a^2}$

	$f(t)$	$F(\omega)$
15	$\delta(t)$	1
16	$\delta(t-c)$	$e^{-j\omega c}$
17	$\delta'(t)$	$j\omega$
18	$\delta^{(n)}(t)$	$(j\omega)^n$
19	$\delta^{(n)}(t-c)$	$(j\omega)^n e^{-j\omega c}$
20	1	$2\pi\delta(\omega)$
21	t	$2\pi j\delta'(\omega)$
22	t^n	$2\pi j^n \delta^{(n)}(\omega)$
23	e^{jat}	$2\pi\delta(\omega-a)$
24	$t^n e^{jat}$	$2\pi j^n \delta^{(n)}(\omega-a)$
25	$\dfrac{1}{a^2+t^2}$　($\text{Re}\,a<0$)	$-\dfrac{\pi}{a}e^{a|\omega|}$
26	$\dfrac{t}{(a^2+t^2)^2}$　($\text{Re}\,a<0$)	$\dfrac{j\omega\pi}{2a}e^{a|\omega|}$
27	$\dfrac{e^{jbt}}{a^2+t^2}$　($\text{Re}\,a<0$, b 为实数)	$-\dfrac{\pi}{a}e^{a|\omega-b|}$
28	$\dfrac{\cos bt}{a^2+t^2}$　($\text{Re}\,a<0$, b 为实数)	$-\dfrac{\pi}{2a}[e^{a|\omega-b|}+e^{a|\omega+b|}]$
29	$\dfrac{\sin bt}{a^2+t^2}$　($\text{Re}\,a<0$, b 为实数)	$-\dfrac{\pi}{2aj}[e^{a|\omega-b|}-e^{a|\omega+b|}]$
30	$\dfrac{\sinh at}{\sinh \pi t}$　($-\pi<a<\pi$)	$\dfrac{\sin a}{\cosh\omega+\cos a}$
31	$\dfrac{\sinh at}{\cosh \pi t}$　($-\pi<a<\pi$)	$-2j\dfrac{\sin\dfrac{a}{2}\sinh\dfrac{\omega}{2}}{\cosh\omega+\cos a}$

	$f(t)$	$F(\omega)$
32	$\dfrac{\cosh at}{\cosh \pi t}$　$(-\pi < a < \pi)$	$2\dfrac{\cos\dfrac{a}{2}\cosh\dfrac{\omega}{2}}{\cosh\omega+\cos a}$
33	$\dfrac{1}{\cosh at}$	$\dfrac{\pi}{a}\dfrac{1}{\cosh\dfrac{\pi\omega}{2a}}$
34	$\sin at^2$　$(a>0)$	$\sqrt{\dfrac{\pi}{a}}\cos\left(\dfrac{\omega^2}{4a}+\dfrac{\pi}{4}\right)$
35	$\cos at^2$　$(a>0)$	$\sqrt{\dfrac{\pi}{a}}\cos\left(\dfrac{\omega^2}{4a}-\dfrac{\pi}{4}\right)$
36	$\dfrac{1}{t}\sin at$　$(a>0)$	$\begin{cases}\pi, & |\omega|\leqslant a,\\ 0, & |\omega|>a\end{cases}$
37	$\dfrac{1}{t^2}\sin^2 at$　$(a>0)$	$\begin{cases}\pi\left(a-\dfrac{|\omega|}{2}\right), & |\omega|\leqslant 2a\\ 0, & |\omega|>2a\end{cases}$
38	$\dfrac{\sin at}{\sqrt{|t|}}$	$\mathrm{j}\sqrt{\dfrac{\pi}{2}}\left(\dfrac{1}{\sqrt{|\omega+a|}}-\dfrac{1}{\sqrt{|\omega-a|}}\right)$
39	$\dfrac{\cos at}{\sqrt{|t|}}$	$\sqrt{\dfrac{\pi}{2}}\left(\dfrac{1}{\sqrt{|\omega+a|}}+\dfrac{1}{\sqrt{|\omega-a|}}\right)$
40	$\dfrac{1}{\sqrt{|t|}}$	$\sqrt{\dfrac{2\pi}{\omega}}$
41	$\operatorname{sgn} t$	$\dfrac{2}{\mathrm{j}\omega}$
42	e^{-at^2}　$(\operatorname{Re} a>0)$	$\sqrt{\dfrac{\pi}{a}}\,\mathrm{e}^{-\frac{\omega^2}{4a}}$
43	$|t|$	$-\dfrac{2}{\omega^2}$
44	$\dfrac{1}{|t|}$	$\dfrac{\sqrt{2\pi}}{|\omega|}$

附录 2　拉普拉斯变换简表

	$f(t)$	$F(s)$
1	1	$\dfrac{1}{s}$
2	e^{at}	$\dfrac{1}{s-a}$
3	t^m　$(m>-1)$	$\dfrac{\Gamma(m+1)}{s^{m+1}}$
4	$t^m e^{at}$　$(m>-1)$	$\dfrac{\Gamma(m+1)}{(s-a)^{m+1}}$
5	$\sin at$	$\dfrac{a}{s^2+a^2}$
6	$\cos at$	$\dfrac{s}{s^2+a^2}$
7	$\sinh at$	$\dfrac{a}{s^2-a^2}$
8	$\cosh at$	$\dfrac{s}{s^2-a^2}$
9	$t\sin at$	$\dfrac{2as}{(s^2+a^2)^2}$
10	$t\cos at$	$\dfrac{s^2-a^2}{(s^2+a^2)^2}$
11	$t\sinh at$	$\dfrac{2as}{(s^2-a^2)^2}$
12	$t\cosh at$	$\dfrac{s^2+a^2}{(s^2-a^2)^2}$
13	$t^m\sin at$　$(m>-1)$	$\dfrac{\Gamma(m+1)}{2\mathrm{j}(s^2+a^2)^{m+1}}\left[(s+\mathrm{j}a)^{m+1}-(s-\mathrm{j}a)^{m+1}\right]$

续表

	$f(t)$	$F(s)$
14	$t^m \cos at \quad (m>-1)$	$\dfrac{\Gamma(m+1)}{2(s^2+a^2)^{m+1}}\left[(s+\mathrm{j}a)^{m+1}+(s-\mathrm{j}a)^{m+1}\right]$
15	$\mathrm{e}^{-bt}\sin at$	$\dfrac{a}{(s+b)^2+a^2}$
16	$\mathrm{e}^{-bt}\cos at$	$\dfrac{s+b}{(s+b)^2+a^2}$
17	$\mathrm{e}^{-bt}\sin(at+c)$	$\dfrac{(s+b)\sin c+a\cos c}{(s+b)^2+a^2}$
18	$\sin^2 t$	$\dfrac{1}{2}\left(\dfrac{1}{s}-\dfrac{s}{s^2+4}\right)$
19	$\cos^2 t$	$\dfrac{1}{2}\left(\dfrac{1}{s}+\dfrac{s}{s^2+4}\right)$
20	$\sin at \sin bt$	$\dfrac{2abs}{[s^2+(a+b)^2][s^2+(a-b)^2]}$
21	$\mathrm{e}^{at}-\mathrm{e}^{bt}$	$\dfrac{a-b}{(s-a)(s-b)}$
22	$a\mathrm{e}^{at}-b\mathrm{e}^{bt}$	$\dfrac{(a-b)s}{(s-a)(s-b)}$
23	$\dfrac{1}{a}\sin at-\dfrac{1}{b}\sin bt$	$\dfrac{b^2-a^2}{(s^2+a^2)(s^2+b^2)}$
24	$\cos at-\cos bt$	$\dfrac{(b^2-a^2)s}{(s^2+a^2)(s^2+b^2)}$
25	$\dfrac{1}{a^2}(1-\cos at)$	$\dfrac{1}{s(s^2+a^2)}$
26	$\dfrac{1}{a^3}(at-\sin at)$	$\dfrac{1}{s^2(s^2+a^2)}$
27	$\dfrac{1}{a^4}(\cos at-1)+\dfrac{1}{2a^2}t^2$	$\dfrac{1}{s^3(s^2+a^2)}$

	$f(t)$	$F(s)$
28	$\dfrac{1}{a^4}(\cosh at-1)-\dfrac{1}{2a^2}t^2$	$\dfrac{1}{s^3(s^2-a^2)}$
29	$\dfrac{1}{2a^3}(\sin at-at\cos at)$	$\dfrac{1}{(s^2+a^2)^2}$
30	$\dfrac{1}{2a}(\sin at+at\cos at)$	$\dfrac{s^2}{(s^2+a^2)^2}$
31	$\dfrac{1}{a^4}(1-\cos at)-\dfrac{1}{2a^3}t\sin at$	$\dfrac{1}{s(s^2+a^2)^2}$
32	$(1-at)\mathrm{e}^{-at}$	$\dfrac{s}{(s+a)^2}$
33	$t\left(1-\dfrac{a}{2}t\right)\mathrm{e}^{-at}$	$\dfrac{s}{(s+a)^3}$
34	$\dfrac{1}{a}(1-\mathrm{e}^{-at})$	$\dfrac{1}{s(s+a)}$
35	$\dfrac{1}{ab}+\dfrac{1}{b-a}\left(\dfrac{\mathrm{e}^{-bt}}{b}-\dfrac{\mathrm{e}^{-at}}{a}\right)$	$\dfrac{1}{s(s+a)(s+b)}$
36	$\mathrm{e}^{-at}-\mathrm{e}^{\frac{at}{2}}\left(\cos\dfrac{\sqrt{3}at}{2}-\sqrt{3}\sin\dfrac{\sqrt{3}at}{2}\right)$	$\dfrac{3a^2}{s^3+a^3}$
37	$\sin at\cosh at-\cos at\sinh at$	$\dfrac{4a^3}{s^4+4a^4}$
38	$\dfrac{1}{2a^2}\sin at\sinh at$	$\dfrac{s}{s^4+4a^4}$
39	$\dfrac{1}{2a^3}(\sinh at-\sin at)$	$\dfrac{1}{s^4-a^4}$
40	$\dfrac{1}{2a^2}(\cosh at-\cos at)$	$\dfrac{s}{s^4-a^4}$
41	$\dfrac{1}{\sqrt{\pi t}}$	$\dfrac{1}{\sqrt{s}}$

	$f(t)$	$F(s)$
42	$2\sqrt{\dfrac{t}{\pi}}$	$\dfrac{1}{s\sqrt{s}}$
43	$\dfrac{1}{\sqrt{\pi t}}e^{at}(1+2at)$	$\dfrac{s}{(s-a)\sqrt{s-a}}$
44	$\dfrac{1}{2\sqrt{\pi t^3}}(e^{bt}-e^{at})$	$\sqrt{s-a}-\sqrt{s-b}$
45	$\dfrac{1}{\sqrt{\pi t}}\cos2\sqrt{at}$	$\dfrac{1}{\sqrt{s}}e^{-\frac{a}{s}}$
46	$\dfrac{1}{\sqrt{\pi t}}\cosh2\sqrt{at}$	$\dfrac{1}{\sqrt{s}}e^{\frac{a}{s}}$
47	$\dfrac{1}{\sqrt{\pi t}}\sin2\sqrt{at}$	$\dfrac{1}{s\sqrt{s}}e^{-\frac{a}{s}}$
48	$\dfrac{1}{\sqrt{\pi t}}\sinh2\sqrt{at}$	$\dfrac{1}{s\sqrt{s}}e^{\frac{a}{s}}$
49	$\dfrac{1}{t}(e^{bt}-e^{at})$	$\ln\dfrac{s-a}{s-b}$
50	$\dfrac{2}{t}\sinh at$	$\ln\dfrac{s+a}{s-a}=2\text{Artanh}\,\dfrac{a}{s}$
51	$\dfrac{2}{t}(1-\cos at)$	$\ln\dfrac{s^2+a^2}{s^2}$
52	$\dfrac{2}{t}(1-\cosh at)$	$\ln\dfrac{s^2-a^2}{s^2}$
53	$\dfrac{1}{t}\sin at$	$\arctan\dfrac{a}{s}$
54	$\dfrac{1}{t}(\cosh at-\cos bt)$	$\ln\sqrt{\dfrac{s^2+b^2}{s^2-a^2}}$
55[①]	$\dfrac{1}{\pi t}\sin(2a\sqrt{t})$	$\text{erf}\left(\dfrac{a}{\sqrt{s}}\right)$

	$f(t)$	$F(s)$
56[①]	$\dfrac{1}{\sqrt{\pi t}}e^{-2a\sqrt{t}}$	$\dfrac{1}{\sqrt{s}}e^{\frac{a^2}{s}}\operatorname{erfc}\left(\dfrac{a}{\sqrt{s}}\right)$
57	$\operatorname{erfc}\left(\dfrac{a}{2\sqrt{t}}\right)$	$\dfrac{1}{s}e^{-a\sqrt{s}}$
58	$\operatorname{erf}\left(\dfrac{t}{2a}\right)$	$\dfrac{1}{s}e^{a^2s^2}\operatorname{erfc}(as)$
59	$\dfrac{1}{\sqrt{\pi t}}e^{-2\sqrt{at}}$	$\dfrac{1}{\sqrt{s}}e^{\frac{a}{s}}\operatorname{erfc}\left(\sqrt{\dfrac{a}{s}}\right)$
60	$\dfrac{1}{\sqrt{\pi(t+a)}}$	$\dfrac{1}{\sqrt{s}}e^{as}\operatorname{erfc}(\sqrt{as})$
61	$\dfrac{1}{\sqrt{a}}\operatorname{erf}(\sqrt{at})$	$\dfrac{1}{s\sqrt{s+a}}$
62	$\dfrac{1}{\sqrt{a}}e^{at}\operatorname{erf}(\sqrt{at})$	$\dfrac{1}{\sqrt{s}(s-a)}$
63	$u(t)$	$\dfrac{1}{s}$
64	$tu(t)$	$\dfrac{1}{s^2}$
65	$t^m u(t) \quad (m>-1)$	$\dfrac{1}{s^{m+1}}\Gamma(m+1)$
66	$\delta(t)$	1
67	$\delta^{(n)}(t)$	s^n
68	$\operatorname{sgn}t$	$\dfrac{1}{s}$
69[②]	$J_0(at)$	$\dfrac{1}{\sqrt{s^2+a^2}}$

续表

$f(t)$	$F(s)$
70[②]　$I_0(at)$	$\dfrac{1}{\sqrt{s^2-a^2}}$
71　$J_0(2\sqrt{at})$	$\dfrac{1}{s}\mathrm{e}^{-\frac{a}{s}}$
72　$\mathrm{e}^{-bt}I_0(at)$	$\dfrac{1}{\sqrt{(s+b)^2-a^2}}$
73　$tJ_0(at)$	$\dfrac{s}{(s^2+a^2)^{3/2}}$
74　$tI_0(at)$	$\dfrac{s}{(s^2-a^2)^{3/2}}$
75　$J_0\big(a\sqrt{t(t+2b)}\big)$	$\dfrac{1}{\sqrt{s^2+a^2}}\mathrm{e}^{b(s-\sqrt{s^2+a^2})}$

① $\operatorname{erf}(x)=\dfrac{2}{\sqrt{\pi}}\displaystyle\int_0^x \mathrm{e}^{-t^2}\mathrm{d}t$, 称为误差函数; $\operatorname{erfc}(x)=1-\operatorname{erf}(x)=\dfrac{2}{\sqrt{\pi}}\displaystyle\int_x^{+\infty}\mathrm{e}^{-t^2}\mathrm{d}t$, 称为余误差函数.

② $I_n(x)=\mathrm{j}^{-n}J_n(\mathrm{j}x)$. J_n 称为第一类 n 阶贝塞尔(Bessel)函数; I_n 称为第一类 n 阶变形的贝塞尔函数, 或称为虚变量的贝塞尔函数.

部分习题答案

习　题　一

1.1 （1）$-2+3\mathrm{i}$；（2）$a^3-3ab^2+\mathrm{i}(b^3-3a^2b)$；（3）$-\dfrac{3}{10}+\dfrac{\mathrm{i}}{10}$；（4）$\dfrac{x^2+y^2-1+2\mathrm{i}y}{(x+1)^2+y^2}$.

1.3 $z_1=-\dfrac{3}{5}-\dfrac{6}{5}\mathrm{i}$，$z_2=-\dfrac{6}{5}-\dfrac{17}{5}\mathrm{i}$.

1.4 $\bar{A}z+A\bar{z}+B=0$，其中 $A=a+\mathrm{i}b$，$B=2C$（实数）.

1.5 $Az\bar{z}+\bar{B}z+B\bar{z}+C=0$，其中 $A=2a$，$C=2d$ 均为实数，$B=b+\mathrm{i}c$.

1.6 （1）2，$\dfrac{\pi}{6}$；（2）$\sqrt{2}$，$-\dfrac{3}{4}\pi$；（3）$\sqrt{5}$，$-\arctan\dfrac{1}{2}$；（4）$\sqrt{10}$，$\pi-\arctan 3$.

1.7 （2）此式表示：平行四边形对角线平方和等于各边平方和.

1.8 （1）$\sqrt{13}\left[\cos\left(\pi-\arctan\dfrac{2}{3}\right)+\mathrm{i}\sin\left(\pi-\arctan\dfrac{2}{3}\right)\right]$；

（2）$\cos\left(\dfrac{\pi}{2}-\alpha\right)+\mathrm{i}\sin\left(\dfrac{\pi}{2}-\alpha\right)$；（3）$\cos\left(-\dfrac{2}{3}\pi\right)+\mathrm{i}\sin\left(-\dfrac{2}{3}\pi\right)$.

1.9 （1）2；（2）i；（3）-1；（4）$\sqrt[8]{8}\left(\cos\dfrac{3\pi+8k\pi}{16}+\mathrm{i}\sin\dfrac{3\pi+8k\pi}{16}\right)$，$k=0,1,2,3$.

1.10 $z_0=\dfrac{1}{2}+\dfrac{\sqrt{3}}{2}\mathrm{i}$，$z_1=-1$，$z_2=\dfrac{1}{2}-\dfrac{\sqrt{3}}{2}\mathrm{i}$.

1.11 （1）圆环、有界、多连通域；

（2）以原点为中心，以 $\dfrac{1}{3}$ 为半径的圆的外部、多连通域、无界；

（3）圆环的一部分、单连通域、有界；

（4）圆内一部分、有界、单连通域；

（5）$x^2-y^2<1$ 无界、单连通域；

（6）椭圆的内部及椭圆的边界、有界、闭区域；

（7）从原点出发的两条半射线所成的区域、无界、单连通域；

（8）分三种情况：$0<a<1$ 区域为圆的外部，无界多连通域；$a=1$ 为左半平面无界单连通域；$a>1$ 为圆内有界单连通域.

1.12 （1）圆；（2）$b>2a>0$，椭圆，$2a>b>0$，双曲线，$2a=b$，无意义；（3）$a=b,y=0$；$a>b$，抛物线；$a<b$，无意义；

（4）$|a|^2=b$，点；$|a|^2>b$，圆；$|a|^2<b$，无意义；（5）直线.

1.13 （1）$z=1+\mathrm{i}+(-2-5\mathrm{i})t$　（$0\leqslant t\leqslant 1$）；

（2）$z=a\cos t+\mathrm{i}b\sin t$　（$0\leqslant t<2\pi$）.

1.14　$\dfrac{z^2}{4}+\dfrac{3\bar{z}^2}{4}+\dfrac{\mathrm{i}z}{2}+\dfrac{\mathrm{i}\bar{z}}{2}$.

习　题　二

2.1　（1）$\left(\dfrac{1}{z}\right)'=-\dfrac{1}{z^2}$；（2）$z=0$ 处 $f'(0)=0$，$z\neq0$ 处 $f'(z)$ 不存在.

2.2　（1）$z=0$ 可导，$z\neq0$ 不可导，复平面上处处不解析；

　　　（2）$x=y$ 上可导，其余点均不可导，复平面上处处不解析；

　　　（3）复平面上处处解析；

　　　（4）复平面上处处解析.

2.3　（1）除 $z=\pm1$ 外在复平面上处处解析，$z=\pm1$ 为奇点，$f'(z)=-\dfrac{2z}{(z^2-1)^2}$；

　　　（2）除 $z=-\dfrac{d}{c}$（$c\neq0$）外在复平面上处处解析，$z=-\dfrac{d}{c}$ 为奇点，$f'(z)=\dfrac{ad-bc}{(cz+d)^2}$.

2.9　（1）$(1-\mathrm{i})z^3+c\mathrm{i}$；（2）$x^2-y^2-3y+c+\mathrm{i}(2xy+3x)$；（3）$-\mathrm{i}(1-z)^2$；（4）$z\mathrm{e}^z$.

2.10　$p=1$，e^z+c；$p=-1$，$-\mathrm{e}^{-z}+c$.

2.13　（1）$z=\ln2+\mathrm{i}\left(\dfrac{\pi}{3}+2k\pi\right)$，$k=0,\pm1,\pm2,\cdots$；（2）$z=\mathrm{i}$；

　　　（3）$z=2k\pi+\mathrm{i}$ 或 $z=(2k-1)\pi-\mathrm{i}$，k 为整数；

　　　（4）$z=k\pi-\dfrac{\pi}{4}$，$k=0,\pm1,\pm2,\cdots$.

2.14　（1）$\dfrac{\mathrm{e}^{-1}+\mathrm{e}}{2}$；

　　　（2）$\ln5-\mathrm{iarctan}\dfrac{4}{3}+(2k+1)\pi\mathrm{i}$，$k=0,\pm1,\pm2,\cdots$；

　　　（3）$\sqrt{2}\,\mathrm{e}^{\frac{\pi}{4}-2k\pi}\left[\cos\left(\ln\sqrt{2}-\dfrac{\pi}{4}\right)+\mathrm{i}\sin\left(\ln\sqrt{2}-\dfrac{\pi}{4}\right)\right]$，$k$ 为整数；

　　　（4）$27\mathrm{e}^{2k\pi}(\cos\ln3-\mathrm{i}\sin\ln3)$.

2.19　否.

2.20　（2）不成立；（1），（3），（4）均成立.

习　题　三

3.1　（1）$-\dfrac{1}{3}+\dfrac{\mathrm{i}}{3}$；（2）$-\dfrac{1}{2}+\dfrac{5}{6}\mathrm{i}$；（3）$-\dfrac{1}{2}-\dfrac{\mathrm{i}}{6}$.

3.2　（1）$4\pi\mathrm{i}$；（2）$8\pi\mathrm{i}$.

3.4　（1）0；（2）0；（3）$2\pi\mathrm{i}$.

3.5　0.

3.6　0.

3.7　0.

3.8　(1) $1-\cos\pi\mathrm{i}$; (2) $\mathrm{i}e^{1+\mathrm{i}}=\mathrm{i}e(\cos 1+\mathrm{i}\sin 1)$; (3) $3e^{\mathrm{i}}-4$.

3.9　函数 $\dfrac{1}{z^2}$ 在全平面除去 $z=0$ 的区域内为解析. 我们考虑一个单连通区域,例如 D: Re

$z>-\dfrac{1}{4}$, $|z|>\dfrac{1}{2}$,则 $\dfrac{1}{z^2}$ 在 D 内解析,于是取 $\dfrac{1}{z^2}$ 的一个原函数 $-\dfrac{1}{z}$,则 $\displaystyle\int_c\dfrac{\mathrm{d}z}{z^2}=$

$-\dfrac{1}{z}\bigg|_{-3\mathrm{i}}^{\mathrm{i}}=\dfrac{4}{3}\mathrm{i}$.

3.10　(1) $2\pi\mathrm{i}e^2$; (2) $4\pi\mathrm{i}$; (3) $\pi e^{\frac{\pi}{4}\mathrm{i}}=\pi\left(\dfrac{\sqrt{2}}{2}+\dfrac{\sqrt{2}}{2}\mathrm{i}\right)$; (4) $r<1$ 时为 0; $r>1$ 时 $n=1$ 为 $2\pi\mathrm{i}$,

$n\neq 1$ 为 0.

3.11　(1) $\dfrac{\pi}{5}\mathrm{i}$; (2) $\dfrac{4\pi}{5}\mathrm{i}$; (3) 0; (4) $\pi\mathrm{i}$.

3.13　(1) $\dfrac{2\pi\mathrm{i}}{99!}$; (2) 0; (3) 0.

习　题　四

4.1　(1) 无; (2) 0; (3) 无.

4.2　(1) 发散; (2) 绝对收敛; (3) 发散.

4.4　(1) 1; (2) $\dfrac{1}{e}$; (3) ∞.

4.5　(1) $1-z^3+z^6-\cdots$, $|z|<1$;

　　(2) 当 $a=b$ 时,级数为 $\displaystyle\sum_{n=1}^{\infty}\dfrac{nz^{n-1}}{a^{n+1}}$, $|z|<|a|$;

　　　　当 $a\neq b$ 时,级数为 $\dfrac{1}{b-a}\displaystyle\sum_{n=0}^{\infty}\left(\dfrac{1}{a^{n+1}}-\dfrac{1}{b^{n+1}}\right)z^n$, $|z|<\min\{|a|,|b|\}$.

　　(3) $1-2z^2+3z^4-4z^6+\cdots$, $|z|<1$;

　　(4) $1+\dfrac{z^2}{2!}+\dfrac{z^4}{4!}+\cdots$, $|z|<\infty$;

　　(5) $-\dfrac{1}{2}\displaystyle\sum_{n=1}^{\infty}(-1)^n\dfrac{(2z)^n}{(2n)!}$, $|z|<\infty$;

　　(6) $1-z-\dfrac{1}{2!}z^2-\dfrac{1}{3!}z^3-\cdots$, $|z|<1$.

4.7　(1) $\displaystyle\sum_{n=0}^{\infty}(-1)^n(n+1)(z-1)^n$, $|z-1|<1$;

　　(2) $\displaystyle\sum_{n=0}^{\infty}\sin\left(\dfrac{n\pi}{2}+1\right)\dfrac{(z-1)^n}{n!}$, $|z-1|<\infty$;

　　(3) $\displaystyle\sum_{n=0}^{\infty}\dfrac{3^n}{(1-3\mathrm{i})^{n+1}}[z-(1+\mathrm{i})]^n$, $|z-(1+\mathrm{i})|<\dfrac{\sqrt{10}}{3}$;

(4) $1+2\left(z-\dfrac{\pi}{4}\right)+2\left(z-\dfrac{\pi}{4}\right)^2+\dfrac{8}{3}\left(z-\dfrac{\pi}{4}\right)^3+\cdots,\ \left|z-\dfrac{\pi}{4}\right|<\dfrac{\pi}{4}.$

4.8 (1) $\dfrac{1}{z^2}-2\sum\limits_{n=0}^{\infty}z^{n-2},\ 0<|z|<1,\dfrac{1}{z^2}+2\sum\limits_{n=0}^{\infty}\dfrac{1}{z^{n+3}},\ 0<|z|<\infty;$

(2) $\sum\limits_{n=-2}^{\infty}\dfrac{1}{(n+2)!}\cdot\dfrac{1}{z^n},\ 0<|z|<\infty;$

(3) $-\sum\limits_{n=0}^{\infty}\dfrac{z^n}{2^{n+1}}+\sum\limits_{n=0}^{\infty}(-1)^{n+1}\dfrac{1}{z^{2n+2}},\ 1<|z|<2;$

(4) $\sum\limits_{n=0}^{\infty}\dfrac{1}{(2n)!\ (z-1)^{2n}},\ 0<|z-1|<\infty.$

4.9 (1) 在 $0<|z-2|<1$ 内, $f(z)=-\sum\limits_{n=0}^{\infty}(z-2)^{n-1};$

(2) 在 $1<|z-2|<+\infty$ 内, $f(z)=\sum\limits_{n=0}^{\infty}\dfrac{1}{(z-2)^{n+2}};$

(3) 在 $0<|z-3|<1$ 内, $f(z)=\sum\limits_{n=0}^{\infty}(-1)^n(z-3)^{n-1};$

(4) 在 $1<|z-3|<+\infty$ 内, $f(z)=\sum\limits_{n=0}^{\infty}(-1)^n\dfrac{1}{(z-3)^{n+2}}.$

4.10 $\sum\limits_{n=0}^{\infty}(-1)^n(n+1)\dfrac{(z-\mathrm{i})^{n-2}}{(2\mathrm{i})^{n+2}},\ 0<|z-\mathrm{i}|<2.$

习 题 五

5.1 (1) 是; (2) 不是; (3) 是.

5.2 (1) $z=\pm3\mathrm{i}$, 一阶; (2) $z=0$, 二阶, $z=k\pi$ (k 为整数, $k\neq0$), 一阶; (3) $z=0$, 四阶, $z=\sqrt{2k\pi\mathrm{i}}$, 一阶.

5.3 (1) $z=0$ 为简单极点, $z=\pm2\mathrm{i}$ 为二阶极点; (2) $z=0$ 为二阶极点;

(3) $z=k\pi-\dfrac{\pi}{4}$ ($k=0,\pm1,\cdots$) 各为简单极点;

(4) $z=0$ 为三阶极点, $z=2k\pi\mathrm{i}$ ($k=\pm1,\pm2,\cdots$) 各为简单极点; (5) $z=0$ 为可去奇点;

(6) $z=0$ 为可去奇点, $z=2k\pi\mathrm{i}$ ($k=\pm1,\pm2,\cdots$) 为简单极点.

5.6 (1) 是; (2) 不是.

5.7 (1) $\mathrm{Res}[f(z),0]=0;$

(2) $\mathrm{Res}[f(z),2]=\dfrac{128}{25}$, $\mathrm{Res}[f(z),\pm\mathrm{i}]=-\dfrac{56\pm33\mathrm{i}}{100};$

(3) $\mathrm{Res}[f(z),-1]=2\sin2;$ (4) $\mathrm{Res}[f(z),0]=-\dfrac{1}{6};$

(5) $\mathrm{Res}[f(z),0]=0,\mathrm{Res}[f(z),k\pi]=\dfrac{(-1)^n}{k\pi},k\neq0;$ (6) $\dfrac{\sinh z}{\cosh z}$ 处处解析.

5.8 （1）0；（2）$\dfrac{1}{8}\pi \mathrm{i} \mathrm{e}$；（3）$4\pi \mathrm{e}^2 \mathrm{i}$；（4）$-2\pi \mathrm{i}$；

（5）当$|a|<|b|<1$时,积分为零；当$|a|<1<|b|$时,积分为

$(-1)^{n-1}\dfrac{2\pi(2n-2)!\ \mathrm{i}}{[(n-1)!]^2(a-b)^{2n-1}}$；当$1<|a|<|b|$时,积分为零.

5.9 （1）本性奇点,0；（2）可去奇点,0；（3）简单极点,-1.

5.10 （1）$-\dfrac{2}{3}\pi \mathrm{i}$；（2）$2\pi \mathrm{i}$.

5.12 （1）$\dfrac{2\pi}{\sqrt{a^2-1}}$；（2）$\dfrac{\pi}{2}$；（3）$\dfrac{\pi}{2a}$；（4）$\pi \mathrm{e}^{-1}\cos 2$；（5）$\dfrac{\sqrt{2}}{2}\pi$；（6）$\pi \mathrm{e}^{-ab}$.

5.14 在$|z|<1$内有一个根. 在$1<|z|<2$内有三个根.

习　题　六

6.1 （1）旋转角$\theta=0$, 伸缩率为$r=2$；（2）$\theta=\pi,r=\dfrac{1}{2}$；（3）$\theta=\dfrac{\pi}{4},r=2\sqrt{2}$；

（4）$\theta=\pi-\arctan\dfrac{4}{3}$, $r=10$.

6.2 （1）$u^2+v^2=\dfrac{1}{4}$；（2）$v=-u$；（3）$\left(u-\dfrac{1}{2}\right)^2+v^2=\dfrac{1}{4}$；（4）$u=\dfrac{1}{2}$.

6.3 （1）下半个单位圆域；（2）$\mathrm{Im}\,w>\mathrm{Re}\,w$；

（3）$\mathrm{Im}\,w<0,\left|w-\dfrac{1}{2}(1-\mathrm{i})\right|>\dfrac{1}{\sqrt{2}}$；（4）$\mathrm{Re}\,w>0,\left|w-\dfrac{1}{2}\right|>\dfrac{1}{2}$, $\mathrm{Im}\,w>0$.

6.4 $|w|<1$且沿0到1的半径有割痕.

6.5 （1）$w=\dfrac{z+2+\mathrm{i}}{z+2-\mathrm{i}}$；（2）$w=\dfrac{\mathrm{i}z+2+\mathrm{i}}{z+1}$；（3）$w=\dfrac{1-\mathrm{i}}{2}(z+1)$.

6.6 （1）$w=-\left(\dfrac{z+\sqrt{3}}{z-\sqrt{3}}\right)^3$；（2）$w=-\mathrm{i}\left(\dfrac{z+1}{z-1}\right)^2$.

6.7 （1）$w=-\mathrm{i}\dfrac{z-\mathrm{i}}{\mathrm{i}+z}$；（2）$w=\mathrm{i}\dfrac{z-\mathrm{i}}{\mathrm{i}+z}$；（3）$w=\dfrac{3z+(\sqrt{5}-2\mathrm{i})}{(\sqrt{5}-2\mathrm{i})z+3}$；（4）$w=\dfrac{\mathrm{i}-z}{\mathrm{i}+z}$.

6.8 （1）$w=\dfrac{2z-1}{z-2}$；（2）$w=\dfrac{\mathrm{i}(2z-1)}{2-z}$.

6.9 （1）$w=-\left(\dfrac{z+\sqrt{3}-\mathrm{i}}{z-\sqrt{3}-\mathrm{i}}\right)^3$；（2）$w=\left(\dfrac{z^2+4}{z^2-4}\right)^2$；（3）$w=\mathrm{e}^{\frac{\pi \mathrm{i}}{b-a}(z-a)}$；

（4）$w=-\left(\dfrac{z^{2/3}+2^{2/3}}{z^{2/3}-2^{2/3}}\right)^2$；（5）$w=\left(\dfrac{\sqrt{z}+1}{\sqrt{z}-1}\right)^2$.

习 题 七

7.1 (1) $v(z) = 2(\bar{z}-i)$，流线：$x(y+1) = C_1$，等势线：$x^2 - (y+1)^2 = C_2$；

(2) $v(z) = -\dfrac{2\bar{z}}{(\bar{z}^2+1)^2}$，流线：$\dfrac{xy}{(x^2-y^2+1)^2+4x^2y^2} = C_1$，等势线：$\dfrac{x^2-y^2+1}{(x^2-y^2+1)^2+4x^2y^2}$

$= C_2$；

(3) $v = \overline{\omega'} = 1 - \dfrac{1}{z^2}$，流线：$y - \dfrac{y}{x^2+y^2} = C_1$，等势线：$\dfrac{x}{x^2+y^2} + x = C_2$；

(4) $v(z) = \dfrac{1-i}{\bar{z}}$，流线：$\rho = C_1 e^{-\varphi}$，等势线：$\rho = C_2 e^{\varphi}$.

7.2 (1) $0,0$；(2) $0,0$；(3) $0,0$.

7.3 $\omega = \dfrac{2}{\pi}\ln\dfrac{z^2-1}{z^2+1}$.

7.4 $E_1 : E_2 = 1 : 2$.

7.5 $\omega = v_\infty\sqrt{z^2+h^2}$，$v(z) = \overline{f'(z)} = \dfrac{v_\infty\bar{z}}{\sqrt{\bar{z}^2+h^2}}$.

习 题 八

8.3 $\omega_0 = 2$，$F(n\omega_0) = \dfrac{-2}{(4n^2-1)\pi}$ $(n = 0, \pm1, \pm2, \cdots)$，$f(t) = \dfrac{-2}{\pi}\displaystyle\sum_{n=-\infty}^{\infty}\dfrac{1}{4n^2-1}e^{jn\omega_0 t}$.

8.4 (1) $F(\omega) = -\dfrac{2j}{\omega}[1-\cos\omega]$；(2) $F(\omega) = \dfrac{1}{1-j\omega}$；(3) $F(\omega) = \dfrac{4}{\omega^3}(\sin\omega - \omega\cos\omega)$；

(4) $F(\omega) = \dfrac{2}{4+(1+j\omega)^2}$.

8.5 (1) $F(\omega) = \dfrac{2\sin\omega}{\omega}$；(2) $F(\omega) = \dfrac{-2j}{1-\omega^2}\sin\omega\pi$.

8.6 (1) $F(\omega) = \dfrac{2}{j\omega}$；(2) $F(\omega) = \dfrac{\pi}{2}j[\delta(\omega+2)-\delta(\omega-2)]$；

(3) $F(\omega) = \dfrac{\pi}{4}j[\delta(\omega-3)-3\delta(\omega-1)+3\delta(\omega+1)-\delta(\omega+3)]$；

(4) $F(\omega) = \dfrac{\pi}{2}[(\sqrt{3}+j)\delta(\omega+5)+(\sqrt{3}-j)\delta(\omega-5)]$.

8.10 (1) $\omega_0 = \dfrac{\pi}{2}$，$F(n\omega_0) = \begin{cases} \dfrac{4}{n^2\pi^2}, & n = \pm1, \pm3, \cdots, \\ 1, & n = 0, \\ 0, & n = \pm2, \pm4, \cdots, \end{cases}$

$F(\omega) = 2\pi\delta(\omega) + \displaystyle\sum_{\substack{n=-\infty \\ n\neq 0}}^{+\infty}\dfrac{\sin^2 n\omega_0}{n^2\omega_0^2}\delta(\omega-n\omega_0)$；

$$(2)\ \omega_0 = \frac{2\pi}{T},\ F(n\omega_0) = \begin{cases} \dfrac{hj}{2n\pi}, & n = -1,\ -2,\ \cdots, \\[2mm] \dfrac{h}{2}, & n = 0, \\[2mm] \dfrac{hj}{2n\pi}, & n = 1, 2, \cdots, \end{cases}$$

$$F(\omega) = \pi h \delta(\omega) + \sum_{\substack{n=-\infty \\ n \neq 0}}^{+\infty} \frac{hj}{n} \delta(\omega - n\omega_0).$$

8.11 $f(t) = \cos \omega_0 t.$

8.12 $F(\omega) = \cos \omega a + \cos \dfrac{\omega a}{2}.$

8.14 $(1 - e^{-t})u(t).$

8.16 $(1)\ F(\omega) = \dfrac{\omega_0}{\omega_0^2 - \omega^2} + \dfrac{\pi}{2j}[\delta(\omega - \omega_0) - \delta(\omega + \omega_0)];\ (2)\ F(\omega) = \dfrac{-1}{(\omega - \omega_0)^2} + \pi j \delta'(\omega - \omega_0).$

习　题　九

9.1 $(1)\ F(s) = \dfrac{1}{s}(3 - 4e^{-2s} + e^{-4s});\ (2)\ F(s) = \dfrac{3}{s}(1 - e^{-\frac{1}{2}\pi s}) - \dfrac{1}{s^2 + 1}e^{-\frac{1}{2}\pi s};$

$\quad\ (3)\ F(s) = \dfrac{1}{s-2} + 5;\ (4)\ \dfrac{s^2}{s^2 + 1}.$

9.2 $(1)\ \dfrac{2}{4s^2 + 1};\ (2)\ \dfrac{1}{s+2};\ (3)\ \dfrac{2}{s^3};\ (4)\ \dfrac{1}{s^2};\ (5)\ \dfrac{1}{s^2 + 4};\ (6)\ \dfrac{s^2 + 2}{s(s^2 + 4)}.$

9.3 $(1)\ \dfrac{1}{s^3}(2s^2 + 3s + 2);\ (2)\ \dfrac{1}{s} - \dfrac{1}{(s+1)^2};\ (3)\ \dfrac{s^2 - 4s + 5}{(s-1)^3};\ (4)\ \dfrac{10 - 3s}{s^2 + 4};\ (5)\ \dfrac{s^2 - a^2}{(s^2 + a^2)^2};$

$\quad\ (6)\ \dfrac{s+4}{(s+4)^2 + 16}.$

9.4 $(1)\ F(s) = \dfrac{4(s+3)}{[(s+3)^2 + 4]^2};\ (2)\ F(s) = \dfrac{2(3s^2 + 12s + 13)}{s^2[(s+3)^2 + 4]^2}.$

9.5 $(1)\ f(t) = -2\sinh t;\ (2)\ f(t) = \dfrac{2\sinh t}{t};\ (3)\ f(t) = t\sinh t.$

$\quad\ (4)\ f(t) = \dfrac{1}{2}\int_0^t t\sinh t\,dt = \dfrac{t}{2}\cosh t - \dfrac{1}{2}\sinh t.$

9.6 $(1)\ F(s) = \dfrac{\pi}{2} - \arctan \dfrac{s}{k};\ (2)\ F(s) = \dfrac{1}{s}\left(\dfrac{\pi}{2} - \arctan \dfrac{s+3}{2}\right).$

9.7 $(1)\ \ln 2;\ (2)\ \dfrac{1}{4}.$

9.8 $(1)\ \dfrac{1}{a}\sin at;\ (2)\ \dfrac{1}{a-b}(ae^{at} - be^{bt});\ (3)\ \dfrac{c-a}{(b-a)^2}e^{-at} + \left[\dfrac{c-b}{a-b}t + \dfrac{a-c}{(a-b)^2}\right]e^{-bt};$

(4) $\dfrac{1}{3}(\cos t-\cos 2t)$；(5) $\dfrac{1}{3}\sin t-\dfrac{1}{6}\sin 2t$；(6) $\dfrac{1}{9}\left(\sin\dfrac{2}{3}t+\cos\dfrac{2}{3}t\right)e^{-\frac{1}{3}t}$；

(7) $f(t)=\begin{cases}t, & 0\leqslant t<2,\\ 2(t-1), & t>2;\end{cases}$ (8) $\dfrac{2}{t}(1-\cosh t)$.

9.9　$\mathscr{L}[f(t)]=\dfrac{1}{(s^2+1)(1-e^{-\pi s})}$.

9.10　(1) t；(2) $\dfrac{m!\ n!\ t^{m+n+1}}{(m+n+1)!}$；(3) $\dfrac{1}{2k}\sin kt-\dfrac{1}{2}t\cos kt(k\neq 0)$；(4) $\sinh t-t$；

(5) $\begin{cases}0, & t<a,\\ \displaystyle\int_a^t f(t-x)\,\mathrm{d}x, & t\geqslant a;\end{cases}$ (6) $\begin{cases}0, & t<a,\\ f(t-a), & t\geqslant a.\end{cases}$

9.12　(1) $y=\dfrac{1}{2}t^2e^t$；(2) $y=e^t+1$；(3) $y=\sin t$；

(4) $y=e^{-t}-e^{-2t}+u(t-1)\left[\dfrac{1}{2}e^{-2(t-1)}-e^{-(t-1)}+\dfrac{1}{2}\right]$；

(5) $y=-1+t+\dfrac{c}{2}t^3+\dfrac{1}{2}e^{-t}+\dfrac{1}{2}(\cos t-\sin t)$.

9.13　(1) $\begin{cases}x(t)=-t+te^t,\\ y(t)=1+te^t-e^t;\end{cases}$ (2) $\begin{cases}x(t)=u(t-1),\\ y(t)=0.\end{cases}$